동일비중
포트폴리오
전략으로
가치투자하라

종목 선정부터 포트폴리오 운영, 리밸런싱 노하우까지!

동일비중 포트폴리오 전략으로 가치투자하라

이완규 지음

원앤원북스

주식투자는
선택이 아닌 필수다

미국의 경영 컨설팅 회사 매킨지는 작금의 청년 세대가 자신의 부모 세대보다 가난해질 가능성이 높다는 보고서를 발표했다. 고려대학교 장하성 교수 역시 비슷한 논조의 전망을 내놓았다. 청년 실업 문제가 깊어지면서 연애와 결혼, 출산을 포기하는 '삼포세대'라는 말이 등장하더니, 이제는 내집마련, 인간 관계, 꿈 등 모든 걸 포기하는 'N포세대'라는 신조어까지 등장했다. 자신의 노후를 스스로 준비하고 대비해야 하는 각자도생의 성향도 앞으로 더욱 강화될 조짐이다.

삶이 각박해질수록 적은 돈으로 시작할 수 있는 주식투자는 선택이 아니라 필수라고 생각한다. 주식투자는 늘 리스크를 함께 안고 가지만 리스크가 곧 손해를 의미하는 것은 아니다. 그렇다면 이 세상에 주식투자로 부자가 된 사람은 없어야 하는데 이름난 투자의 대가들을 비롯해 수익의 과실을 차곡차곡 거두고 있는 평범한 사람들도 분명 존재한다. 투자에 지속적으로 성공하는 대가들의 방법을 배워 자신에게 잘 맞는 방식으로 다듬는다면 우리도 더 나은 미래를 꿈꿀 수 있게 될 것이다.

필자는 새로운 투자 이론을 접하면 과연 지속적으로 효과가 있을지 의구심부터 갖고 바라본다. 실용주의 성향도 강해 투입 대비 산출을 까탈스럽게 따져본다. 아무리 뛰어난 투자 전략이라도 수익을 얻기 위한 과정이 어렵고 복잡해 매일 많은 시간을 들여야 한다면, 필자의 호기심은 발동하지 않는다.

2000년 4월, 주식투자에 첫발을 들였을 때 가치투자가 아니라 트레이딩에 치중하게 된 것도 그러한 이유 때문인 것 같다. 그때만 해도 정통 가치투자의 세계는 주식 초보자인 필자에게 너무 어렵고 비체계적으로 보였다. 본업을 가진 채로 가치투자에 몰두하기에는 시간과 에너지가 허용되지 않았다. 그에 비해 트레이딩은 차트를 보는 법과 주가 추세에 대한 몇 가지 개념만 익히고 잠깐의 짬만 내면 되는 효율적인 투자법으로 보였다. 시간 투입 대비 산출효과가 뛰어나 보였고, 그 진행 과정 역시 수학 공식처럼 명료해 보여서 단순함을 좋아하는 필자의 성격에 딱 들어맞았다.

그러나 그토록 명료해 보였던 이론들이 사후확증편향(어떤 일이 벌어진 이후에 그 일이 벌어질 걸 알고 있었던 것처럼 생각하는 심리적 경향)에 의한 착시였고, 주식 시장이 거대 세력들에 의해 좌지우지되는 작전판이라는 것을 깨닫는 데 바보같이 너무 오랜 세월을 바쳤다. 필자의 본업 업무 중에는 고객에게 딱 맞는 최선의 하드웨어나 소프트웨어를 찾아주기 위해 동종의 모든 제품들을 비교하고 분석해 최상의 IT 솔루션을 산출하는 일도 있었다. 가성비는 물론 써본 사람들의 평가와 향후 A/S, 판매사의 고객 대응까지 여러 가지를 꼼꼼히 따져야만 하는 일이다. 그래서 일의 특성상 완벽주의와 실용주의 성향이 필수적이었다. 주식 매매에 입문한 이후에도 이런 완벽주의와 실용주의 성향이 발동했다.

평생 써먹고 대를 이어 물려줄 수 있는 쉽고 단순한 투자법을 만들고 싶었다. 그런데 처음부터 방향을 잘못 잡았다는 생각을 하지 못했다. 어떠한 시장 상황에서도 반드시 꾸준한 수익을 내는 일관된 매매 전략이 있을 것이라는 무지한 일념을 밀어붙였다. 계곡에서 가재를 찾기 위해 모든 돌을 들춰보는 것처럼 트레이딩 분야의 온갖 것을 시도하며 탐구하느라 소중한 인생을 흘려보냈다. 토머스 에디슨Thomas Edison은 전구를 발명하는 과정에서 1천 번이 넘는 실패를 경험했지만 그는 무의미한 실패가 아니라 필라멘트로 쓰면 안 되는 재료 1천 가지를 알아냈다고 말했다. 에디슨이 올바른 방향을 잡고 수많은 실험을 반복한 반면 필자는 처음부터 엉뚱한 방향으로 열심히 내달렸다는 게 중대한 차이점이었다.

다행히 10여 년간 트레이딩 영역에서 헤매는 동안 높은 장벽처럼 보이던 가치투자의 세계도 쉽게 넘어갈 수 있는 낮은 담벼락이 있다는 걸 곁눈질로 알 수 있었다. '귀에 걸면 귀걸이 코에 걸면 코걸이'라는 식의 두루뭉술한 가치투자를 쉽고 명료한 체계로 해나갈 수 있는 방법을 뒤늦게 찾았고, 나름의 검증을 시작했다.

'동일비중 포트폴리오Equally Weighted Portfolio'는 필자가 오랜 세월을 돌고 돌아 확신을 갖고 최종적으로 정착한 투자 전략이다. 앞으로도 더 많이 실험하고 검증하며 세부적인 면을 좀 더 다듬어갈 수는 있겠지만, 동일비중 포트폴리오라는 투자 전략의 골격은 평생 변함이 없을 것이다.

　세계적인 투자의 대가들, 국내외 석학들, 앞서가며 길을 내준 선배들을 통해 배운 동일비중 포트폴리오라는 자산배분 전략을 바탕으로, 필자의 오랜 투자 경험과 아이디어를 살려 3V_{Value, View, Volume}로 체계화했다. 동일비중 포트폴리오에 대한 이론은 2010년 초 『Value Timer의 전략적 가치투자』라는 책을 통해 처음 접했다. 책 후반부 몇 페이지에 걸쳐 소개되어 있었는데, 쉽고 간단하면서도 높은 수익률을 추구할 수 있어 신세계를 발견한 느낌이었다.

　가치투자의 애매모호한 특성 때문에 가까이 하고 싶어도 멀리서 바라만 보았는데, 동일비중 포트폴리오를 이용하면 가치투자를 보다 쉽게 해나갈 수 있겠다는 확신이 들었다. 동일비중 포트폴리오는 1950년대 '섀넌의 도깨비'로 알려진 균형 복원 포트폴리오에 사용된 굉장히 오래된 투자 전략이다. 자산배분 방식의 투자 전략은 오래전부터 은행과 증권사에서 적극적으로 활용해왔던 것이고, 지금은 로보어드바이저도 이 전략을 이용할 정도다. 동일비중으로 리밸런싱(운용하는 자산의 편입 비중을 재조정하는 행위)하는 ETF가 주식 시장에 상장되어 거래되고 있을 정도니 적어도 자산배분 투자 전략의 실효성은 이미 철저히 검증되었다고 볼 수 있다.

　자산배분 투자 전략의 한 형태인 동일비중 포트폴리오는 위험을 최소화하면서 투자 이익은 극대화하는 쉽고 간편한 최적의 투자법이라고 단언한다. 다만 동일비중 포트폴리오 투자 전략은 '황금 거위'를 만드는 장기 프로젝트이므로 반드시 장대한 시간의 힘이 필요하다. '시간'이라는 막강한 자원을 가장 많이 가진 사람은 누구일까? 바로 청년층이다. 책을 쓰겠다고 마음먹었을 때부터 이들을 위한 콘텐츠를 담겠다고 생각한 연유다. 이 책의 투자 지식은 10대 청소년에게도 도움이 될 수 있다. 청소년이 무슨 주식투자냐고 반문할 수 있겠지만 경제 교육의 일환으로 투자에 대한 올바른 개념을 익힐 필요가 있다고 생각한다. 그래야 성인이 되어서 겪을 수 있는 불필요한 시행착오를 미연에 방지할 수 있다. 또한 100세 시대에 진입했으니 40~50대 중년층도 노후를 염두에 두고 운용한다면 은퇴자금 마련이 용이할 것이다.

책은 총 5개의 파트로 구성되어 있다. 동일비중 포트폴리오라는 투자 전략을 핵심축으로 실전에서 꼭 필요한 투자의 뼈대를 세우고 거기에 투자근육을 붙이는 데 초점을 두었다. 차근차근 읽으며 안내대로 따라 하다 보면 독자 스스로 동일비중 포트폴리오 투자 전략을 활용해 자산을 운용할 수 있게 될 것이다.

첫 번째 파트에서는 단타 매매가 왜 궁극적으로 성공할 수 없는지, 주식을 왜 '매매'가 아닌 '투자'로 접근해야 하는지를 논한다. 주식투자에서 가장 강력한 무기는 결국 올바른 방향과 시간임을 상기시킨다. 두 번째 파트에서는 가치투자를 쉽고 간편하게 해나갈 수 있는 동일비중 포트폴리오가 무엇인지 그 특징과 장점을 소개한다. 그리고 다양한 상황에서의 시뮬레이션을 통해 동일비중 포트폴리오 투자 전략에 대한 확신을 심어줄 것이다.

세 번째, 네 번째 파트부터는 동일비중 포트폴리오 시스템을 운용하

동일비중 포트폴리오 전략으로 가치투자하라

기 위한 실제적인 절차를 자세히 안내한다. 어떤 종목을 포트폴리오에 넣을 것인지, 적정주가를 어떻게 구할 것인지, 언제 포트폴리오에 편입시키고 교체할 것인지, 리밸런싱은 어떻게 하는지 등에 대한 세부적인 방법을 전수한다. 마지막 파트에는 주식투자에 있어서 간과하기 쉬운 필수 상식 몇 가지를 담았다. 그중에는 암호화폐를 여러 각도에서 바라본 내용도 정리해보았다. 끝으로 Q&A 형식으로 궁금해할 수 있는 내용을 정리했다.

부록에서는 QR코드를 통해 필자가 만든 적정주가 평가용 엑셀파일 Excel Valuation Sheet을 필자의 홈페이지에서 다운로드받을 수 있게 했다. 현재 주가와 BPS, EPS, DPS 3가지 재무 수치만 넣으면 적정주가와 기대수익률, 현재 주가의 고평가, 저평가 여부를 바로 확인할 수 있다.

주식투자에 너무 많은 시간을 투입하게 되면 본업을 소홀히 하거나 더 나은 내일을 위한 자기계발의 시간을 갖기 어렵다. 그래서 투자 전략은 간결해야 한다는 게 필자의 소신이다. 공부하는 시간을 줄이라는 게 아니다. 해당 투자 전략을 완벽하게 숙지했다면 이후 운용할 때 최소의 시간만 투입하는 게 좋다는 것이다.

주식투자는 현란한 기교보다는 단순하고 우직하게 일관된 투자 전략을 밀고 가는 것이 제일이라는 걸 투자의 대가들이 몸소 보여준다. 워런 버핏Warren Buffett도 누구나 쉽게 이해할 수 있고 실천할 수 있는 전략이 합리적인 투자 전략이라고 말한 바 있다. 그런 면에서 동일비중 포트폴리오는 단순하지만 효과적이다. 투자 과정을 단순화해서 아낀 시간을 통해 인생을 좀 더 충만하게 즐기며 살기 바란다. 당장 월급이 조금 적더라도 풍요로운 정년을 꿈꿀 수 있는 방법이 있다면 훨씬 보람 있게 하루하루를 보낼 수 있지 않을까? 이 책을 선택한 당신을 이제 행복한 투자로 가는 작은 오솔길로 인도하고자 한다.

끝으로 올바른 투자 철학의 터전을 닦을 수 있도록 도움을 준 국내외 여러 주식투자의 대가들과 선배들에게 경의를 표한다. 그리고 인생의 첫 책이 세상에 나올 수 있도록 흔쾌히 기회를 준 원앤원북스 출판사에도 감사의 인사를 전한다.

이완규

적정주가 평가용
엑셀파일 다운로드

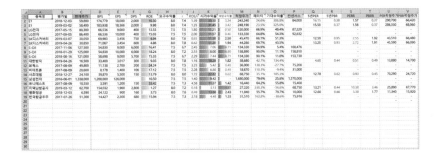

필자의 홈페이지 ewps.kr에서 적정주가 평가용 엑셀파일을 다운로드할 수 있습니다. 동일비중 포트폴리오의 정의와 의의, 시뮬레이션 결과 등 다양한 정보를 얻을 수 있습니다.

차례

PART 1 주식은 매매가 아니라 투자를 해야 한다

최상의 가치투자 전략,
동일비중 포트폴리오

동일비중 포트폴리오,
한 걸음 더 나아가기

기업의 미래를 전망하고, 거래량으로 판단하라

실전 가치투자 노하우

주식투자에 실패했다는 사람들이
저지르는 가장 큰 실수는
투자 기간을 단기로 잡았다는 것이다.

_하노 벡Hanno Beck

PART 1

주식은 매매가 아니라
투자를 해야 한다

단타 매매가
승산 없는 이유

주식에 입문하면 매매trade할 것인지 투자invest할 것인지 그 노선을 확실히 선택해야 한다. 시중에는 '주식투자'라는 제목과 달리 '주식 매매'만을 가르치는 책들이 상당히 많다. 농산물 공판장에서 그날그날 물건을 떼어다가 트럭에 싣고 다니며 파는 장사꾼처럼 매일매일 주식을 싸게 사서 비싸게 넘기는 식의 주식 매매를 투자라고 부르고는 한다. 장사와 사업의 차이가 무엇일까? 가장 큰 차이는 시스템의 유무가 아닐까 생각한다.

필자에겐 사업하는 친구가 몇 명 있다. 그중 한 친구는 주중에도 사적인 일을 볼 수 있을 정도로 시간 여유가 있다. 그 친구의 사업체는 사장이 없어도 운영이 된다는 뜻이다. 물론 중요한 의사결정은 당연히 사장이 하겠지만 평상시 일상적인 업무 처리는 직원들이 다 알아서 할 것이다. 물론 한시도 사업장을 떠나지 않고 밤낮 없이 직원들과 함께 일하는 열혈사장도 많을 것이다.

장사라는 말을 하면 가장 먼저 떠오르는 시장 상인은 어떨까? 손님이 많든 적든 시장 상인은 항상 자리를 지키고 있다. 가게의 주인이 종종 자리를 비운다면 점차 손님이 오지 않을 것이고, 주인이 계속 자리를 비운다면 가게는 결국 망하고 말 것이다. 필자는 사장이 한동안 자리를 비워도 사업체가 잘 운영되면 사업이라고 생각하고 그렇지 못하면 장사라고 여긴다. 이러한 개념은 주식투자에도 적용할 수 있다.

주식투자도
사업처럼 해야 한다

주식투자에도 장사 스타일이 있고 사업 스타일이 있다. 트레이딩이라 부르는 주식 매매는 거래의 시작부터 끝까지 투자자가 관여해야 한다. 물론 기계에 맡겨놓고 사업처럼 운용하는 시스템 트레이딩이나 알고리즘 트레이딩이라는 것이 있기는 하다. 주식 거래 과정을 나름의 거래규칙 알고리즘에 따라 프로그래밍 하면 사전에 입력한 조건에 맞는 순간 자동으로 거래를 일으키는데, 문제는 관련 하드웨어와 소프트웨어를 구비하고 알고리즘 세팅까지 해서 운용하는 개인 투자자가 흔치 않다는 점이다.

대부분의 개인 투자자는 컴퓨터나 스마트폰으로 시세를 지켜보다가 수동으로 매매 주문을 하는 경우가 일반적이다. 장 중에 거래할 주식

동일비중 포트폴리오 전략으로 가치투자하라

을 고르고 시세를 지켜보려면 당연히 많은 시간을 할애해야 한다. 개장 시간(오전 9시~오후 3시 30분)을 고려하면 직장인은 당연히 맡은 업무에 집중하지 못할 공산이 크다. 주식투자 때문에 본업까지 흔들릴 수 있는 것이다.

그럼 이상적인 사업 스타일의 주식투자는 어떤 걸까? 삼성전자와 네이버, 농심 주식에 투자금을 동일한 비중으로 나눠 샀다고 가정해보자. 투자자는 단타 매매가 아닌 장기적인 관점에서 이 세 기업에 투자했다. 투자자는 이들 기업의 경영자와 임직원을 고용한 셈이다. 각 회사 경영자와 임직원이 열심히 일해서 주주에게 매년 배당금을 벌어준다. 주주는 기업에 자금만 넣어두고 자신의 본업이나 다른 일에 몰두할 수 있다. 한마디로 주식으로 수익을 내기 위해 본인이 근로를 해야 하는지 여부에 따라 매매와 투자가 구분되는 것이다.

매매와 투자는 주식을 대하는 마인드부터 진행 절차와 결과 분석까지 완전히 다르다. 어느 길을 선택하느냐에 따라 삶의 스타일도 극명하게 갈린다. 주식을 잘 사고팔아 차익만 내면 되지, 군이 매매와 투자를 구분하려는 이유가 무엇이냐고 반문할 수도 있다. 매매를 지양해야 한다고 이야기하는 이유는 자신의 상황은 아랑곳없이 무심코 매매의 길로 들어서는 것이 문제가 되기 때문이다.

매매는 주가의 추세를 쫓아 사고파는 '추세매매'의 형태가 주를 이루고, 투자는 주식의 내재가치와 시장가격의 차이를 따지는 '가치투자'가 주를 이룬다. 추세매매는 차트를 보며 주가의 진행 방향을 맞히는 머니 게임의 양상이고, 가치투자는 기업 경영자와 한동안 같은 배를 타고 가는 동업 관계라 할 수 있다. 추세매매는 차트와 몇 가지 보조지표만 보고 주가의 향방을 예측하면 되기 때문에 조금만 숙달하면 잘할 것 같고 쉬워 보인다. 보조지표들이 많지만 대부분 어느 선이 다른 선을 넘으면 매수하고 아래로 떨어지면 매도한다는 식이어서 규칙도 간단명료해 보인다.

반면 가치투자는 숫자가 어지럽게 널린 재무제표와 글자가 빼곡히 들어찬 사업보고서, 애널리스트 리포트 등을 챙겨 봐야 한다. 또한 뉴스와 공시도 수시로 체크해야 하는 등 과정이 번거롭고 복잡하다. 적정주가 역시 대략적으로 산정할 수밖에 없어 불안하다. 그래서 대부분의 개인 투자자들은 가치투자 쪽으로는 쉽게 마음이 기울지 않는다. 기업가치와 실제 주가가 단기적으로 동행하지 않는 경우도 많아 가치투자가 더 어렵게 느껴진다. 결국 개인 투자자 대부분은 두루뭉술하고 어려운 가치투자보다는 차트만으로도 매매 타이밍을 명료하게 짚어볼 수 있는 단타 매매를 선호하게 된다.

하지만 세월이 흐를수록 매매는 점점 더 어려워지고 가치투자는 점점 더 쉬워진다. 차트를 보고 가격을 점치는 것은 오랜 세월을 들여 '감'과 '촉'이 생길 때까지 숙달해야 하는 반면, 가치투자는 한번 익히면 시간이 흐를수록 의사결정 과정이 점점 익숙해지기 때문이다. 매매는 시장 상황과 자신의 컨디션에 따라 수익률의 기복이 심하지만, 투자는 과정만 올바르면 시간이 흐를수록 꾸준하게 수익을 쌓아갈 수 있다.

매매는 주식 시장이 개장되어 있는 동안 많은 시간을 할애해야 하므로 수익을 거두더라도 근로소득에 가깝다. 반면 투자는 사업장을 돌아보듯 많아야 주말에 한두 번쯤 포트폴리오만 점검해주면 되기 때문에 사업소득에 가깝다. 이렇게 장단점이 뚜렷함에도 불구하고 가치투자보다 트레이딩이 체질에 맞는 사람도 분명히 있을 것이다. 지난날의 필자 역시 오랫동안 그렇게 생각해 왔으니까 말이다. 하지만 주식 매매의 길은 갈수록 컴퓨터가 유리한 게임으로 변모하고 있다. 거대 기관들에 비해 정보력에서 뒤처질 수밖에 없는 개인 투자자들은 점점 더 가시밭길을 걷게 될 가능성이 크다. 급속히 진화 중인 인공지능과 로봇 트레이더가 주식 시장에 진출하면 손쓸 틈 없는 돌발상황도 늘어날 것이다. 그뿐만 아니라 차트를 보고 감과 촉을 발휘해 지속적으로 수익을 내는 경지에 도달하려면 많은 시행착오와 시간이 필요하다.

단타 매매와 달리 가치투자는 빨리 배우면 1~2년 안에 익숙하게 구사할 수 있다. 학교에 비유하면, 매매는 입학은 쉽고 졸업은 지극히 어려운 반면, 투자는 입학은 좀 어려워도 포기하지만 않는다면 반드시 졸업할 수 있다. 어쩌면 매매할지, 투자할지를 결정하는 기준은 개인의 성향이 아니라 자신이 처한 상황이 될 수도 있다. 본업을 가진 사람이라면 매매는 절대 불리하다. 자칫 본업도 잃고 돈도 잃을 수 있기 때문이다. 자신의 직업을 따로 가진 사람이라면 반드시 매매가 아닌 투자를 해야 할 것이다.

단타 매매가
승산 없는 이유

몇 년 전 일본 도쿄대학교 산하 연구실이 100%의 승률을 자랑하는 가위바위보 로봇을 개발했다. 일명 '잔켄janken'이라는 로봇으로, 인간과

가위바위보 게임을 하면 절대 패배하지 않는다고 한다. 로봇이 초고속 카메라로 사람의 손가락 모양을 순간적으로 판독해서 이기는 수를 내기 때문이다. 우리의 눈으로는 손이 동시에 나오는 것처럼 보이지만 사실은 로봇이 인간의 수를 먼저 읽은 다음 이길 수 있는 수를 미세하게 늦게 내는 것이다. 하다못해 이제는 가위바위보마저 로봇이 지배하는 시대가 되었는데 매매 알고리즘으로 무장한 로봇 트레이더를 인간이 이길 수 있겠는가?

다른 분야 역시 마찬가지다. 요즘에는 유명 아이돌 가수의 공연 티켓이나 프로야구 경기 티켓을 '매크로' 프로그램이 싹쓸이 예매한다고 한다. 실제로 이렇게 몇 초 만에 무더기로 사들인 표들을 마진을 얹어 암표로 되파는 업자들이 기승을 부린다. 오죽하면 '피가 튀는 전쟁 같은 티켓팅'이라는 뜻으로 '피켓팅'이란 말이 생겼겠는가? 우직하게 컴퓨터 앞에서 독수리 타법으로 예매에 나서는 건 이젠 순진한 행동인 셈이다. 매크로 예매를 처벌할 관련법이 없다고 정부에서 손 놓고 있는 사이에 약삭빠른 사람들만 이득을 보고 있다. 티켓을 사고파는 문제에서도 인간이 밀리고 있는데 주식 시장이라고 상황이 다를까? 주식 시장은 스포츠 경기처럼 반칙을 한다고 심판의 휘슬이 바로 울리지 않는다. 공정한 경기장이 결코 아니다.

2016년에는 듣도 보도 못한 알파고AlphaGo라는 인공지능이 등장해 화제가 되었다. 이세돌 9단을 바둑으로 이긴 구글 딥마인드사의 인공지능 알파고는 인간 바둑계를 제패한 뒤 이제는 은퇴했다. 그리고 그로부터 1년 남짓한 시간이 흐른 뒤 알파고보다 더 무서운 '알파고제로AlphaGoZero'라는 놈이 나타났다. 알파고제로는 72시간을 독학한 뒤 이세

동일비중 포트폴리오 전략으로 가치투자하라

알파고와 이세돌 9단의 사례를 통해 알 수 있듯이 우리는 이미 인공지능의 힘을 절감하고 있다. 주식 시장이라고 상황이 다르지는 않을 것이다.

돌 9단을 꺾은 알파고를 상대로 100전 100승의 압승을 거둔다. 기존의 알파고는 인간의 바둑기보 16만 개를 이용해서 학습했지만 알파고제로는 바둑기보를 전혀 참고하지 않고 490만 판을 스스로 대국하면서 진화했다는 점이 참으로 놀랍다. 인공지능이 발전하는 일련의 양상을 보면 섬뜩하기까지 하다.

단순히 인공지능의 발달 때문에 차트에 의지한 매매가 불리하다는 것은 아니다. 월스트리트 역사상 최강의 헤지펀드 트레이더를 추적하는 미연방 검찰과 FBI의 수사 다큐멘터리를 담은 『블랙 에지』라는 책을 보면 개인 투자자의 무력함을 절실히 느낄 수 있다. 내부자 정보를 이용한 거래는 분명 불법이지만 많은 헤지펀드가 합법과 불법의 경계를 넘나들며 각종 내부자 정보와 미발표 보고서를 이용해 손쉽게 거액을 벌어들이고 있다.

헤지펀드가 트레이더나 애널리스트를 뽑을 때도 기업의 내부 정보를 빼낼 수 있는 인맥이 있는지에 대한 여부가 중요한 판단 잣대라고 할 정도다. 우리가 흔히 '세력'이라 부르는 그들은 남보다 한발 빨리 정보를 입수하고, 시장에 거짓 정보를 흘려 공매도에 유리하도록 조작하기까지 한다. 여의도 증권가에도 속칭 '찌라시'라 불리는 B급 정보지가 매일 나돈다. 여기에는 출처를 알 수 없는 온갖 루머와 정보들이 뒤섞여 있다. 진지하게 고민해보자. 어떤 기업에 대한 고급 정보나 시장을 교란하기 위한 거짓 정보가 발표되기 전에 거기에 맞춰 거래를 미리 준비한 자와 오로지 차트의 흐름에만 감을 집중하는 사람이 있을 때, 과연 둘 중 누가 더 유리하겠는가?

지금도 주식 시장에는 알게 모르게 불법과 탈법이 활개를 치고 있다. 들통이 나더라도 몇 년이 지난 이후다. 뒤늦게 전모가 밝혀진다 해도 당시 피해를 본 개인 투자자들은 1원도 보상받지 못한다. 게다가 매매 알고리즘으로 무장한 로봇 트레이더가 점점 더 영역을 확장해가고 있는 상황은 어제오늘의 일이 아니다. 『문병로 교수의 메트릭 스튜디오』에 따르면 미국의 경우 2009년에 이미 전체 거래의 3/4 정도가 기계에 의한 알고리즘 거래였다고 한다. 시대의 큰 흐름이 그러한 이상 앞으로 한국도 그 비율이 점점 더 높아질 것은 자명하다.

이미 초단타 매매를 경험해본 독자도 있을 것이다. 호가창을 보고 주문을 넣으려는 순간 주가가 순식간에 저만치 떠올라버리는 바람에 매수를 포기할 수밖에 없었다거나, 반대로 이 정도 수익이면 되겠다 싶어 매도가격을 정하고 있는 사이 어디선가 갑자기 매물 폭탄이 쏟아져

동일비중 포트폴리오 전략으로 가치투자하라

매수호가가 주르륵 떨어지는 경험 말이다. 로봇 트레이더나 전용선까지 갖춘 전문 스캘퍼(증권 시장에서의 초단타 매매자)에게 당했을 가능성이 크다.

초단타 매매 로봇은 마치 가위바위보 로봇처럼 인간이 매수 주문을 내면 그보다 빨리 매수 주문을 넣어 낚아챈다. 반대로 매도 주문을 내면 그보다 빨리 매도 주문을 넣어 새치기를 할 수도 있다. 마치 답을 보고 시험을 치는 것처럼 인공지능에겐 인간을 상대로 수익을 긁어들이는 게 쉬운 일이다. 〈매일경제〉는 2017년 2월 3일, "시장은 조작됐다the stock market is rigged"라는 헤드라인으로 약탈적인 초단타 매매를 비판하는 내용의 기사를 상세히 보도했다. 기사에 의하면 초단타 매매업체와 트레이더들은 컴퓨터 알고리즘을 이용한 선행 매매로 막대한 수익을 올리고 있다고 한다. 1천 분의 1초인 밀리세컨드, 또는 100만 분의 1초인 마이크로초의 차이로 일반 트레이더들의 주문을 먼저 읽고 새치기한다는 것이다.

미국의 이야기이긴 하지만 우리나라에서도 이미 오래전부터 매크로 예매와 비슷한 수법의 시장 개입이 이어져 오고 있다. 증권사는 잦은 거래를 하는 스캘퍼들로부터 많은 수수료 수입을 거둘 수 있고, 스캘퍼는 증권사로부터 전용선을 연결받아 일반 투자자보다 더 빠른 매매를 할 수 있다. 즉 수수료를 대가로 속도전의 무기를 제공받는 것이다. 그런 무기가 없는 순진한 일반 투자자들은 늘 뒷북만 칠 수밖에 없다. 스캘퍼의 전용선을 이용한 빠른 주문이 불법이냐 합법이냐를 놓고 수년 전 논란이 있었지만 결국 불법이 아니라는 결론으로 유야무야 넘어갔다. 이미 주식 매매는 시스템상으로 일반 투자자들에게 불리한 게임이 되어버렸다. 그러니 굳이 승산 없는 게임에 참여해 손해를 볼 필요가 없다.

알파고와 알파고제로와 같은 무시무시한 인공지능들이 주식 시장에 본격적으로 출현할 날도 머지않았다. 어쩌면 이미 알고리즘 로봇 수준을 넘어 인공지능을 장착해 거래에 임하는 곳도 있을 수 있다. 성경에 나오는 다윗과 골리앗의 결투에 대해 익히 들어봤을 것이다. 갑옷과 무기로 중무장한 거구의 골리앗과 달랑 돌 던지는 도구뿐인 양치기 소년 다윗이 근접전으로 싸웠다면 어떻게 되었을까? 그랬다면 백전백패임을 잘 알기에 다윗은 거리를 두고 자신의 특기인 돌팔매질로 골리앗을 쓰러뜨렸다.

첨단 시스템으로 중무장한 기관들의 트레이딩 로봇과 정면 대결하는 것은 분명히 어리석은 행동이다. 24시간 잠들지 않고 매매에 영향을 미치는 모든 요인에 즉각 대응할 준비가 되어 있는 이들과 별다른 무기도 없이 겨룬다는 건 무모한 행동이다. 난타전을 벌이는 트레이딩의 영역은 로봇들끼리 대결하도록 놔두고 인간이 더 우세한 영역에서 싸워야 한다. 다윗의 투석구처럼 다행히 우리에게는 '시간'이라는 긴 끈과 돌처럼 단단한 '운용 전략'이 있다. 우량한 기업의 주식으로 포트폴리오를 구성하고, 최소한 2~3년 보유하면서 자산배분 전략을 시행한다면 로봇들의 난투장을 벗어날 수 있다.

주가가 단기적으로는 로봇과 투자자들의 혈투로 인해 급등락을 반복할 수는 있다. 하지만 주인을 따라 산책하는 강아지처럼 주가는 결국 장기적 우상향하는 기업 가치를 따라간다는 걸 잊지 말자. 이는 절대불변의 진리다. 불법과 합법의 회색지대를 넘나들며 땅 짚고 헤엄치듯 이익을 취하는 불공정한 세력들이 법의 심판으로 모두 소멸될 수 있을까? 아니면 앞으로도 꾸준히 지능적으로 더욱 진화해 시장을 뒤흔들 가능성이 높을까? 이에 대한 판단은 독자에게 맡기겠다.

성공하려면
투자자가 되어야 한다

한국의 주식투자자는 대개 투자가 아니라 매매를 하고 있는 것 같다. 서점의 주식 분야 매대를 가득 채운 책들이 대부분 차트로 주가의 향방을 논하고 있기 때문인지도 모른다. 또 다른 이유는 매매를 자주 해야 돈을 더 빨리 벌 수 있다는 착각 때문이다. 어쩌다 한두 번 거래하는 느린 투자가 답답하게 느껴질 수도 있다. 하지만 단타 매매를 할수록 더 많은 수수료와 세금, 더 잦은 손절매를 경험하게 되어 손실이 빠르게 불어날 수 있다.

시간이 흐를수록 단순 매매로는 큰돈을 버는 게 구조적으로 어렵다는 것도 실감하게 된다. 초 단위로 거래하는 스캘핑은 물론 데이(매수를 했다면 당일로 매도를 끝내는 것)나 스윙(며칠간만 보유 후 매도하는 것)과 같은 단타 매매는 억 원대의 돈을 들고 하기는 어렵다. 주식을 사려

동일비중 포트폴리오 전략으로 가치투자하라

고 할 때 한두 번의 주문으로 다 매수할 수 있어야 하고 팔려고 할 때도 원하는 양을 매도할 수 있어야 하는데, 투자금이 커질수록 그렇게 하기가 어려워진다. 그래서 단타 매매에서는 정해놓은 투자금을 넘어서면 그때마다 인출해서 투자금의 몸집을 계속 가볍게 유지해야만 한다.

반면 장기투자는 복리를 이용한 스노우볼 효과를 볼 수 있다. 투자수익은 물론이고 배당금조차 인출하지 않고 기존 원금에 계속 보태나갈 수 있기 때문이다. 매매자는 언제나 작은 돈을 굴리니 적게 벌 수밖에 없다. 하지만 투자자는 계속 몸집을 키워가면서 점점 더 크게 자산을 키워나갈 수 있다.

한계가 분명한
매매자의 길

매매가 쉴 틈 없이 수익을 퍼내기 위해 노력하는 삽질이라면, 투자는 어쩌다 가끔 굴착기로 뭉텅이 수익을 퍼 올리는 것과 같다. 물론 극히 일부이긴 하지만 매매로 꾸준히 수익을 내는 사람이나 기관도 분명히 존재한다. 하지만 필자는 조지 소로스George Soros나 제임스 사이먼스 James Simons가 그들의 매매비법을 솔직하게 만천하에 공개했다는 소식은 듣도 보도 못했다.

매매의 대가들이 시장을 어떻게 읽는지, 어떤 기준으로 매매 대상을 고르고 어떤 지표를 어떻게 사용하는지, 어떤 툴을 이용해 24시간 시장을 감시하고 해석하는지 낱낱이 공개된다면 얼마 지나지 않아 그들의 매매 전략은 무용지물이 될 것이다. 벤치마킹한 경쟁자들로 인해 그들의 기법이 더 이상 먹히지 않게 될 것이기 때문이다.

필자 역시 매매자였던 시절이 있다. 그때 인상 깊게 읽은 마이클 코벨Michael Covel의 『추세추종전략』에는 "많은 추세추종자(매매자)들이 은둔 생활을 하며 자신을 잘 드러내지 않는다."라는 이야기가 나온다. 실제로 세계적인 트레이더들은 외부로 모습을 드러내려 하지 않는다. 숨어서 조용히 그들만의 비법으로 돈을 그러모을 뿐이다. 달리 말하면 투자의 세계에서는 뜻을 함께 하는 동지가 있을 수 있지만 매매라는 전쟁터에서는 자신 이외에 모두가 적(경쟁자)인 셈이다.

앞서 언급한 『블랙 에지』라는 책에서도 미국의 대형 투자은행 골드만삭스에 SAC라는 거물급 헤지펀드가 불합리한 요구를 하는 모습이 나온다. 애널리스트 보고서를 발표하기 전에 그 내용을 먼저 알려달라는 장면이다. 거액의 매매 수수료를 안겨주는 헤지펀드의 요구를 덩치 큰 투자은행이라고 해서 무시하기는 어려울 것이다. 내부자 거래가 아니기 때문에 엄밀히 말해서 불법은 아니라지만 개인 투자자 입장에서는 분명히 불공정한 게임이다. 미국의 이야기지만 한국이라고 해서 과연 크게 다를까?

상장 기업은 분기별로 영업 실적을 발표한다. 그런데 영업 실적이 발표되기 훨씬 이전에 애널리스트들이 먼저 해당 기업의 실적 전망치를 발표한다. 기업이 직접 발표한 실제 영업 실적과 애널리스트가 보고서를 통해 미리 추정한 전망치의 차이가 크면 어닝쇼크 또는 어닝서프라이즈라 불리는 현상이 일어난다. 전망치보다 실적치가 많이 낮으면 투자자들의 집중 매도가 이어져 주가가 크게 하락하게 되고, 반대로 전망

동일비중 포트폴리오 전략으로 가치투자하라

치보다 실적치가 높으면 투자자들의 대량 매수로 이어져 주가가 큰 폭으로 상승하게 된다. 전자를 어닝쇼크, 후자를 어닝서프라이즈라고 부른다.

대체로 어닝쇼크나 어닝서프라이즈가 발표되기 직전에 대량 거래가 일어나 주가가 크게 움직이는 경우가 많다. 사전에 정보를 입수하지 못했다면 일어날 수 없는 현상이다. 만약 이런 일이 비일비재하게 일어난다면 개인 투자자가 매매로 돈을 벌기는 더 어려워진다.

전업 투자자가 아니라면
단타 매매는 포기해야 한다

통신망의 발달로 외국인과 기관들의 시장 개입(컴퓨터를 이용한 알고리즘 트레이딩)이 증가하고, 이미 여러 가지 주식 매매기법들도 알려질 대로 알려진 상태여서 단타 매매로 수익을 내기가 점점 더 어려워지고 있다. 아무리 최적의 시점에 매수하더라도 반드시 손절 매도 주문을 낼 수밖에 없도록 주식 시장이 간교하게 진화하고 있다. 이로 인해 전에는 잘 들어맞던 투자 지표들이 '속임수 신호whipsaw'를 내는 일이 잦아졌고, 주가가 한순간에 급락하는 횟수도 많아졌다. 이때마다 놓치지 않고 대응하는 게 사실상 불가능하다.

트레이딩은 수백 번 잘하다가도 단 한 번 크게 물리면 회생이 불가능해질 수 있다. 크게 물리지 않으려면 시장 상황에 1년 365일 24시간 대응할 수 있어야 한다. 이것이 전업 투자자가 아닌 이상 단타 매매에 손을 대서는 안 되는 이유다. 짧은 기간에 꼭 돈을 벌어야만 하는 상황일지라도 단타 매매는 결코 답이 될 수 없다. 한동안 이익을 낼 수도 있겠지만 행운이 계속 작용할 수는 없는 법이다. 그러나 가치투자로는 매월 일정한 금액을 벌 수는 없어도 매년 꾸준히 수익을 내는 것은 충분히 가능하다. 이제는 매매 타이밍, 손절매, 단타 매매와 같이 개미들에게 불리한 영역에서 벗어나야 할 때다. 자산배분, 배당투자, 장기투자로 주식투자의 패러다임을 전환해야만 주식투자자로 오랫동안 생존할 수 있다.

예를 들어 저평가된 우량주를 골라 포트폴리오에 넣고 느긋한 마음으로 보유 중이라고 가정해보자. 운이 좋아 매수 직후부터 가격도 조금 올랐다. 그런데 갑자기 급락의 기운이 감돈다. 주가는 매매자들이 흔히 신봉하는 '저항선'을 뚫고 올라간 직후에도 맥없이 무너지는 경우가 많다. 이런 때는 십중팔구 매매자들의 매물이 쏟아지고 있는 것이다. 차익 실현이 이유일 수도 있고 손절매를 한 것일 수도 있다. 매매자들은 특히 손절매에 민감한데, 저항선을 돌파하면 동참하지만 그 저항선이 맥없이 무너지면 지체 없이 손절매부터 단행한다. 매매에 익숙한 사람일수록 망설이지 않고 이론에 따라 반사적으로 즉각 내던진다. 심지어 HTS(홈트레이딩시스템)로 자동 매도를 걸어놓기도 한다.

단기 매매를 주로 하는 매매의 속성상 손실을 초기에 차단하기 위함이다. 어차피 큰 이익을 기대하지도 않는다. 데이 매매는 한 번 거래할 때 1~2%의 수익을 노리는 경우가 대부분이고, 며칠 들고 있는 스윙 매매도 기껏해야 10% 내외에 불과하다. 하지만 며칠 더 지나고 보면 무너졌던 가격대를 다시 탈환해 계속 상승 전진하는 모습을 볼 수 있다. 이

동일비중 포트폴리오 전략으로 가치투자하라

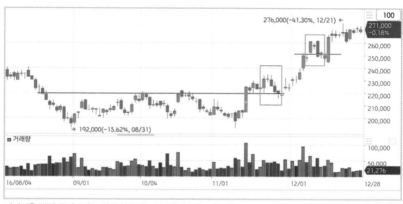

276,000(-41.30%, 12/21) ←

192,000(-15.62%, 08/31)

지지선을 살짝 무너뜨리고 다시 상승하는 모습을 보이는 예시 차트

처럼 중간중간 매매자들의 매도 행렬이 끝날 때마다 주가는 한 계단씩 상승해간다.

예시 차트에서 보듯이 저항선을 돌파했던 주가가 지지선으로 바뀐 저항선 아래까지 하락하는 일은 비일비재하게 일어난다. 지지선을 밑도는 당시의 시점에서는 하락이 계속될지 곧바로 상승 반전할지 전혀 알 길이 없다. 그러니 잘 훈련된 매매자일수록 지지선이 무너지는 순간 교과서적으로 손절매하게 된다. 만약 손절매 없이 버티다가 하락이 더 깊고 길어지면 그대로 투자금이 물려 매매 사업에 차질이 생기기 때문이다. 그래서 손절매한 이후에 주가가 오르면 얄밉고 속상할 따름이다. 가랑비에 옷 젖듯 슬금슬금 늘어나는 손실액도 신경 쓰인다. 다음 거래에서 손절매 손실을 능가하는 수익을 올려야 하는 것도 부담스럽다.

반면 기업의 미래를 낙관하고 주가보다 싸다고 판단해 사들인 가치투자자는 어지간한 하락에 눈도 꿈쩍 않는다. 일순간 흔들릴 수는 있어도 주가가 반드시 기업 가치의 성장을 따라간다는 것을 굳건히 믿는다.

그래서 매매자가 뱉어내는 물량을 가치투자자가 받아 모으며 주가는 우상향으로 움직인다. 이러한 양상을 보면 결국 주식 시장은 소수의 투자자와 다수의 매매자의 싸움터라는 생각이 든다. 투자자 쪽에 주로 기관 투자자와 외국인이 있고, 매매자 쪽에 개인 투자자가 많은 건 단지 우연일까?

투자의 목적을
잊지 말자

흔히 전업 투자에 대한 환상을 갖고 있는 경우가 많다. 지구상 최고의 직업인 것처럼 보이기까지 한다. 호경기와 불경기도 상관없고, 정년퇴직도 없으며, 노트북 하나만 있으면 전 세계 어디서나 근무할 수 있다. 그런데 심지어 돈까지 많이 벌 수 있다고 하니 그야말로 꿈의 직업인 것만 같다. 필자도 그런 전업 투자자가 되어 인생 2막을 사는 것이 일생일대의 꿈이었던 적이 있다. 2000년 4월부터 실제로 그 꿈의 직업을 위한 도전을 시작했다.

그동안 뱁새에서 벗어나지 못했었는데 주식 매매를 지렛대 삼아 황새가 될 수 있다는 희망을 갖게 되었다. 다행히 주식 매매가 필자의 성향과 너무 잘 맞아떨어졌고, 이 길이 아니면 없다는 절박함에 오랜 고난의 세월을 포기하지 않고 견딜 수 있었다. 필자에게 주식투자는 남들

처럼 여윳돈으로 해보는 머니게임이 아니라 인생의 흥망이 걸린 중차대
한 프로젝트였다.

전업 투자에 대한
환상부터 버리자

당시에도 데이 매매, 스캘핑 매매와 같은 과당매매(투자 수수료가 과도하
게 소요되는 빈번한 증권 거래)가 인간성을 황폐화시키는 부작용이 있음
을 잘 알고 있었다. 그래서 가급적 거래 시간과 시장 참여 시간을 최소
화하기 위해 노력했다. 동시에 자식들에게도 물려줄 수 있는 '불변'의 투
자방법을 갈구했다. 시장 상황에 따라 시시각각 바뀌거나, 변화구가 많
은 투자법은 애초에 관심도 두지 않았다. 어떠한 상황에서도 잘 먹히는
단순한 직구 스타일이 필자가 원하는 투자 전략이었다.

어느 정도 배우고 능숙해지면 변함없이 적용할 수 있는 가치투자와
달리 트레이딩은 끊임없이 훈련해 도가 터야 하는 분야였다. 1초 간격
으로 차트를 하나하나 연속으로 넘기면서도 이거다 싶은 종목을 순간
적으로 찾아낼 수 있는 감이 필요했고, 매매 시점을 직관적으로 잡아낼
수 있는 촉도 가져야 했다. 10년 넘게 여러 번 희망과 절망을 넘나들다
2013년이 되어서야 감과 촉이 발현되기 시작했고, 그때부터 밭에서 감
자 캐듯 잦은 수익을 거둘 수 있었다.

그렇게 한동안 본업과 함께 부업으로 트레이딩을 병행했다. 하지만
본업으로 외근 중인 사이 예기치 못한 글로벌 이슈로 인해 시장이 크게

동일비중 포트폴리오 전략으로 가치투자하라

흔들리면서 주가가 급락하기 시작했다. 손절매로 그동안의 수익이 날아갔다. 실패를 맛본 필자는 거기서 매매를 멈췄고, 투자 방식을 원점에서부터 다시 재고하게 되었다. 단기간에 사고파는 매매식 투자는 투자자로 하여금 한순간에 나락에 빠지게 만든다. 그날이 빨리 오느냐 늦게 오느냐의 차이일 뿐이라고 생각한다. 자고 일어났더니 무언가 큰일이 터져서 갭 하락으로 장을 시작하게 되면 손절매 가격대도 이미 훨씬 지나버린 상황이 되어버린다. 다시 회복될 희망을 가지고 그대로 보유하게 되면 비자발적 장기투자자가 되어버리고 만다. 기업 전망이나 내재 가치를 따져보고 산 주식이 아니므로 주가가 장기적으로 더 하락할 가능성이 높다. 내일도 연이어 하락하면 그때는 어떻게 대처할 것인가?

이런 상황에 빠지지 않는 유일한 방법은 스캘핑 매매나 데이 매매처럼 당일로 모든 보유 주식을 청산해 항상 현금을 쥔 채로 다음 날을 맞이하는 것이다. 그런데 이 방법에도 문제가 있다. 파도의 큰 굽이를 알아내는 건 비교적 쉽지만 그 위를 튀어 오르는 미세한 물방울의 방향까지 예측하는 건 어렵기 때문이다. 본인의 컨디션과 운에 따라 잘 맞아떨어질 때도 있지만 이런 가능성은 지극히 희박하다. 그리고 데이 매매나 스캘핑 매매로는 결코 큰돈을 벌 수 없다. 투자금이 커지면 빠르게 매매할 수 없어 몸집을 일정 한도 이상 키워서는 안 되기 때문이다. 장기투자처럼 구르는 눈덩이에 점점 살이 붙는 스노우볼 효과를 기대할 수 없는 것이다.

무엇보다 매매는 투입하는 시간과 노력 대비 얻는 수익이 미미하고, 건강과 인생의 낭비가 극심하다는 것이 가장 큰 문제다. 새벽부터 미국 시장을 체크하고, 장이 열리면 정신없이 거래하고, 시장이 끝난 후에도 거래를 분석하고 복기하는 등 하루의 전부를 투자 활동에 써야 한다. 요즘 욜로YOLO ; You Only Live Once 라는 말이 화제다. 청춘들은 '한 번뿐인 인생이니 자신을 위해 돈과 시간을 쓰자.'라는 식으로 받아들이는 것 같다. 원래의 뜻과 살짝 다른 것 같지만 어찌되었든 중요한 것은 '한 번뿐인 인생'이라는 것이다. 세계는 넓고 할 일은 많은 시대에 온종일 컴퓨터 앞에 앉아 주식 장사나 한다면 인생이 아깝다는 생각이 든다. 그런데 매매에 빠지게 되면 자기 자신을 돌아볼 기회를 잃어버린다.

보람 있고 재미있는 일이 많은데 주식에만 정신이 팔려 살아간다면 인생이 너무 아깝지 않은가? 투자는 양질의 삶을 살기 위한 한 방편일 뿐이지 그것이 인생 자체가 될 수는 없다. 주식투자는 최소한의 시간만 들여서 부수적인 일과로 하는 게 가장 좋고, 본업이라는 바퀴와 투자라는 바퀴가 함께 쌍을 이루며 도는 게 가장 이상적이다. "전업 투자자는 쉽게 될 수 없고, 쉽사리 해서도 안 되며, 할 필요도 없다."라는 것이 필자가 오랜 세월을 바쳐 얻어낸 결론이다.

투자의 목적은
수익이다

오래전 영화에서 미국 라스베이거스의 카지노 풍경을 본 적이 있다. 운동장처럼 넓은 홀에 수없이 많은 게임 테이블이 놓여 있고, 테이블 위에는 빨갛고 파란 칩들이 쌓여 있다. 카지노 안 어디에도 시계와 창문은 없다. 노출이 심한 차림의 아가씨들이 손님들에게 공짜 음료와 술을

동일비중 포트폴리오 전략으로 가치투자하라

권하며 그들의 이성을 마비시키려 한다. 손님들은 수백 달러의 지폐를 한 무더기의 플라스틱 칩으로 바꾼다. 그리고 칩을 더 따기 위해 회전하는 룰렛 원반을 주시하거나 카드 게임에 몰두한다.

이 대목에서 생각해봐야 할 포인트가 있다. 카지노에서는 왜 현찰이 아닌 아이들 장난감 같은 칩을 사용할까? 짐작했겠지만 돈에 대한 감각을 둔화시키려는 카지노 측의 수법이 숨어 있다. 진짜 지폐를 앞에 놓으면 어느 순간 파산의 두려움을 느낀 손님이 적당한 선에서 멈추고 자리를 뜰 확률이 높다. 하지만 실제 돈이 아닌 칩으로 대신하게 되면 칩을 많이 잃어도 돈을 잃었다는 생각이 훨씬 덜 든다. 주식을 거래하는 계좌에 있는 돈도 마찬가지다. 실체가 있는 돈이 아니어서 화면상에서 늘어나고 줄어드는 칩으로 착각하게 될 수도 있다. 그래서 자신도 모르게 돈에 대한 감각이 둔화되어 엉뚱한 지점에서 과감하게 지르기도 하고, 크게 손해를 봐도 '언젠가 다시 오르겠지?' 하며 느긋해질 수 있는 것이다.

일상에서는 몇천 원도 아끼려 하는데, 유독 주식 매매에 있어서는 몇십만 원을 잃어도 별 감각이 없다. 주식 거래가 잦을수록 자신도 모르는 사이 심리적 회계(가계부의 지출항목처럼 마음속으로 돈에 꼬리표를 붙여 분류하는 행위)에 오류가 생길 가능성이 높아진다. 실제로 가까운 지인은 용돈이 생기면 어김없이 카지노의 슬롯머신을 당기듯 주식을 매매하는 데 썼다. 그렇게 밑 빠진 독에 물을 붓듯 끝없이 탕진해갔다. 니코틴에 서서히 중독되는 것처럼 주식 매매로 날리는 돈을 대수롭지 않게 여기는 습관이 생긴 것이다. 주식투자의 목적은 투자금을 불리기 위함이지 끊임없이 사고팔며 승패의 짜릿함을 느끼기 위함이 아니다.

배종훈 화가의 『행복한 명상카툰』을 보면 수행하는 방법을 묻는 사람에게 스님이 이런 대답을 내놓는다. "수행의 방법이야 수천, 수만 가지가 있고 또 새로 만들 수도 있지요. 하지만 자신이 이 방편으로 얻고자 하는 것을 잊지 않아야 합니다. 그걸 잊으면 방편에 묶여 번뇌만 하나 늘지요." 여기에서 '수행'이란 말을 '투자'로 바꿔 넣으면 주식투자의 세계에도 그대로 적용된다.

지난날의 필자 역시 계곡의 돌을 모두 들추며 가재를 찾듯이 투자이론을 섭렵하던 시절이 있었다. 물론 이런 과정은 필자에게 가장 잘 맞는 투자방법을 찾기 위함이었다. 하지만 목적을 잊으면 끝없이 투자이론만 탐구하게 될 수도 있다. 어렵고 난해해야 좋은 투자 이론이 아니다. '쉽고 단순한 투자방법이 최고'라는 생각은 지금도 변함이 없다. 투자방법이 복잡하면 폼 나고 수익률도 더 좋을 것 같지만 실상은 그렇지 않다. 투자를 오래 해보면 깨닫게 되겠지만 만일 이제 막 시작하려는 입장이라면 부디 이 책을 통해 불필요한 시행착오를 줄여나가기 바란다.

투자방법의 외형은 중요하지 않다. 실제로 수익을 거두는 게 투자의 목적임을 한시도 잊지 말아야 한다. 투자의 세계에서는 잘 버는 사람이 고수다. 같은 수익이라도 최소한의 시간으로 벌어들이는 사람이 고수 중의 고수다. 진정한 싸움의 고수는 난타전으로 이기는 자가 아니고 단 한 방에 상대를 쓰러뜨리는 사람이다. 단타 매매를 하지 않고 정석 투자를 하게 되면 다음의 2가지 이점을 얻을 수 있다. 첫째, 주식 시장에서 한 발짝 떨어져 있음으로써 시장 분위기에 휩쓸려 오판할 위험이 적어진다. 둘째, 남는 시간을 주식 이외의 것에 쓸 수 있어서 인생을 더욱

동일비중 포트폴리오 전략으로 가치투자하라

풍요롭게 살아갈 수 있다.

    이 책을 읽는 젊은 독자의 투자 목적은 최소 20년 이상 장기 운용해 은퇴자금을 마련하는 것이다. 중년의 독자라면 10년 이상 장기 운용하게 될 것이다. 동일비중 포트폴리오 시스템을 구축하면 노후자금이 별도로 준비되므로 반드시 고임금 직장을 고집할 필요도 없다. 든든하게 믿는 구석이 있으니 높은 연봉보다 자신의 적성에 잘 맞고 꾸준히 성장해나갈 수 있는 직업을 선택할 수 있는 마음의 여유도 생긴다.

당신도 전문 투자자가 될 수 있다

주식 시장은 전문 투자자와 일반 투자자의 전쟁터나 다름없다. 여기서 말하는 전문 투자자는 일반 투자자와 상대적인 개념으로, 조셉 그랜빌 Joseph Granville이 이야기한 '일급 투자자'라는 의미와 같다. 금융권에서 정의하는 전문 투자자는 개인 투자자 중 소득과 금융자산이 일정 기준을 상회하는 이를 말한다. 기술적 분석의 대부로 추앙받는 조셉 그랜빌은 『그랜빌의 최후의 예언』이라는 책을 통해 "주식 시장에서는 매일 일급 투자자와 일반 투자자의 전투가 벌어진다."라고 이야기한다. 여기서 일반 투자자라 함은 주식투자에 대한 올바른 지식과 투자에 대한 기준이 없는 개인 투자자들을 지칭한다. 개미로 폄하되는 무지한 개인 투자자들은 주식 시장이 생긴 이래 늘 존재해왔고 앞으로도 꾸준히 유입될 것이다.

일반 투자자 중에서도 가장 아래에 있다고 여겨지는 층은 '인간지표 people indicator'라 불리는 사람들이다. 그들의 언행이 주식 시세의 천장과 바닥을 짐작하게 해준다는 뜻으로, 앙드레 코스톨라니Andre Kostolany가 이와 관련해 명쾌하게 비유한 말이 있다. "주식 시장에 바보보다 주식이 많으면 주식을 사야 할 때고, 주식보다 바보가 많으면 주식을 팔아야 할 때다."

1920년대 후반 존 F. 케네디John F. Kennedy 대통령의 아버지 조지프 케네디Joseph Kennedy가 월스트리트 투자가로 있을 때의 일이다. 어느 날 조지프 케네디는 자신의 구두를 닦던 구두닦이 소년이 "○○회사 주식이 좋다더라."라며 아는 척을 하자, 사무실에 들어서자마자 보유 주식을 모두 팔아치웠다고 한다. 그리고 실제로 얼마 지나지 않아 경제 대공황이 찾아왔고 주식은 폭락했다.

몇 년 전 중국 증시가 폭등할 때도 중국의 농부들이 농사는 내팽개치고 컴퓨터 앞에 앉아 주식 매매에 열을 올리던 때가 있었다. 결국 얼마 지나지 않아 주가 폭락의 쓴맛을 보게 되었다. 한국도 주식 시세 전광판이 증권사마다 있던 시절에는 인간지표를 쉽게 알아볼 수 있었다. 증권사 객장에 노인이 많아지고 주부까지 등장하면 주식 시세가 꼭지에 다다랐다고 인지했다.

필자도 투자자산운용사 자격증을 취득한 해에 인간지표를 직접 만난 경험이 있다. 평소 주식에 대해 한 번도 언급한 적이 없었던 지인이 모임에서 갑자기 자신의 주식투자 무용담을 펼치기 시작한 것이다. 그 지인을 만났을 당시 2,100p를 넘었던 코스피지수는 신기하게도 그날 이후부터 3달 만에 1,800p까지 계속 하향세를 탔다. 그는 아마도 그동

동일비중 포트폴리오 전략으로 가치투자하라

개인 투자자도 올바른 투자 철학과 체계적인 학습으로 무장한다면 얼마든지 전문 투자자로 변신할 수 있다.

안 벌었던 수익금을 상당 부분 반납하게 되었을 것이다.

암호화폐 가격이 천장에 다다랐을 무렵에도 비슷한 경험을 했다. 필자의 아이들이 식탁에서 암호화폐 이야기를 꺼내기 시작한 것이다. 아직 비트코인이니 이더리움이니 암호화폐가 무엇인지도 모를 나이임에도 불구하고 입에 올리는 걸 보니 가격이 이제 꼭대기에 도달했다는 생각이 들었다. 당시 필자의 아이들이 인간지표였던 셈이다.

인간지표가 꼭지 도달 신호를 보내면 가격이 나락으로 떨어지기까지의 시간은 예상보다 훨씬 짧았다. 롤러코스터를 타고 올라갔다가 방향이 아래로 바뀌면 엄청난 속도로 떨어져 내려오듯이 주식도 더 이상 오르지 못할 만큼 상승하면 남은 건 폭락뿐이다. 주가가 일단 하락으로 방향을 잡으면 인간지표를 알아챈 눈치 빠른 투자자가 가장 먼저 매도에 나서고, 차트상 하락 패턴을 인지한 매매자가 뒤이어 매도에 동참한다. 시간이 흐를수록 매도 주문은 급속히 늘어나는데 더 이상 사줄 사람이 없으니 주가는 추락을 면치 못한다. 사람들의 이런 심리를 잘 알았기 때문에 케네디 대통령의 아버지도 그렇게 서둘러 주식을 매도한 게 아닐까?

일반 투자자라고 해서 영원히 전문 투자자에게 휘둘리기만 하라는 법은 없다. 개인 투자자도 올바른 투자 철학과 체계적인 학습으로 무장한다면 얼마든지 전문 투자자로 변신할 수 있다. 전문 투자자로 변신하는 길이 꼭 멀고 험한 것만은 아니다. 두꺼운 투자 관련 서적들을 모조리 탐독해야만 가능한 일도 아니다. 이 책에서 제시하는 동일비중 포트폴리오 전략을 이해하고, 이를 수행하기 위한 최소한의 지식들을 익히고, 올바른 투자 마인드를 장착해 실습하면 빠른 시일 안에 당신도 전문 투자자의 반열에 올라서게 될 것이다.

게임의 규칙을
바꾸자

개인 투자자 대부분이 실패하는 가장 큰 이유는 단기간에 큰돈을 벌어
보겠다는 욕심 때문이다. 흔히 매매 회전율을 높이면 그만큼 더 빨리,
더 많이 수익을 낼 수 있다고 착각한다. 주식 매매를 부추기는 책과 대
중매체는 요즘과 같은 글로벌 사회에서 예기치 못한 악재로 언제든 주
가가 급락할 수 있다며 장기투자를 위험하다고 경고하기도 한다. 그래
서 당일 안에 사서 팔고 늘 현금을 쥔 채 편하게 잠자리에 들라고 종용
하는 분위기다. 필자도 처음에는 이런 이야기에 귀가 솔깃했었고, 그런
방식의 매매에 익숙해지기 위해 오랜 기간 많은 노력을 기울였다.

어제 주식을 샀는데 하룻밤 자고 일어나니 어닝쇼크, 북한의 미사일
발사 등의 이유로 주식 시장이 열리자마자 갭 하락이 시작되면 개장과
동시에 손절매 구간을 지나버리게 된다. 이러면 즉시 매도할 수도 없고

그대로 보유할 수도 없는 난감한 상황에 빠진다. 그러니 이런 불확실한 변수를 배제하기 위해 당일 내로 모든 거래를 끝내야 한다는 유혹에 빠지기 쉽다. 여기에 여러 증권사에서 수시로 수익률 대회를 개최하기도 한다. 대회 기간을 보면 어떤 방식으로 거래하라는 건지 바로 감이 온다. 대회 기간이 짧으면 1개월, 길어봐야 3개월을 넘지 않는다. 이런 단기간에 정석적인 가치투자로 상위권에 오르기는 아예 불가능하다. 결국 초단타 매매로 승부를 겨루라는 이야기인데, 벼락을 2번 연속으로 맞을 확률이라는 로또복권 1등 당첨자가 매주 꼬박꼬박 나오듯이 초단타 매매 경쟁에서도 누군가는 반드시 입상을 하기 마련이다.

대회 우승자들의 수익률을 보면 입이 떡 벌어진다. 100% 정도는 명함도 못 내밀고 그 짧은 기간에 수백%의 성적을 낸다. 수천%도 드물지 않다. 그런데 참 이상한 것은 그 정도의 매매 실력을 실전에 그대로 사용하면 단기간에 갑부가 되는 건 물론이고 전 세계 부자 순위에도 들었어야 했다. 그런데 부자 순위 어디에도 찾아볼 수 없다.

누구나 직접 해보면 알게 되겠지만 초단타 매매로는 하루 1~2%씩 수익을 내는 것이 결코 쉽지 않다. 조금이라도 잘못된 타이밍에 매수하면 수익은커녕 한순간에 손절매로 그 이상을 날려버리게 된다. 매매 타이밍을 잘 맞추는 것도 중요하지만 잃을 때는 적게 잃고 벌 때는 크게 벌어야 한다. 물론 이게 잘될 때도 있지만 그렇지 못할 때가 더 많다는 게 문제다. 마치 프로 운동선수들이 한두 시즌 잘 나가다가 다음 시즌에 슬럼프에 빠져 한동안 우울한 나날을 보내는 것과 같다. 설사 천부적인 감각으로 매매 타이밍을 연이어 잘 잡아낸다고 해도 계속되는 엄청난 스트레스를 이겨내야 한다. 이른 나이에 대머리 되기 딱 좋은 직

동일비중 포트폴리오 전략으로 가치투자하라

업이다.

초단타 매매에 나서는 사람들은 보통 대형 모니터 1개도 모자라 2~3개까지 걸어놓고 동시에 수많은 보조지표들을 띄워놓는다. 눈을 깜박일 틈도 없이 이 창에서 저 창으로 충혈된 눈동자가 쉴 새 없이 이동하며 온 신경을 곤두세운다. 쉬지 않고 돌아가는 시세와 끊임없이 올라오는 뉴스, 미리 설정해둔 HTS의 알람 소리에 집중하느라 여유 있게 점심조차 먹을 수 없다. '이게 과연 사람이 할 짓인가?' 하는 생각조차 든다. 아무리 전천후 직업이라지만 이런 식의 삶이 과연 보람 있고 행복할까?

마음의 여유와
시간이 필요하다

제4차 산업혁명으로 인해 많은 일자리들이 위태로워졌다. 이제 한정된 일자리를 두고 로봇, 인공지능과 경쟁해야 한다. 단순노동 일자리부터 가장 먼저 잠식당하게 될 것이다. 주식과 외환 거래 등 숫자를 다루는 모든 투자 분야도 마찬가지다. 앞으로 시간이 흐를수록 빅데이터 분석을 통한 최적화 알고리즘과 지속적인 딥러닝으로 진화해가는 인공지능 트레이딩 시스템이 인간보다 좋은 수익률을 낼 것이다. 그러니 인간 트레이더가 이런 무지막지한 괴물들과 전면전을 벌이는 건 무모한 행위다. 느리고 긴 세월이 걸리는 거래 방식만이 그들과 겨뤄서 이길 수 있는 유일한 방법이다.

개인 투자자가 투자로 이익을 얻으려 할 때 반드시 필요한 건 그래서 마음과 시간의 여유다. 주가가 상승할 때까지 기다릴 여유가 없는 사람은 주식투자에서 필패한다. 주식 시장은 수많은 투자자들의 두뇌 싸움이 벌어지는 전쟁터다. 우량주식을 제대로 골라 매수했다고 해도 주가가 언제 상승할지는 아무도 모른다. 1년 들고 있으면 충분할 줄 알았는데 지루한 매매 공방에 지쳐 팔았더니 며칠 후 갑자기 뛰어오르는 일도 비일비재하다. 하물며 겨우 2~3개월, 아니 1개월도 기다릴 여유가 없는 투자가 이익을 낼 것이라 기대하는 건 순진한 게 아니라 어리석은 것이다.

기다릴 시간이 처음부터 정해진 신용거래와 미수거래는 그래서 가치투자와는 상극이다. 주식 시장은 신묘하게도 빌려서 투자한 돈은 기가 막히게 알아서 손실이 나게 하는 재주가 있다. 요모조모 세심하게 따져서 샀는데도 주가가 10~20%씩 쑥쑥 빠지는 경우도 다반사다. 이렇게 되면 느긋하게 기다리기보다 조급하고 초조한 마음이 먼저 든다. 게다가 주식 시장은 냉혈해서 돈과 시간 여유가 많은 사람의 투자금은 더욱 불려주지만, 몇 푼 안 되는 돈으로 오래 기다릴 여유가 없는 사람의 돈은 가차 없이 앗아간다. 정말 신통방통해서 기가 막힐 정도다.

그래서 워런 버핏은 10년을 보유할 주식이 아니라면 10분도 들고 있지 말라고 했다. 주식투자는 평생 마음 편하게 해야 한다. 그래야 생각지도 않은 큰 수익을 누릴 수 있다. 이미 부자인 사람들이 더 쉽게 투자 수익을 올리는 이유는 시간적으로 더 여유가 있기 때문이다. 주가라는 것은 매일매일 조금씩 오르는 게 아니라 대부분의 나날 동안 지루한 등락을 거듭한다. 그러다 어느 날 자고 일어났더니 갑자기 뛰어 오르는

동일비중 포트폴리오 전략으로 가치투자하라

식으로 급등한다. 그래서 조급한 투자자는 주가가 청룡열차처럼 본격적으로 달리기도 전에 스스로 하차하고 만다. 따라서 반드시 10~20년 이상 묻어둘 각오가 되어 있는 금액만큼만 투자하고, 정해진 날에 리밸런싱만 해주면서 느긋하게 기다릴 필요가 있다. 그러면 언젠가 반드시 급등하는 주가를 보게 될 것이다.

강자를 이기는
방법

우리나라에 이순신 장군이 있다면 베트남에는 보응우옌잡Vo Nguyên Giap 장군이 있다. 20세기 최고의 명장으로 불리는 보응우옌잡은 '3불(不) 작전'으로 유명하다. 그는 적들이 원하는 '시간'에 싸우지 않았고, 그들이 싸우고 싶어 하는 '장소'에서 전투를 치르지 않았으며, 그들이 생각하지 못한 '방법'으로 싸워 강대국인 미국을 이겼다. 주식투자의 세계도 총성 없는 전쟁터다. 압도적인 인력과 장비를 갖춘 국내 기관과 외국인 투자자들이 유리한 전쟁터에서 겨루게 된다면 백전백패는 당연하다. 가장 대표적인 필패 전략이 단타 매매다. 단타 매매를 한다는 건 그들이 싸우고 싶은 시간과 장소와 방법에 모두 응하는 것과 같다. 그들은 고성능 컴퓨터와 초고속 전용선으로 개인 투자자보다 빨리 주문을 낼 수 있고, 광범위한 정보를 더 신속하고 은밀하게 취득할 수 있다. 평생 잠도 자지 않고 시장을 감시할 수 있는 IT 시스템으로 무장한 채, 알파고와 같은 인공지능을 덧붙여가며 거래 능력을 더욱 막강하게 진화시키고 있다.

『인공지능 투자가 퀀트』에는 미국 월스트리트에서 벌어지고 있는 알고리즘 전쟁 이야기가 흥미진진하게 담겨 있다. 거래 알고리즘을 입수하기 위해 스파이를 경쟁사에 위장 취업시키기도 하고, 경쟁사의 알고리즘을 무력화시키는 저격 알고리즘까지 개발하는 살벌한 세계가 실존한다. 이 책의 에필로그에서 저자는 이렇게 말한다. "단기적인 움직임과 불균형을 찾아서 거래하는 데이 트레이더들은 알고리즘에 의해 몰락할 것이다. 그러나 기업의 가치를 읽고 장기적으로 투자하는 개인 투자자들은 여전히 힘을 가질 것이며 나아가 더 강력해질 것이다." 안타깝게도 아직까지 국내 기관이나 외국인 투자자와 같은 강적들과 정면 승부해 이길 수 있다고 꿈꾸는 개인 투자자들이 많다. 알고리즘 기계들이 세계의 주식 시장에서 영역을 확장해나갈수록 개인 투자자들은 이순신 장군과 보응우옌잡 장군처럼 자신만의 필승 전략을 찾아야 한다.

본업을 가진 개인 투자자는 많은 시간을 주식투자에 쏟을 수 없다. 아무리 좋은 투자법이라도 배우기 어렵거나 적용하기 복잡하다면 실전에 사용하기 어렵다. 개인 투자자가 사용할 수 있는 투자방법은 쉽고 단순하며 검증된 투자 전략이어야 한다. 쉽고 단순한 방법은 시장에서 통하지 않고 어렵고 복잡한 방법만이 이길 수 있다면 ETF나 인덱스펀드조차 시장에 존재할 이유가 없을 것이다. ETF나 인덱스펀드는 단순히 종합주가지수를 쫓지만 투자 기간이 길어질수록 어지간한 공모펀드보다 대부분 성적이 좋았다.

2018년 1월 2일, 〈매일경제〉에 워런 버핏이 한 헤지펀드와의 10년 수익률 내기에서 압승을 거뒀다는 기사가 실렸다. 워런 버핏은 2008년 1월

동일비중 포트폴리오 전략으로 가치투자하라

1일부터 뉴욕의 프로테제파트너스라는 헤지펀드 운용사와 내기를 벌였는데, 향후 10년간 인덱스펀드와 헤지펀드 중 어느 쪽이 더 높은 수익률을 낼지 맞히는 내기였다. 결과적으로 워런 버핏이 택한 인덱스펀드는 연평균 7.1%의 수익률을 낸 반면, 헤지펀드 운용사가 선택한 5개 헤지펀드의 수익률은 연평균 2.2%에 그쳤다.

헤지펀드가 무엇인가? 시장 상황과 상관없이 수익을 내기 위해 펀드매니저가 전력을 다하는 액티브펀드(펀드매니저가 적극적으로 운용하는 수수료가 높은 펀드)가 아닌가? 반면 인덱스펀드는 지수보다 조금 더 높은 수익을 목표로 하는 단순한 패시브펀드(펀드매니저의 능동적인 개입이 없어 수수료가 저렴한 펀드)다. 따라서 쉽고 단순한 운용 전략이 복잡한 투자 전략보다 열위일 거라고 예상하는 건 편견일 뿐이다.

개별 우량주로 구성된 동일비중 포트폴리오 전략은 단순히 지수만 추종하는 ETF나 인덱스펀드보다 더 우수한 성과를 낼 수 있는 합리적인 투자 전략이다. 동일비중 포트폴리오는 우주에서 가장 막강한 '시간의 힘'을 지렛대로 사용한다. 미국 와튼스쿨 교수이자 주식투자 전략가인 제러미 시겔Jeremy Siegel도 언론 인터뷰에서 다음과 같이 말했다. "주식을 10년간 보유하면 변동성이 국채보다 현저히 낮아지며, 17년을 넘어가면 주식투자로 손실을 볼 확률은 거의 제로에 가까워진다." '가치'와 '시간'만이 인간이 기계를 이길 수 있는 단 2가지의 강력한 무기다.

마법의 지팡이 리밸런싱, 최고의 무기 시간

권용진 저자의 『인공지능 투자가 퀀트』는 읽을수록 마음이 무거워진다. 전 세계 주식 시장, 국제 원자재 시장, 외환 시장 가릴 것 없이 알고리즘 매매 기계들의 활동 영역은 상당히 넓었고, 그 수도 생각했던 것보다 훨씬 더 많았다. 2017년에 나온 책이니 지금은 그런 경향이 더 강화되어 있을 것이다. 세상의 모든 것을 수치로 변환할 수 있는 수학자나 물리학자들의 능력이 엉뚱하게도 오래전부터 매매 전문 로봇 트레이더를 만드는 데 쓰이고 있다. 퀀트투자는 인간의 주관성을 완전히 배제하고 오로지 객관적 수치만을 거래 알고리즘에 넣어 투자 판단과 주문 실행을 자동화하는 투자법이다. 에드워드 소프Edward Thorp와 르네상스 테크놀로지의 제임스 사이먼스가 대표적인 퀀트투자가다.

기본적인 퀀트 알고리즘의 예를 살펴보면 이렇다. 같은 금융 상품이

동일비중 포트폴리오 전략으로 가치투자하라

서로 다른 거래소에서 미미한 가격 차이가 날 때 빠르게 그 차익을 취하는 차익거래arbitrage trading, 그리고 A주식이 오를 때 B주식도 따라 오르는 경향을 알아채고 2가지 주식을 함께 엮어 거래하는 페어 트레이딩pair trading 등이 대표적이다. 이처럼 퀀트는 금융 시장에서 짧은 시간에 형성되는 작은 틈을 비집고 재빠르게 이익을 취하도록 설계되어 있다.

동시에 수백 개의 목표를 탐지하고 추적하는 이지스함처럼 알고리즘 로봇들은 전 세계 다양한 시장에서 수천 개 주식의 가격을 동시에 쫓는다. 그러다 가격의 일시적인 불균형이 발견되면 자동으로 거래한다. 상황이 이런데 개인 투자자들이 이들과 동일하게 매매 타이밍으로 승부하려는 것은 무모하다 못해 어리석은 일이다. 컴퓨터와 인공지능, 빅데이터, 머신러닝 등으로 기계화와 디지털화가 심화될수록 인간은 오히려 탈기계화, 아날로그로 회귀해야만 살아남을 수 있다. 미래를 보는 안목과 세상을 바꾸는 아이디어는 기계가 따라올 수 없는 인간만의 고유 영역이다.

리밸런싱으로
승부하라

아직도 주식투자를 한다는 수많은 개인 투자자들은 주가가 지나간 발자국에 불과한 차트에만 의존한 채 매매 타이밍을 잡으려 한다. 차트에만 의존해서 주식을 사고파는 최적의 매매 시점을 계속해서 맞추는 건 그 누구도 불가능하다. 한동안 잘 맞추다가도 언젠가 그 리듬이 깨지는 날이 분명히 오기 마련이다. 반면에 자산배분 전략, 즉 정기적인 리밸런싱을 통한 투자 전략은 효과적인 평생 투자 전략이다.

정상적인 기업의 주식이라면 주가는 어느 정도 오르면 내려가고, 어느 정도 내려가면 다시 오르게 되어 있다. 자산배분 전략은 정기적인 리밸런싱을 통해 오른 주식 일부를 팔아 내린 주식을 더 사들이는 방식이다. 시세차익 이외에 부가 수익을 차곡차곡 쌓아갈 수 있다. 군이 매매 타이밍을 맞추려 애쓸 필요 없이 주기적으로 리밸런싱만 해주면 되기 때문에 꾸준히 마음 편하게 장기간 믿고 갈 수 있는 쉬운 투자법이다.

자산배분 전략은 은행이나 증권사에서 거액 자산가들을 대상으로 오래전부터 보편적으로 사용해오고 있는 자산관리 방법이다. 부동산, 주식, 채권, 금 등 어느 특정 자산에 몰아서 투자하지 않고 고객의 투자 성향에 따라 여러 자산군에 적절히 비중을 나눠 정기적으로 그 비중을 다시 맞춰주는 방식이다. 이마저도 요즘엔 로보어드바이저가 담당해 스마트폰으로도 간단히 이용할 수 있도록 증권사에서 서비스하는 추세다.

동일비중 포트폴리오는 자산배분 전략 중 가장 쉽고 단순하면서도 효과적인 방법이다. 이 책에서 말하는 동일비중 포트폴리오는 예를 들어 1천만 원으로 한도를 정해두고 주식 자산에 투자하는 방법이다. 적정한 수의 개별 주식에 동일한 비중으로 배분해서 20~30년간 계속 그 비율을 유지해나가는 것이다. 그러기 위해서는 20년이든 30년이든 목표한 기간 안에는 결코 빼지 않아도 될 정도의 여윳돈이어야만 한다. 1천만 원 이상의 여유가 생겨도 다른 자산에 투자하거나 별도로 저축해둘 것을 권한다. 여유자금을 모두 노후자금(은퇴자금) 만들기에 넣는다면 중간에 이러저러한 사정으로 인출하게 되어 장기 운용이 어려워질 가능성이 높다. 갑작스럽게 목돈이 필요한 시기가 꼭 있기 마련인데, 동일비중 포트폴리오는 아무리 적게 잡아도 최소 10년 동안은 절대로 인출해서는 안 되기 때문에 1천만 원 또는 5백만 원 등 여윳돈의 한도를 확실히 해야 한다.

겨우 몇 년 운용하다 끝내버리면 리밸런싱의 마법이 본격적인 위력을 발휘할 수 없다. 오히려 단순 보유 전략보다도 수익률이 낮을 수 있다. 1천만 원 이상의 여윳돈이 있다면 동일비중 포트폴리오를 2개 이상 운용해나가는 것도 좋은 방법이다. 그러나 가장 먼저 시작한 포트폴리오만큼은 20년이든 30년이든 정해놓은 기간까지 중간에 깨는 일이 절대 없어야 한다. 끈기 있게 견딘다면 리밸런싱이 마법을 부려 여유 있는 노후를 보장해줄 것이다. 구체적인 리밸런싱 노하우는 뒤에서 다루도록 하겠다.

가장 강력한
무기는 시간이다

가끔 만나는 주식투자 경력 30년인 대학 동창이 있다. 꽤 일찍부터 주식투자를 시작한 모양이다. 나름대로 가치 분석을 통해 종목을 고르는데 PER(주가수익비율), PBR(주가순자산비율) 등 간단한 지표만을 이용한다고 한다. 그럼에도 손실 종목이 거의 없고 2~3년 묵히니 대부분 수익을 냈다는 것이다. 여기서 중요한 것은 어떠한 투자 지표를 이용했느냐가 아니라 '2~3년'이라는 세월 동안 그 주식을 들고 있었다는 점이다. 이것이 그가 매번 수익을 낸 가장 중요한 요소인 것 같다.

이 친구의 거래 방식을 검증해보기 위해 필자의 지난 거래들을 다시 들춰보았다. 손실로 끝난 거래를 살펴봤더니 대부분 지금까지 그 종목을 팔지 않고 보유하고 있었다면 이익으로 반전되었다. 이익으로 끝났던 거래들도 보유 기간을 현재로 늘려보니 이익의 폭이 더 크게 증가했다. 기록해둔 당시의 매도 이유를 다시 읽어보니 차트와 뉴스에 의한 것이 대부분이었다. 주식의 가치는 매도 당시에도 살아 있었지만 차트 패턴과 투자 주체들의 포지션이 매도 쪽으로 신호를 주고 있었던 경우가 많았다. 아니면 뉴스에 해당 기업의 악재가 실려서 상당 기간 주가가 고꾸라질 것 같았다. 그러나 지나고 보니 투자 주체들의 포지션은 손바뀜으로 인해 다시 반전되었고, 기업의 악재는 길게 가지 않는 소나기에 불과했다. 필자가 단타 매매자였다면 분명히 올바른 결정이었겠지만 장기투자를 하는 가치투자자 입장에서는 그러한 일시적인 출렁임에 흘들리지 말았어야 했다.

돌이켜 보면 필자는 당시만 해도 가치투자를 트레이딩처럼 하고 있었다. 기업 가치를 보고 주식을 매수해놓고는 차트나 뉴스로 매도를 결정했으니 말이다. 가치투자자가 이러한 단기적인 출렁임을 극복할 수 있는 묘책이 바로 동일비중 포트폴리오다. 오히려 주가가 출렁거리면서 보유 종목들의 주가 흐름이 꽈배기처럼 꼬여야 추가 수익이 발생하는 구조이기 때문이다. 그래서 주가의 단기적 등락에도 초연해질 수 있는 심

동일비중 포트폴리오 전략으로 가치투자하라

리적 여유가 생긴다.

대부분의 개인 투자자들이 손실을 보는 이유는 조바심 때문이다. 초 단위로 변하는 주식 시세로 차익을 얻겠다는 전략이 지속적으로 성공할 리 없다. 단기 매매가 아닌 장기투자를 한다면 한 달 내내 시세 확인을 하지 않아도 되고, 대부분 수익을 내며 거래를 완결 지을 수 있게 된다. 게다가 수익률도 단기 매매보다 오히려 더 좋다.

물론 좋은 종목을 좋은 시점에 사야 한다는 전제가 있지만 이는 어느 정도의 공부만 하면 가능하다. 주식을 자주 사고판다고 해서 이익이 더 커진다는 착각은 버려야 한다. 존 리John Lee 메리츠자산운용 대표는 〈한국경제〉 신문과의 인터뷰에서 "주식은 사고파는 대상이 아니라 틈날 때마다 사 모으는 것이다."라고 했다. 좋은 땅이 헐값에 나오면 사 놓고 묵히듯이 우량 기업의 주가가 많이 떨어졌을 때 사 모아야 한다는 뜻으로, 시간의 힘에 맡기면 수익은 알아서 따라온다는 이야기다. 이 책을 통해 앞으로 배울 동일비중 포트폴리오 시스템은 우량주를 사 모아서 스마트하게 관리하는 방법이며, 시간을 지렛대leverage로 삼는 최상의 투자 전략이다.

시간을 지렛대라고 표현한 이유는 최초의 원금이 얼마나 불어나게 되는지는 투자 기간이 결정하기 때문이다. 5년보다는 10년의 지렛대가 더 길고, 10년보다는 20년의 지렛대가 더 길다. 마찬가지로 20년보다는 30년의 지렛대가 훨씬 길어서 포트폴리오의 수익률 또한 기하급수적으로 올라간다. 즉 투자에서는 더 많은 시간을 자신의 편으로 만드는 자가 가장 큰 수익을 올릴 수 있다.

동일비중 포트폴리오 수익률 그래프를 보자. 연평균 수익률 16.6%를

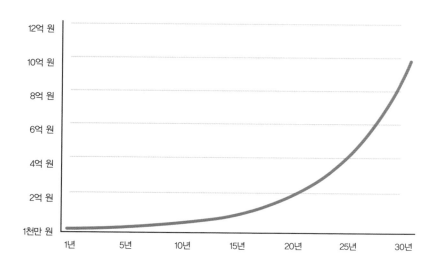

동일비중 포트폴리오 수익률 예시(30년)

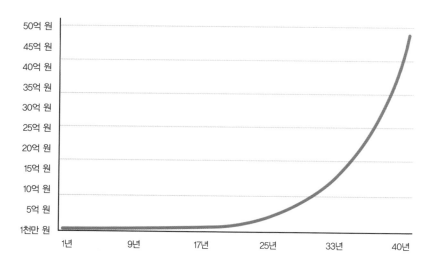

동일비중 포트폴리오 수익률 예시(40년)

동일비중 포트폴리오 전략으로 가치투자하라

기준으로 그려본 것이다(16.6%는 최초 투자금 1천만 원이 30년 후 10억 원이 되기 위한 최소 수익률이다). 수익금을 원금에 합산해 재투자했을 경우 시간이 흐를수록 투자금은 급격히 불어난다. 첫 10년간의 수익률은 미미해 보일 수 있지만 지루해 보이는 이 기간이 이후의 급상승을 위한 밑거름이 된다. 마치 비행기가 활주로를 한참 달리다 일단 이륙하면 짧은 시간에 고도를 높여가는 것과 같다. 그래프 기울기의 각도는 처음 10년, 10~20년, 20~30년 순으로 높아진다. 30년 이상이 되면 거의 수직선이 될 것이다.

이렇게 투자 기간이 길어질수록 기하급수적으로 늘어나는 '복리의 힘'에 대해 알버트 아인슈타인Albert Einstein 박사는 "인류의 가장 위대한 발견이며 세계의 여덟 번째 불가사의"라고 극찬했다. 그럼 복리 극대화 게임에서 가장 유리한 사람은 누구일까? 바로 수익률이 더 높거나, 하루라도 더 일찍 시작한 사람이다. 주식투자 수익률은 정해진 것이 아니니 지금 당장 동일비중 포트폴리오를 실행하는 것이 가장 중요하다.

0부터 1까지의 거리가 1부터 100까지의 거리보다 더 멀다. 빈손으로 시작해서 1억 원 벌기가 1억 원으로 100억 원 만드는 것보다 더 힘들다는 이야기다. 『레버리지』의 저자 롭 무어Rob Moore는 두 번째 책 『머니』에서 '배수의 법칙'을 이렇게 표현했다. "매일 2배씩 자라나는 연못의 수련이 연못 전체를 덮는 때는 마지막 날이다. 하루 전까지는 연못의 절반만 덮었을 뿐이다." 투자를 장기적인 관점에서 접근하라는 가르침이 담긴 말이다. 1천만 원의 투자금으로 10억 원을 만드는 것도 불가능하지 않다. 방법만 올바르다면 시간과 복리의 마법이 이를 반드시 실현시켜줄 것이다.

모든 건 좀 더 단순하게가 아니라
가능한 한 가장 단순하게 해야 한다.
―알버트 아인슈타인Albert Einstein

PART 2

최상의 가치투자 전략,
동일비중 포트폴리오

동일비중 포트폴리오란
무엇인가?

이제 본격적으로 동일비중 포트폴리오에 대해 설명하려 한다. 영어 표기는 'Equally Weighted Portfolio'로, 국내 금융권에서는 '동일가중'이라는 표현을 더 많이 사용하고 있다. 하지만 '가중加重'이라는 말은 특정 요소에 더 많은 비중을 둔다는 의미이므로 이 책에서는 동일비중이라 표기하겠다. 마찬가지로 동일비중 포트폴리오를 구축하고 운용하는 일련의 프로세스는 동일비중 포트폴리오 시스템이라 부른다.

일반적인 가치투자는 '매입 후 보유buy and hold' 방식으로 진행한다. 즉 어느 종목을 사들이면 목표한 적정 가치를 넘어설 때까지 계속 보유하고 있는 것이다. 하지만 실제 주가는 목표 주가를 향해 가는 동안 등락을 반복할 수밖에 없기 마련이다. 목표 주가가 100% 정확하지 않기 때문에 목표 주가에 도달하기 전에 꺾여 내려갈 수도 있다. 한동안 많은 평가 차익을 올렸다가도 다시 원점으로 돌아갈 수 있는 것이다. 주가가 상승해 수익을 내는 기간은 전체 보유 기간의 10%가 채 되지 않는다고 한다. 그럼에도 대부분의 투자자들은 상승 구간에 있는 주식만 보유하고 싶어 온갖 노력을 다한다.

만일 상승 구간에 있는 주식만 고를 수 있다면 투자금이 하락하는 주식에 묶여 있지 않으니 운용 효율이 극대화될 것이고, 그에 따라 수익률도 기하급수적으로 올라가 짧은 기간에 세계적인 갑부가 될 수 있을 것이다. 하지만 인공지능으로 무장한 알고리즘 로봇 트레이더가 이런 식의 투자를 시도할 가능성은 있지만 일반 개인 투자자들에게는 허무맹랑한 이야기일 뿐이다. 그렇다면 정보력도 약하고 대응력도 떨어지는 개인 투자자들은 어떤 방법으로 투자해야 할까?

답은 '늘 시장에 머물러 있는 것'이다. 항상 주식을 들고 있으니 보유 기간의 10%도 안 되는 짧은 상승 구간을 놓칠 리 없다. 다만 그 외의 긴 시간을 끈기 있게 버텨야 하는데, 일반적인 매입 후 보유 방식의 가치투자는 주가의 출렁임이 너무 심해 마음이 편치 못하다.

일반적인 매입 후 보유 방식의 한계를 극복하기 위해 만들어진 방법이 바로 자산배분 전략이다. 동일비중 포트폴리오는 자산배분 전략 중에서도 가장 쉽고 간단한 방법으로, 정기적으로 투자 종목들의 비율을 늘 일정하게 맞춰주는 전략이다.

동일비중 포트폴리오의 리밸런싱 사례를 정리한 그림을 보자. 투자 금액 200만 원 중 절반은 주식에 투자하고, 나머지 절반은 현금으로 보유한 동일비중 포트폴리오다. 종목을 잘 골라서 한 달에 주가가 20%나 뛰었다고 가정해보자. 그대로 들고 있으면 다음 달에도 주가가 상승해

동일비중 포트폴리오 전략으로 가치투자하라

동일비중 포트폴리오의 리밸런싱 예시

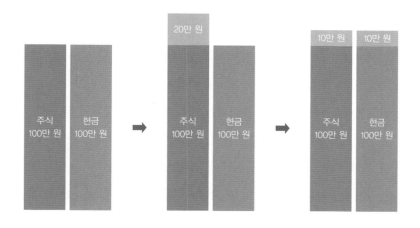

이익이 더 커질 수도 있지만 반대로 하락해 제자리로 내려올 수도 있다. 그런데 동일비중 포트폴리오 전략은 이익의 일부를 수익으로 굳힐 수 있다. 주가가 20% 상승해 20만 원의 차익을 얻었을 때, 주식과 현금을 동일한 비중으로 리밸런싱하는 것이다. 즉 상승분 20만 원의 절반인 10만 원어치를 팔아 현금 쪽으로 넘기면 된다. 이렇게 리밸런싱을 통해 10만 원의 현금 수익이 안정적으로 확보되었고 포트폴리오의 전체 투자금도 커졌다. 다음 달에 주가가 다시 하락한다 해도 현금 계정으로 넘긴 10만 원은 잘 보존되어 있다. 동일비중 포트폴리오는 이렇게 지속적으로 포트폴리오 내 자산 간 비중을 동일하게 맞춰주면서 주가 상승 차익을 누적시켜가는 것이다.

어느 종목을 매수한 이후 큰 출렁임 없이 지속적으로 우상향한다면 단순 보유 전략이 가장 큰 이익을 얻게 된다. 하지만 뻗어 올라갔던 가격이 빠르게 하락해버리면 부풀었던 이익은 순식간에 말짱 도루묵이 될 수 있다. 동일비중 포트폴리오는 수익을 모두 잃어버리기 전에 정기적으로 비중을 동일하게 맞춤으로써 차익 실현을 조금씩 하고, 그 차익으로 내려갔던 종목을 더 사들여 지분을 확대한다. 이후 내려갔던 종목이 오를 때는 확대된 지분으로 인해 이익이 더 커지게 되고, 올라갔던 종목이 내려올 때는 지분이 축소되어 있어 자연히 손실이 줄게 된다.

동일비중 포트폴리오를 활용한 장기투자는 1개월마다 또는 2~3개월에 한 번씩 리밸런싱을 하며 시장에 계속 머물러 있는 전략으로, 주식시장이라는 망망대해에서 힘을 낭비하지 않고 최소한의 동작으로 바다 위에 오래 떠 있는 것과 같다.

동일비중 포트폴리오의
작동 원리: 섀넌의 도깨비

『머니 사이언스』에는 '섀넌의 도깨비'에 관한 이야기가 나온다. 섀넌의 도깨비는 '균형 복원 포트폴리오'라고도 불리는데, 주가의 랜덤워크(미래 가격 변동이 과거의 가격과 아무 상관없다는 가설)를 이용해 돈을 벌 수 있다는 이론적인 투자 전략이다. 참고로 이 이론을 발표한 클로드 섀넌 Claude Shannon은 우리가 흔히 사용하는 비트 bit라는 IT 용어를 만든 정보공학자이자 천재적인 수학자다.

'섀넌의 도깨비' 모델의 적용방법은 아주 간단하다. 투자금의 절반은 주식, 나머지 절반은 현금으로 보유하고 주기적으로 리밸런싱만 해주

동일비중 포트폴리오 전략으로 가치투자하라

면 된다. 현금과 주식을 50:50으로 설정한 이유는 기하평균(n개의 양수가 있을 때, 이들 수의 곱의 n제곱근 값)이 최대가 되는 비율이기 때문이다. 복권처럼 매번 단발적인 게임에서의 수익률 계산은 산술평균(우리가 일반적으로 알고 있는 평균)을 사용하지만, 오늘의 투자금으로 내일도 투자하는 식으로 이어지는 경우에는 기하평균을 구해야 정확한 누적 수익률을 알 수 있다. 산술평균과 기하평균에 대한 부분은 뒤에서 자세히 다룰 테니 이해가 되지 않더라도 일단 넘어가도록 하자.

섀넌의 도깨비 모델의 핵심은 '변동성'이다. 주가가 얼마나 큰 폭으로 움직이느냐에 따라 수익률은 급변한다. 상승과 하락의 진폭이 크면 클수록 수익률이 극대화된다. 섀넌의 도깨비처럼 정기적으로 리밸런싱을 하는 동일비중 포트폴리오의 수익률 또한 주가의 변동성에 영향을 받는다. 동일비중 포트폴리오 구성 종목 간의 가격 변동폭이 클수록 수익률은 높아진다. 물론 실제 주가가 이렇게 규칙적으로 요동치지는 않겠지만 얌전히 상승하는 것보다 거칠게 흔들리더라도 우상향으로 진행한다면 변동성을 무조건 두려워할 필요가 없다는 뜻이다.

클로드 섀넌이 논문에서 제시한 주가의 등락률은 50% 하락 후 100% 급등하는 패턴이 반복된다는 가정이 깔려 있다. 그렇게 등락하는 가운데 차익을 주식에 절반, 현금에 절반씩 계속 동일하게 분배해 비중을 맞춰준다. 그럼 실제로 시뮬레이션해보자. 시뮬레이션은 모두 1차부터 109차까지 시험한 가상의 상황으로, 1차씩 진행될수록 가격은 정해진 만큼 등락한다. 가상의 주가는 시작할 때 1만 원, 종료 시점에도 1만 원이다. 투자자금은 1천만 원이다.

종료 시점 가격은 시작할 때의 가격, 즉 1만 원으로 되돌아온다는

섀년의 도깨비 시뮬레이션(50% 하락, 100% 상승)

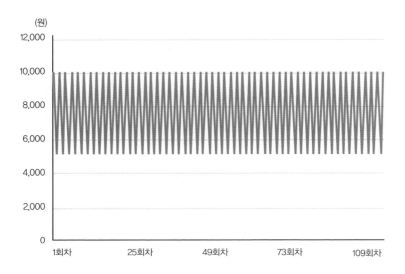

섀년의 도깨비 변형 시뮬레이션(10% 하락, 11% 상승)

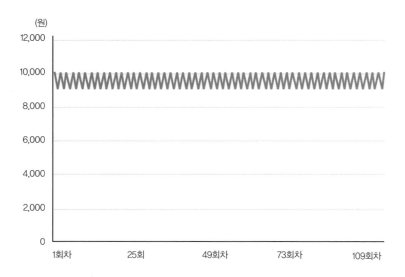

동일비중 포트폴리오 전략으로 가치투자하라

섀넌의 도깨비 모델 시뮬레이션

항목	섀넌의 도깨비	EWP 적용	섀넌의 도깨비 변형	EWP 적용
시작 시점 가격	1만 원	1천만 원	1만 원	1천만 원
종료 시점 가격	1만 원	55억 6,535만 5,707원	1만 원	1,171만 4,782원
손익금액	0원	55억 5,535만 5,707원	0원	171만 4,782원
손익 비율	0.0%	5만 5,553.6%	0.0%	17.1%
최대 하락	5천 원	749만 9,063원	9천 원	949만 9,212원
최대 손실	-50.0%	-25.0%	-10.0%	-5.0%
거래비용	-	-2,725만 4,294원	-	-5만 6,218원
수익 대비 거래비용 비율	-	-0.49%	-	-0.48%

가정이다. 실제 주식 포트폴리오와 달리 예탁금 이자와 배당금이 없으므로 거래비용을 계산에 넣었다. 매매 수수료는 0.015%로 가정했고, 매도 시에는 거래세 0.3%를 추가했다. 처음 그래프는 클로드 섀넌이 제시한 대로 회차마다 50% 하락, 100% 상승을 반복한다. 그다음 그래프는 변동성을 대폭 낮춰 10% 하락, 11% 상승을 반복하는 걸로 가정했다.

실험 결과를 정리한 도표를 보니 놀랍지 않은가? 물론 저렇게 규칙적으로 진동하는 주식이 있다면 좋겠지만 현실은 다르다. 이 실험의 의도는 비중을 동일하게 맞춰주는 리밸런싱의 효과를 보여주고자 함이다. 주기적으로 주식과 현금의 비중을 동일하게 맞춰주는 것만으로도 계속 누적 이익이 쌓여간다. 주가의 진폭이 크면 클수록 리밸런싱 차익도 점점 더 커진다.

이번에는 매입 후 보유, 즉 바이앤홀드 전략과 동일비중 포트폴리오

바애인홀드 전략 시뮬레이션(40% 상승, 30% 하락)

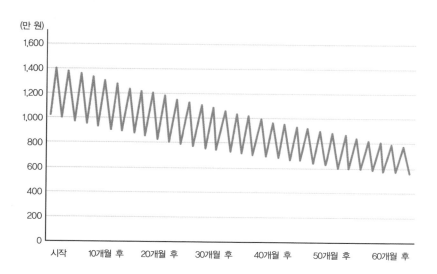

동일비중 포트폴리오 전략 시뮬레이션(40% 상승, 30% 하락)

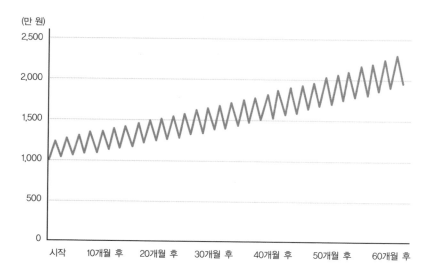

동일비중 포트폴리오 전략으로 가치투자하라

바이앤홀드 전략 vs. EWP 전략

항목	바이앤홀드 전략	EWP 전략
시작 시점 가격	1천만 원	1천만 원
60개월 후	545만 4,843원	1,811만 3,616원
손익금액	-454만 5,157원	811만 3,616원
손익 비율	-45.5%	81.1%

전략을 간단하게 비교해보자. 5년(60개월) 동안 주가가 첫 달을 포함한 홀수 달에는 40% 상승하고, 두 번째 달을 포함한 짝수 달에는 30% 하락하는 주식이 있다고 가정해보자. 사람들 중 상당수는 격월로 10% 정도씩 이익이 누적되니 5년 뒤에는 바이앤홀드 전략이 꽤 높은 수익을 올렸을 것이라 예측한다. 얼핏 생각하면 잃는 비율보다 버는 비율이 더 높으므로 결국에는 이익이 날 것처럼 보인다. 하지만 실험 결과는 그렇지 않음을 보여준다.

원금 1천만 원으로 주식을 모두 매입해 보유하고 있는 바이앤홀드 전략은 예상과 달리 시간이 흐를수록 투자원금을 점점 까먹게 된다. 40% 상승과 30% 하락이 반복되는 주식의 기하평균을 구해보면 -1.01%가 나온다. 수학적인 부분에 대한 설명은 차치하고, 즉 1개월이 지날 때마다 투자원금이 1.01%씩 줄어든다는 뜻이다. 좀 더 간단하게 설명하면 이렇다. 처음 1천만 원이 40% 상승하면 1,400만 원이 된다. 여기서 30% 하락하게 되면 '1,400만 원-(1,400만 원×30%)'가 된다. 따라서 1,400만 원의 30%는 420만 원이므로 결과적으로 두 번째 달만 놓고 보아도 20만 원의 손해를 보는 것이다.

주식과 현금을 절반씩 리밸런싱한 투자자는 시간이 흐를수록 투자 원금이 점점 불어난다. 바이앤홀드 투자자는 5년이 된 시점에 투자원금이 거의 반 토막이 되고, 19년째 들어서면 원금이 1/10로 줄어든다. 반면 동일비중 포트폴리오 전략은 18년을 넘어서면 1억 원대까지 투자원금이 불어난다. 수익금을 현금으로 보존하면 아무런 역할을 하지 않을 것 같지만 실제로는 이 현금이 주가가 내려갈 때마다 큰 지원군이 된다.

바이앤홀드 전략과 원활한 비교를 위해 주식과 현금을 50:50의 비율로 맞췄지만, 40:60으로 하면 수익률이 85.4%로 더 높아진다. 주식 비중을 줄였음에도 불구하고 수익률은 오히려 더 높아진 것이다. 섀넌의 도깨비 모델은 가격이 무작위로 널뛰는 상황에서도 이익이 발생할 수 있음을 보여준다. 또한 주가의 변동성이 매우 크면 클수록 더 많은 매매 차익이 누적되는 걸 알 수 있다.

건강한 기업은 대체로 진동 폭이 작으면서 장기적으로 우상향한다. 주식으로 여러 번 시뮬레이션해본 결과 우상향하는 자산은 현금 비율이 적을수록 수익률이 높다는 결론이 나왔다. 이는 리밸런싱 매매 차익의 합보다 매입 이후 우상향하며 올라가는 시세차익의 폭이 더욱 크기 때문이다. 따라서 앞으로 우리가 사용할 동일비중 포트폴리오 전략에서는 포트폴리오에 일부러 현금을 포함시키지 않는 것을 원칙으로 삼는다.

필자가 제시하는 동일비중 포트폴리오 시스템의 연평균 목표 수익률은 3가지다. 차례대로 연평균 18%, 14%, 10%다. 만일 연평균 18%의 수익률을 달성하면 10년마다 원금이 약 5배가 된다. 주식투자로 1년에 18%의 수익을 내는 것이 어려울까? 주식투자를 좀 해본 사람들에게

"1년에 18% 이상의 수익을 올릴 수 있습니까?"라고 물으면 아마도 거의 다 "그쯤이야 식은 죽 먹기죠."라고 말할 것이다. 은행 이자율이 2%대인 시대에 18%란 수익이 꽤 높아 보이기도 하지만, 주변에서 주식투자로 연간 수십%의 이익을 본 사람의 이야기를 들으면 연 18% 정도의 수익률 달성은 쉽게 여겨지기도 한다. 실제로 이보다 훨씬 더 높은 수익률을 내는 지인도 있을 것이고, 더 높은 수익률을 가진 공모펀드도 적지 않으니 마냥 비현실적인 수치는 아니다.

목표 수익률
설정하기

투자원금 1천만 원으로 30년 후 10억 원을 만들기 위해서는 매년 16.6%의 수익률을 올리면 된다. 하지만 실제 상황에서는 여러 가지 이유로 오차가 생긴다. 어느 해에는 20% 이상의 수익을 올리다가도 이듬해에 손실로 마감할 수도 있다. 따라서 오차를 감안해 최소 목표 수익률을 연평균 18%로 정해둔 것이다. 1천만 원의 원금으로 매년 18%씩 30년간 운용한다면 최종 투자금은 얼마로 불어나 있을까? 14억 원이 넘는다. 오차를 감안해도 10억 원은 여유 있게 달성한다.

동일비중 포트폴리오를 실제로 운용하게 되면 매년 18%의 수익률을 꾸준하게 달성하지 못할 수도 있다. 때로는 블랙스완(관찰과 경험에 의존한 예측을 벗어나 예기치 못한 극단적 상황이 일어나는 일) 정도의 글로벌 충격으로 마이너스 수익률이 되는 해도 분명 있을 것이다. 또 반대로 어느 해에는 30~40% 또는 그 이상의 수익률이 나오기도 할 것이다. 이처럼 실제로 오랫동안 자금운용을 해보면 투자금의 평가액이 널뛰기를 할 수도 있다. 하지만 역사적으로 입증된 분명한 사실은 과정이 올바른 투자라면 결과 또한 반드시 좋게 나온다는 점이다. 왜냐하면 주가는 장기적으로 반드시 실적을 따라가게 되어 있고, 해당 기업의 실적과 가치를 우리가 어느 정도 알아낼 수 있기 때문이다.

물론 연 18%의 목표 수익률은 금융권의 정통적인 투자 관점에서 보면 리스크가 큰 목표로 보일 수도 있다. 그렇다면 목표 수익률을 연 10% 수준으로 낮춘다면 어떨까? 사실 주식투자로 이 정도의 수익률도 기대하지 못한다면 굳이 주식에 투자할 이유가 없다. 인플레이션과 무위험 이자율까지 감안하면 10%라 해도 실제 수익률은 5% 수준에 불과하기 때문이다. 적잖은 품이 드는 건 별개로 치더라도 말이다.

만약 이미 운용하는 투자 자산이 1억 원 이상이라면 기대수익률을 연 10% 수준으로 낮춰 안전하게 투자할 수도 있다. 인덱스펀드를 증권시장에서 주식처럼 매매할 수 있도록 한 ETF 상품을 이용해 좀 더 쉽고 안전하게 운용하면 된다. 일단 머리 아프게 개별 주식에 일일이 투자할 필요가 없다. 개별 주식에 투자하려면 해당 기업 및 업황까지 분석해야 하고, 적절한 시기에 종목 교체도 해야 한다. 하지만 ETF로만 구성한다면 밸류에이션(가치 평가)과 포트폴리오 업그레이딩(종목 교체)을 생략할 수 있기 때문에 투자 과정을 대폭 단순화시킬 수 있다.

업종 자체에 투자하는 섹터 ETF나 해외의 국가별 지수를 추종하는 ETF 등으로 투자 대상을 넓히면 국내로만 쏠리는 위험을 분산할 수도 있다. 해외 자산에 투자하면 환율과 세금으로 인해 수익률이 줄어들 수도 있지만 이런 부분까지 감안해서 목표 수익률을 낮춘 것이다. 결과적으로 기대수익률 연 10%는 ETF로만 포트폴리오를 채워도 충분히 달성 가능한 목표라고 할 수 있다. 다만 점진적으로 투자금이 불어나는 것은 분명하지만 최종 수익금액에 대한 욕심은 내려놓아야 할 것이다. ETF와 동일비중 포트폴리오의 효용성은 뒤에서 자세히 다루도록 하겠다.

연평균 목표 수익률 14%는 동일비중 포트폴리오 목표 수익률(18%)과 ETF 포트폴리오 기대수익률(10%)의 중간값이다. 시중에 출간된 몇몇 배당주 투자 관련 책들의 목표 수익률은 대체로 연 15% 정도다. 이들 책의 저자들은 시세차익과 배당금 재투자를 통해 15% 정도의 수익을 얻을 수 있다고 말한다. 필자 역시 그 정도의 수익률은 배당주 투자만으로도 충분히 가능하다 생각한다. 저평가된 고배당주로 동일비중 포트폴리오를 구성해 장기 운용한다면 연평균 14~15% 정도의 수익률은 능히 거둘 수 있다.

그렇다면 투자의 대가라 불리는 전설적인 투자자들의 수익률은 얼마나 될까? 『문병로 교수의 메트릭 스튜디오』에 잘 정리되어 있다. 피터 린치Peter Lynch의 마젤란펀드는 13년간 연평균 29.2%의 수익률을 기록했고, 워런 버핏은 연평균 25% 정도의 수익률을 올리는 것으로 알려져 있다. 1960년 전후에는 연평균 수익률이 29.5%였다고 한다. 두 사람보다 유명하진 않지만 『주식 시장을 이기는 작은 책』의 저자 조엘 그린블라트Joel Greenblatt도 2005년부터 20년간 연평균 40%라는 경이적인 수익률을 올렸다.

물론 대가라고 해서 해마다 높은 수익률을 올린 것은 아니다. 천하의 워런 버핏도 42년간의 운용에서 마이너스 수익이 난 해가 9번이 있었는데, 몇 가지 살펴보면 1974년에 −43.7%, 1990년에 −23.1%, 1999년에 −19.9%를 기록했었다. 피터 린치도 마이너스 수익률을 기록한 해가 6번에 달했다.

따라서 이 책을 읽고 있는 독자 여러분들도 실패를 두려워하지 말고 나름의 목표 수익률을 정해보자. 좋은 종목을 골라내는 능력이 있다면 직접 펀드매니저가 되어 액티브펀드 스타일로 자산을 운용해 연 18% 이상의 수익률을 올려보자. 종목을 고르는 게 어렵다면 ETF로만 포트폴리오를 구성한 패시브펀드 스타일로 운용해나가면 된다. 물론 이런 경우에는 기대수익률을 최저 연 10% 수준으로 낮춰야 한다. 국내 개별 종목과 해외 ETF를 섞어서 포트폴리오를 구성해 목표 수익률을 연 14% 이상으로 잡을 수도 있다. 또 다른 방법은 처음 10년은 개별 주식으로만 운용해 연 18% 이상으로 수익률을 끌어올리는 데 힘쓰고, 다음 10년은 개별 종목과 해외 ETF를 섞어 운용해 연 14% 이상의 수익률을 목표로 하는 것이다. 그리고 어느 정도 자금이 불어난 마지막 10년에는 연 10% 이상으로 목표 수익률을 낮춰 국가별 ETF로만 포트폴리오를 구성하는 것이다. 즉 젊은 시절에는 공격적으로 운용하고, 나이가 들어갈수록 보수적으로 운용해 키워놓은 자산을 지키는 전략이다.

동일비중 포트폴리오의 특징과 시스템 프로세스

『나의 트레이딩 룸으로 오라!』의 저자 알렉산더 엘더Alexander Elder는 주식투자로 성공하기 위해서는 3MMoney, Method, Mind을 갖춰야 한다고 말한다. 각각 자금 관리money, 투자기법method, 투자 심리mind를 뜻하는 말로, 이는 트레이딩뿐만 아니라 가치투자에서도 필요한 요건이다. 다행스럽게도 동일비중 포트폴리오 투자 전략은 3M을 모두 갖췄다. 굳이 따로 애쓰지 않아도 3M이 따라온다.

동일비중 포트폴리오만 잘 활용해도 3M 중 자금 관리와 투자 심리는 저절로 준비된다. 특정 종목에 몰아서 투자하지 않고 투자 대상 종목에 골고루 비중을 분배함으로써 특별히 자금 관리에 신경 쓸 필요가 없다. 또한 분산투자와 장기투자를 함으로써 심리적으로도 편안한 투자를 할 수 있어 자연스럽게 투자 심리도 안정적으로 유지된다. 투자기법은 이 책의 나머지 부분을 반복해서 숙지한다면 시간이 흐를수록 능숙해질 것이다.

고수익이
꼭 고위험일까?

일반적으로 '하이 리스크 하이 리턴high risk high return'이라는 말을 많이 한다. 높은 수익(고수익)을 얻기 위해서는 그만큼 높은 위험(고위험)을 감수해야 한다는 뜻이다. 선물옵션 같은 파생 상품 투자나 FX마진 거래(외환 거래), 부실채권(NPL) 투자 등은 고위험 고수익 상품에 해당된다. 하지만 고수익을 노리면서도 상대적으로 위험성이 낮은 주식투자 전략이 있다. 수익은 증폭시키고 위험은 축소시키는 동일비중 포트폴리오 투자 전략이 바로 그것이다. 위험이 축소되는 이유는 투자한 종목들의 비중을 정기적으로 다시 맞춰주는 리밸런싱 때문이다.

은행 예금처럼 정해진 이자를 받는 것이 아닌 이상 지구상의 모든 투자는 원금 손실의 위험을 피할 수 없다. 그렇다면 투자의 손실 위험은 어떻게 정의하고 측정할까? 『소음과 투자』에서는 투자 위험에 대한 정의를 다음의 2가지 시각으로 바라본다. 하나는 과거 수익률의 들쭉날쭉한 정도를 나타내는 '변동성'이고, 다른 하나는 미래에 손실을 볼 '확률'이다.

시중에 판매되고 있는 펀드들의 위험 평가 지표로는 대부분 변동성 지표인 표준편차(펀드 수익률의 등락 정도)와 샤프 비율(위험 대비 초과수

동일비중 포트폴리오 전략으로 가치투자하라

익률)을 사용한다. 펀드의 손실 확률을 측정하기 어렵기 때문에 수치화하기 쉬운 샤프지수를 자주 사용하는 것으로 보인다. 어찌되었든 계량적인 수치가 나와야만 여러 펀드의 위험도를 비교해볼 수 있기 때문이다. 변동성은 표준편차 값을 말하는데, 현재의 펀드 수익률이 과거 수익률의 평균값으로부터 떨어져 있는 정도를 수치로 나타낸 것이다. 이 수치가 클수록 펀드 수익률의 출렁임이 심해 그만큼 더 위험하다고 본다.

샤프 비율 또는 샤프지수는 초과수익을 표준편차로 나눈 것이다. 초과수익이란 펀드 수익률에서 무위험 수익률을 뺀 값으로, 즉 아무런 위험 없이 얻는 수익률은 펀드의 진정한 수익률이 아니라고 보는 것이다. 예를 들어 펀드 수익률이 18%이고 무위험 수익률이 2%라면 초과수익은 16%가 된다. 대표적인 무위험 수익률은 은행의 1년 만기 예금의 이자율이지만, 국고채 1년물 수익률이나 CD(양도성 예금증서) 91일물을 사용하기도 한다. 만약 초과수익이 16%이고 표준편차가 10이라면 샤프 비율은 '초과수익/표준편차'이므로 1.6이 된다. 샤프 비율 수치가 높을수록 상대적으로 운용 능력이 좋다고 해석한다. 분모가 리스크(표준편차)이고 분자가 초과수익이니 똑같은 위험을 감수했다고 가정할 때 어느 펀드가 더 높은 수익률을 올렸느냐를 알 수 있다.

물론 표준편차(변동성)만으로 펀드의 수익률을 비교하기에는 불합리한 부분도 있다. 표준편차가 5인 A펀드와 10인 B펀드가 있다고 가정해보자. 변동성은 A펀드가 작아서 더 좋은 펀드처럼 보이지만 샤프 비율까지 보면 이야기가 달라진다. A펀드의 샤프 비율이 1.5이고 B펀드가 2라면 B펀드가 더 좋은 펀드가 된다. A펀드는 위험을 1 부담해서 1.5의 수익을 얻었는데, B펀드는 똑같이 위험을 1 부담해서 2의 수익을 냈기 때문이다. 위험 대비 수익률이 높은 B가 더 나은 펀드라는 뜻이다. 즉 변동성만으로는 리스크 정도를 제대로 측정할 수 없다.

만약 동일비중 포트폴리오가 첫 해에는 15%의 수익을 내고, 둘째 해에는 40%, 셋째 해에는 10%, 넷째 해에는 60% 수익을 냈다고 가정해 보자. 표준편차는 20.1이 나온다. 수익률 평균값으로부터 20.1%를 오르내렸다는 뜻이므로 변동성 측면에서 보면 크게 위험해 보인다. 모든 해에 손실 없이 수익을 거뒀지만 수익률 편차가 크기 때문에 위험하다고 판단할 수 있다. 하지만 이는 분명 잘못된 생각이다.

변동성을 위험으로 보는 시각에 대해 투자의 대가들도 비판적인 의견을 내놓았다. 워런 버핏의 절친이자 동업자인 찰리 멍거Charlie Munger는 "주식의 변동성으로 위험을 측정한다는 말은 미친 소리다."라는 말까지 했다. 워런 버핏 역시 "찰리 멍거와 나는 기복 없이 매끄럽게 연간 12%의 수익을 올리는 것보다 들쑥날쑥하더라도 연 15%의 수익을 내는 쪽을 택하겠다. 지구의 공전 궤도와 같은 수준의 매끄러움이 왜 필요하단 말인가?"라는 말을 했다.

세계적인 투자 대가들의 연평균 수익률을 30%로 가정하고, 이 정도 수익률을 100점이라고 해보자. 동일비중 포트폴리오의 연간 목표 수익률은 최소 18%, 실제 20% 이상을 기대하므로 이를 점수로 환산하면 60~70점 정도가 된다. 고수익이라고 할 수는 없지만 중간 이상의 수익은 충분히 바라볼 수 있다는 뜻이다.

뒤에서 자세히 다루겠지만 장기 가치투자의 최소 승률은 60%로 가정한다. 가치가 충분한 주식을 장기투자하는 것이므로 실제 승률은 70% 이상이 나올 것으로 기대된다. 즉 10개 종목에 투자해서 6~7개는 이익을 내고 3~4개는 손실을 본다는 의미다. 따라서 '손실을 볼 확률'을 위험으로 정의한다면 30~40%에 불과하다. 모든 종목에서 손실을 보는 경우를 100으로 본다면 동일비중 포트폴리오의 위험 수준은 30~40 정도로 낮은 편인 것이다. 결론적으로 동일비중 포트폴리오 투자 전략은 중위험 중수익으로 볼 수 있지만 때를 잘 만나면 저위험 고수익까지 기대해볼 수 있는 합리적인 전략이다.

동일비중 포트폴리오의
장점과 효과

장기로 운용하는 동일비중 포트폴리오는 리스크 관리에 탁월한 효과가 있다. 장기투자와 분산투자는 널리 알려진 위험 관리법인데, 20~30년간 동일비중 포트폴리오를 운용한다면 이 2가지 리스크 관리법을 모두 사용하는 것과 같다.

분산투자에는 2가지 방법이 있다. '투자 시점 분산'과 '투자 자산 분산'이다. 투자 시점 분산의 대표적인 사례가 매월 일정한 금액을 불입하는 적립식펀드다. 그런데 문제는 적립식펀드도 시간이 갈수록 투자원금이 불어나면서 점점 거치식펀드의 성격을 갖게 된다는 데 있다. 투자 자산 분산은 자산배분 포트폴리오를 말한다. 동일비중 포트폴리오는 늘 동일한 비율로 자산이 배분되어 있으므로 일련의 리스크를 근본적으로 배제한다.

분산투자를 위해서는 종목을 고를 때 서로 상관관계가 적은 종목으로 포트폴리오를 구성해야 한다. 전문용어로 '상관계수'라고 하는데, A종목이 오르내릴 때 B종목도 똑같이 오르내린다면 상관계수는 1이 된다. A종목이 오를 때 B종목이 내리는 식으로 반대로 움직인다면 상관계수는 -1이 된다. A가 오르건 말건 B가 아무런 영향을 받지 않으면 상관계수는 0이라고 표현한다. 실제 주식 시장에서는 시장 전체가 타격을 받는 대형 이슈가 터지면 상관계수와 상관없이 거의 대부분의 종목이 하락한다. 이런 현상을 '시장 위험market risk'이라고 표현하는데, 상장 주식인 이상 시장 위험으로부터 완전히 자유로울 수는 없다.

시장 위험까지 대비하려면 선물이나 옵션 같은 파생 상품으로 항상 헤지(가격 변동이나 환위험을 피하기 위해 행하는 거래)를 해야 한다. 보유하고 있는 주식의 평가액 대비 일정 비율만큼 주가 하락에 베팅하는 금융 상품(선물 매도, 풋옵션, 인버스 ETF 등)을 사두는 것이다. 그러면 주가가 하락하더라도 헤지 상품에서 이익이 나는 걸로 어느 정도 상쇄할 수 있다. 하지만 헤지에 드는 비용은 주식 시장이 하락하지 않으면 보험료처럼 그대로 사라져버리는 돈으로, 이 비용이 누적되면 포트폴리오의 수익률을 갉아먹는 요인이 될 수 있다. 만일 투자금이 1천만 원이라면 헤지까지는 고려하기가 힘들다. 비용과 품이 많이 들어 실속이 없어진다. 사실상 이 정도 금액으로는 선물옵션과 같은 파생 상품 거래를 시작할 수도 없다. 투자금이 불어나 1억 원이 넘어간다면 총 투자금의 1~2% 비용 수준에서 포트폴리오 헤지를 고려해볼 수는 있겠다.

1억 원의 투자금이 모이기 전에는 시장 위험에 대한 직접적인 리스크 관리는 포기하고, 가능한 한 상관관계가 적은 종목으로 포트폴리오를 구성해 개별 종목의 위험을 줄이는 데 집중할 수밖에 없다. 시장 전

동일비중 포트폴리오 전략으로 가치투자하라

체가 급락할 때는 거의 모든 종목이 함께 하락하므로 동일비중 포트폴리오 전략으로도 손실을 피할 수는 없다. 하지만 분명한 사실은 개별 종목을 단순 보유하는 것보다 포트폴리오를 구성해 정기적으로 리밸런싱하는 것이 손실을 줄여주고 회복도 빠르다는 점이다.

리밸런싱은 단순히 비중 조절의 의미만 있는 게 아니다. 가격이 높아진 종목을 일부 팔아서 주가가 싸진 종목을 더 사들이는 과정 자체가 고점 매도, 저점 매수를 자동적으로 실현하게 한다. 이러한 효과로 인해 동일비중 포트폴리오의 수익률은 구성 종목 수익률의 평균값보다 대부분 높고, 최대 손실률 역시 구성 종목의 최대 손실률 평균값보다 대부분 낮다. 즉 동일비중 포트폴리오는 투자 위험은 줄여주고 수익률은 높여준다.

무엇보다 동일비중이 종목 간 격벽(칸막이벽) 역할을 하기 때문에 이 격벽을 기준으로 매매 수량이 결정된다. 이로 인해 어느 한 종목에만 집중 투자하는 리스크가 원천적으로 방지된다. 언제 얼마나 사고팔지 저절로 정해지므로 거래 시점과 매매 수량에 대해서도 따로 고민할 필요가 없다. 매일 수시로 주식 시세를 들여다볼 필요가 없어 본업에 충실할 수 있다. 정해진 날에 가치 재평가와 비중 조절만 해주면 되기 때문이다.

동일비중 포트폴리오를 적용하면 충동적인 매매를 억제할 수 있고, 단기 시세 등락에 일희일비하지 않고 평생 마음 편하게 투자할 수 있다. 단순히 주식을 사놓고 기다리기만 하는 장기투자는 지루할 수 있지만, 동일비중 포트폴리오는 정기적인 포트폴리오 리밸런싱을 통해 조금 더 재밌게 투자할 수 있다.

동일비중 포트폴리오
시스템 프로세스

동일비중 포트폴리오 시스템이란 포트폴리오 구성부터 밸류에이션, 리밸런싱, 업그레이딩까지의 운용 과정을 체계화해놓은 것이다. 최초 동일비중 포트폴리오를 셋업하기 위해서는 '좋은 종목'이 필요하다. 여기서 좋은 종목이란 좋은 기업이면서 당장 매수하기에도 좋은 주식을 말한다. 뒤에서 자세히 다룰 3V_{Value, View, Volume}라는 요건을 모두 충족하는 종목이 바로 좋은 종목이다. 만약 3V 중 어느 하나의 요건이라도 채워지지 않았다면 관심 종목에 넣어두고 이후 추이를 지켜본다.

일단 포트폴리오가 구성되고 투자가 시작되면 이후에는 정기적으로 보유 종목에 대한 리밸류에이션(가치 재평가)과 리밸런싱을 반복해나가면 된다. 리밸런싱 시점에 교체해야 할 종목이 생긴다면 관심 종목에 넣어둔 종목의 3V를 재평가하거나, 투자 대상 종목 검색(스크리닝)을 진행해 새로 발굴한다. 이 스크리닝screening에 대한 설명도 뒤에서 자세히 다루도록 하겠다.

리밸런싱 주기는 1개월, 2개월, 3개월, 6개월 등 개인의 상황과 판단에 따라 결정하면 된다. 다만 최대 1년은 넘지 않는 게 좋다. 리밸런싱 주기가 너무 길면 목표 주가 매도 시점을 놓칠 수도 있고, 포트폴리오 운용에 대한 감이 떨어질 수도 있다. 정기적으로 종목별 비중을 동일하게 맞춰주는 리밸런싱의 주기를 정했다면 이제 본격적으로 첫발을 뗀 것이다.

리밸런싱은 포트폴리오를 운용하는 투자 계좌의 평가액을 확인하는

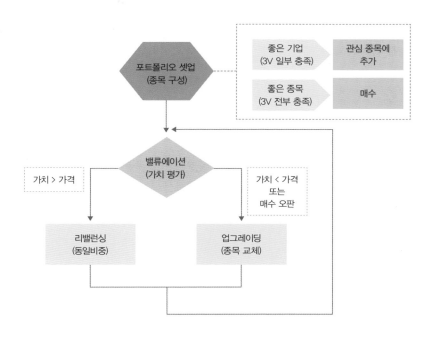

동일비중 포트폴리오 시스템 프로세스 도식화

포트폴리오 셋업
(종목 구성)

좋은 기업
(3V 일부 충족) → 관심 종목에 추가

좋은 종목
(3V 전부 충족) → 매수

밸류에이션
(가치 평가)

가치 > 가격

가치 < 가격
또는
매수 오판

리밸런싱
(동일비중)

업그레이딩
(종목 교체)

것부터 시작한다. 주식 평가액과 현금 보유액을 합한 금액이 포트폴리오를 운용하고 있는 투자 계좌의 평가액이 된다. 주가는 수시로 달라지므로 리밸런싱을 하려는 날마다 주식 평가액도 달라진다. 리밸런싱 계산은 단순하고 쉽다. 계좌의 평가액을 주식 보유 종목 수로 나눈 금액이 바로 '종목별 할당액'이 된다.

예를 들어 1천만 원 규모의 포트폴리오를 5개 종목으로 운용 중일 때, 주식 평가액이 1,200만 원, 현금이 20만 원이라면 계좌 평가액은 1,220만 원이 된다. 이 1,220만 원을 종목의 수인 5로 나눈 244만 원이 이달의 종목별 할당액이 된다. 만일 보유한 A종목의 주가가 상승해 평가액이 300만 원이라면 종목별 할당액보다 56만 원 더 많으므로 그만큼 매도해야 한다. 반대로 보유한 B종목이 지난달보다 주가가 하락해 200만 원이 되었다면 종목별 할당액보다 44만 원 부족하므로 그만큼 매수하는 식이다.

　이런 식으로 나머지 종목들에 대해서도 동일한 방식을 적용하면 된다. 이 과정에서 수수료와 세금이 소요되니 매도 수량 산정에 유의해야 한다. 예를 들어 매도할 양이 36.4주라는 계산이 나오면 37주를 매도하는 것이 좋다. 그래야 매수할 종목의 거래비용을 충당할 수 있기 때문이다. 그리고 비중 조절을 위해 매매한 내역은 반드시 투자 일지(엑셀 파일, 수기 등)에 꼼꼼히 기록해두자.

동일비중 포트폴리오 전략으로 가치투자하라

동일비중 포트폴리오
시뮬레이션①

가상의 시험을 뜻하는 시뮬레이션은 자동차, 건설, 의료, 우주 개발, 미사일 시험 등 다양한 분야에서 활용된다. 일례로 바다 위에 장대한 대교를 건설하는 경우에도 반드시 컴퓨터로 모의시험을 수없이 진행한 후 작업에 들어간다. 바람이나 조류의 세기에 따른 붕괴 시점을 사전에 알아보기 위해서다. 다리를 먼저 지어놓고 실제 붕괴 여부를 확인할 수는 없으니까 말이다.

　마찬가지로 수십 년에 걸쳐 진행되는 동일비중 포트폴리오를 직접 운용해 일일이 시행착오를 겪을 수는 없으므로, 과거의 데이터를 통해 가상투자를 해보는 시뮬레이션은 필수적이다. 요즘 인기를 얻고 있는 로보어드바이저도 여러 가지 상황을 가정한 실험 데이터와 모의시험을 통해 운용 알고리즘을 만든다.

시뮬레이션의 장점 중 하나는 극단적인 상황까지 시험해볼 수 있다는 점이다. 발생 가능성은 낮지만 최악의 상황이 발생했을 때 입을 수 있는 최대 피해를 미리 알아낼 수 있다. 만약 실전을 통해 일일이 검증한다면 각각의 상황별로 오랜 세월 동안 데이터를 축적해야 하는 건 별개로 치더라도, 당장 그때그때 맞닥뜨린 시장 상황에 한정된 결과밖에 얻지 못할 것이다. 동일비중 포트폴리오 시뮬레이션은 다음 7가지 상황에 초점을 두고 진행했다.

1. 개별 종목 바이앤홀드 전략과의 손익률 차이는 어떤가?
2. 포트폴리오에 현금을 일정 비율 넣어 운용할 때의 성과는 어떤가?
3. 역 상관관계를 이루는 종목으로 구성했을 때의 결과는 어떤가?
4. 우상향이나 우하향 종목으로만 구성했다면 어떤 결과가 나오는가?
5. 큰 폭락 이후 본전 가격까지 돌아온 경우 포트폴리오의 결과는 어떤가?
6. 종합주가지수와 현금 또는 채권을 섞으면 수익률은 얼마나 되는가?
7. 지수 2배 레버리지를 넣으면 수익률이 크게 높아지는가?

시황에 따라 살펴보는
4가지 시뮬레이션

시뮬레이션은 최선과 최악을 보기 위해 보유 종목 모두가 상승하거나 하락하는 양극단의 상황을 다뤘지만, 실제 투자에서는 모든 종목이 한꺼번에 상승하거나 하락하기보다는 한 종목이 오르면 다른 종목이 내리는 식의 꽈배기 형태가 일반적이다. 따라서 수익률에 과도한 욕심을 갖지 말고 최대 연평균 20% 정도까지만 기대하는 게 좋다. 모든 투자의 실패는 단기간에 크게 벌겠다는 탐욕이 마음속에 똬리를 틀면서부터 시작된다.

참고로 시뮬레이션 종목 선정은 업종별 분산이나 시가총액 크기, 내재가치와 미래 성장성 등을 고려하지 않고 우상향과 우하향 등의 시험 상황에 적합한 종목과 구간을 고려한 것임을 밝혀둔다. 따라서 실제 투자에 있어서는 반드시 내재가치를 따져보고 업종별 분산도 고려해야 한다. 그리고 시뮬레이션을 시행할 때 처음에는 거래 수수료와 세금까지 포함시켜서 계산했지만, 증권사에 따라 수수료가 다르고 비중 조절을 위한 거래는 매매 수량이 소량에 불과해 매매비용은 무시했다. 하지만 예탁금에 대한 이자야 푼돈이니 없다고 쳐도 배당금은 총 투자금의 1~2% 정도는 되므로, 투자원금이 1천만 원이라면 매년 10만~20만 원 정도의 금액이 투자 계좌로 입금된다고 가정했다. 이는 리밸런싱 수수료 1년분의 합계보다도 많다. 따라서 매매 수수료와 거래세 등의 지출요인과 배당금, 예탁금 이자 등의 수입요인을 고려하지 않아 약간의 오차금액이 발생할 수 있다. 매월 1회나 2~3개월에 1회씩 리밸런싱한다면 대부분 배당금으로 거래비용이 충당된다고 판단했다.

손실 종목군 시뮬레이션에서는 극단적인 상황을 보기 위해 해당 기간에 최소 50% 이상의 손실이 난 종목만 골랐다. 하나의 차트 안에서 주가와 투자금의 변화를 쉽게 파악하기 위해 주식들의 가격과 투자금의 잔고를 시작 시점에서 모두 100으로 맞춰 지수화했다. 주가는 월간 차트에서 매월 종가를 사용했다. 실제 가격과 손익 비율은 차트 아래에

도표로 추가했다.

처음에는 독자들이 과도한 욕심을 갖게 될까 우려되어 주가가 2배 이상 상승한 종목을 일부러 배제했었다. 하지만 과욕에 대한 우려보다 투자 전략에 대한 강한 확신이 더욱 중요하다는 생각이 들었고, 주가의 최대 상승률에 굳이 제한을 두지 않기로 했다. 또한 포트폴리오의 종목 수도 특성을 더욱 쉽게 이해할 수 있도록 2개로 줄였다. 아인슈타인 박사가 단순함의 중요성을 강조했듯이 시뮬레이션도 단순해야 의미와 결과를 더욱 명료하게 파악할 수 있다고 생각했기 때문이다.

시뮬레이션의 시행 시점은 그다지 중요하지 않다. 시기와 상관없이 시뮬레이션의 결과를 얻어내는 과정은 모두 동일하기 때문이다. 시뮬레이션 주제의 목적에 가장 잘 맞는 구간을 선택하는 것이 중요하지 어느 시점에서 시행한 것인지는 아무런 의미가 없다. 우리가 시뮬레이션을 함으로써 최종적으로 얻고자 하는 바는 동일비중 포트폴리오가 시기와 상관없이 제대로 작동하는지의 여부다. 최악의 상황을 포함해 언제 어디서나 동일비중 포트폴리오가 분명히 효과가 있다는 확신이 서야 20년 이상이 걸리는 장구한 기간 동안 마음 편히 투자할 수 있기 때문이다.

1. 주가가 우상향일 때

주가가 우상향인 상황에서 동일비중 포트폴리오의 수익률과 개별 종목의 손익금액, 손익 비율 등을 비교해보자. 한국쉘석유와 오리온홀딩스의 2008년 1월 주가를 100pt로 산정하고, 2013년 12월까지 비교해보았다.

동일비중 포트폴리오 전략으로 가치투자하라

우상향 상황에서의 시뮬레이션

항목	한국쉘석유	오리온홀딩스	EWP
2008년 1월	8만 2,500원	1만 1,421원	1천만 원
2013년 12월	46만 8,500원	4만 6,617원	5,300만 2,494원
손익금액	38만 6천 원	3만 5,196원	4,300만 2,494원
손익 비율	467.9%	308.2%	430.0%
최대 하락	6만 6,900원	6,950원	746만 2,071원
최대 손실	-18.9%	-39.1%	-25.4%

　　동일비중 포트폴리오의 수익률은 구성 종목 수익률의 평균값인 388.0%보다 더 높았고, 최대 손실률 역시 구성 종목의 최대 손실률의 평균값 -29.0%보다 더 낮았다. 포트폴리오 구성 종목이 모두 우상향일

때, 동일비중 포트폴리오 수익률 곡선은 구성 종목 수익률 곡선의 범주를 크게 벗어나지 못한다. 어느 한 종목이 압도적인 상승을 하더라도 뒤처지는 다른 종목의 수익률이 합산되는 원리 때문이다.

하지만 실제 투자에서는 이렇게 포트폴리오 구성 종목이 모두 상승하는 경우는 드물다. 종목 간 상관관계를 줄이기 위해 업종을 다양화하기 때문이다. 여기에서 눈여겨볼 부분이 있다. 동일비중 포트폴리오 수익률 곡선이 주로 구성 종목 수익률 곡선의 상단부에 위치하고 있다는 점이다. 이어서 살펴볼 횡보 구간이나 폭락 후 회복하는 기간이 포함된다면 동일비중 포트폴리오의 수익률 곡선은 점점 구성 종목 수익률 곡선의 가격대를 상향 이탈하게 된다. 즉 시간이 흐를수록 동일비중 포트폴리오는 더 큰 위력을 발휘한다.

2. 주가가 우하향일 때

포트폴리오 내의 모든 종목이 폭락하는 경우에는 어떨까? 동일비중 포트폴리오의 특성을 알아보기 위해 최대 손실이 50%가 넘는 대폭락 종목들을 예시로 선정했다.

비록 동일비중 포트폴리오도 마이너스 수익률을 기록했지만 구성 종목 수익률의 평균값 -78.8%보다는 높았고, 최대 손실률도 구성 종목 최대 손실률의 평균값 -80.5%보다 더 낮았다. 포트폴리오 구성 종목 모두가 이처럼 장기 우하향하며 대폭락하는 경우에는 시뮬레이션 결과 또한 처참할 수밖에 없다. 대폭락하는 종목으로만 구성되면 제아무리 동일비중 포트폴리오라도 큰 손실은 피할 수 없다.

여기에서 눈여겨봐야 할 점은 투자 기간에 따라 달라지는 동일비중

동일비중 포트폴리오 전략으로 가치투자하라

우하향 상황에서의 시뮬레이션

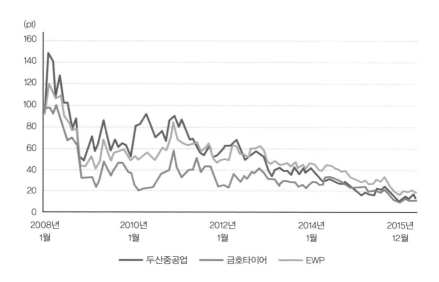

항목	두산중공업	금호타이어	EWP
2008년 1월	9만 2,100원	3만 3,442원	1천만 원
2015년 12월	2만 600원	6,730원	281만 1,434원
손익금액	-7만 1,500원	-2만 6,712원	-718만 8,566원
손익 비율	-77.6%	-79.9%	-71.9%
최대 하락	1만 8,400원	6,360원	256만 3,951원
최대 손실	-80.0%	-81.0%	-74.4%

포트폴리오 수익률 곡선의 변화다. 투자 기간이 길어질수록 동일비중 포트폴리오 수익률 곡선은 구성 종목 간 수익률 곡선의 가격대를 상향 이탈하고 있다. 내재가치가 있는 종목을 제대로 선별했다면 음지가 양

지가 되듯 긴 하락 구간이 있더라도 결국엔 다시 상승 구간이 오기 마련이다.

실전 투자에서는 오히려 이렇게 대폭락 종목으로만 포트폴리오를 짜는 것이 더 어려운 일일 것이다. 눈 감고 아무거나 찍어도 이보다는 좋게 나올 테니까 말이다. 이는 앞서 이야기했듯이 동일비중 포트폴리오의 특성을 알아보기 위해 대폭락 종목들을 선별했기 때문이다. 이어지는 폭락 후 회복 시뮬레이션에서 이런 상황 이후에 어떻게 수익률이 달라지는지 살펴보자.

3. 주가가 폭락 후 회복할 때

이번엔 주가가 대폭락한 이후 어느 정도 회복된 경우를 살펴보자. 폭락 후 회복은 A와 B 유형이 있다. 이는 모두 1998년 IMF 외환위기 때의 사례다. 당시에는 주가가 대부분 80% 넘게 폭락했었다. 이후 A 유형의 종목군은 시작 지점의 가격까지 겨우 근접했고, B 유형의 종목군은 시작 지점의 가격에서 30% 정도 더 오른 종목과 그만큼 더 내린 종목을 섞었다.

폭락 후 회복 상황에서의 시뮬레이션 A를 살펴보면, 포트폴리오 구성 종목 수익률의 평균값은 -6.4%인 데 반해 동일비중 포트폴리오의 수익률은 무려 48.7%나 된다. 구성 종목 최대 손실률의 평균값 역시 -85.0%인 데 반해, 동일비중 포트폴리오의 경우 그보다 10%p 이상 적은 -73.5%다.

폭락 후 회복 상황에서의 시뮬레이션 B를 살펴보면, 포트폴리오 구성 종목 수익률의 평균값은 -0.8%다. GS건설은 30%대의 이익을 냈

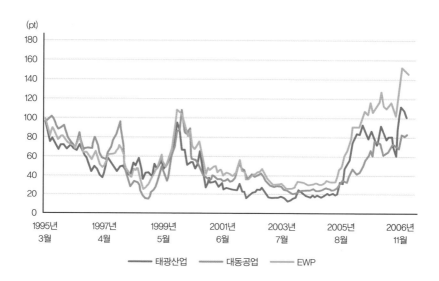

폭락 후 회복 상황에서의 시뮬레이션 A

(pt)

범례: 태광산업 · 대동공업 · EWP

항목	태광산업	대동공업	EWP
1995년 3월	72만 4천 원	3,045원	1천만 원
2006년 11월	74만 4천 원	2,570원	1,487만 716원
손익금액	2만 원	-475원	487만 716원
손익 비율	2.8%	-15.6%	48.7%
최대 하락	10만 2,500원	482원	265만 1,350원
최대 손실	-85.8%	-84.2%	-73.5%

지만 경방이 그만큼 손실을 냈기 때문에 수익률의 평균값이 마이너스
를 기록했다. 하지만 동일비중 포트폴리오의 최종 수익률은 놀랍게도
52.9%다. 구성 종목 최대 손실률의 평균값은 -84.3%인 데 반해, 동일

폭락 후 회복 상황에서의 시뮬레이션 B

항목	GS건설	경방	EWP
1995년 10월	1만 3,688원	3,732원	1천만 원
2003년 9월	1만 8,031원	2,493원	1,529만 2,462원
손익금액	4,343원	-1,239원	529만 2,462원
손익 비율	31.7%	-33.2%	52.9%
최대 하락	1,534원	757원	211만 7,121원
최대 손실	-88.8%	-79.7%	-78.8%

비중 포트폴리오는 -78.8%에 불과했다.

동일비중 포트폴리오의 곡선을 자세히 보면 운용 기간의 1/3 정도를 지나면서부터 구성 종목의 가격대를 상향 이탈하는 모습을 볼 수 있다.

동일비중 포트폴리오 전략으로 가치투자하라

즉 폭락 후 회복 시점부터는 동일비중 포트폴리오 수익률 곡선이 구성 종목 수익률 가격대를 확실히 상향 돌파한 것이다. 이것이 의미하는 바는 무엇일까? 바로 정기적 리밸런싱으로 인한 차익 누적으로 수익이 증폭되고 있다는 뜻이다.

A와 B 유형 모두 2000년도에 두 번째 폭락을 맞았지만 동일비중 포트폴리오 수익률 곡선은 구성 종목의 가격대 위에서 내려오지 않고 있다. 동일비중 포트폴리오 수익률 곡선은 시간이 지날수록 종목 가격대보다 점점 더 높이 뛰어오르게 된다. 장기전으로 갈수록 엄청난 위력을 발휘하는 것이다.

4. 주가가 횡보할 때

이번에는 투자 구간 내내 주가가 크게 상승하지도 하락하지도 않고 횡보한 채 등락만 거듭한 경우를 보자. 이런 경우 동일비중 포트폴리오의 수익률은 어떻게 될까?

포트폴리오 구성 종목 수익률의 평균값은 -0.5%로 거의 제자리 수준인 데 반해, 동일비중 포트폴리오의 수익률은 34.9%나 된다. 최대 손실률 역시 구성 종목의 평균값 -31.7%보다 훨씬 적은 -20.5%다. 주가가 장기간 횡보하는 구간에서도 동일비중 포트폴리오의 수익률 곡선은 종목 가격대 위로 뛰어 올라가는 모습이다. 만일 단일 종목에 바이앤홀드 전략으로 투자했다면 결과는 크게 달라졌을 것이다.

이처럼 동일비중 포트폴리오의 수익률이 개별 종목을 단순 보유하는 투자 전략보다 늘 우위에 있는 이유는 정기적 리밸런싱으로 차익이 누적되기 때문이다. 다양한 시뮬레이션을 통해 동일비중 포트폴리오가

횡보하는 상황에서의 시뮬레이션

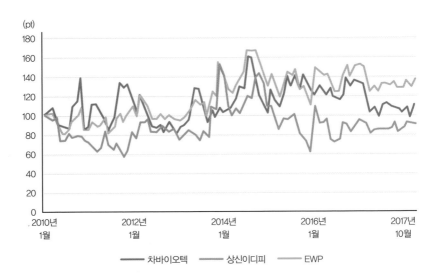

항목	차바이오텍	상신이디피	EWP
2010년 1월	1만 1,903원	4,648원	1천만 원
2017년 10월	1만 3,100원	4,133원	1,348만 7,135원
손익금액	1,197원	-515원	348만 7,135원
손익 비율	10.1%	-11.1%	34.9%
최대 하락	9,601원	2,599원	795만 1,760원
최대 손실	-19.3%	-44.1%	-20.5%

어떠한 상황에서도 수익은 더 키워주고 손실은 더 줄여준다는 것을 알수 있다.

동일비중 포트폴리오
시뮬레이션②

지금까지 포트폴리오 구성 종목의 주가가 우상향일 때, 우하향일 때, 폭락 후 회복할 때, 횡보할 때 동일비중 포트폴리오의 수익률 곡선이 어떻게 움직이는지 알아보았다. 이러한 주가의 등락에 따른 상황 외에도 포트폴리오를 주식과 현금으로 반반씩 구성할 때, 지수(인덱스펀드)와 채권으로 반반씩 구성할 때, ETF 5종으로 구성할 때 등 포트폴리오 구성 방식에 따른 실험 결과도 알아보자.

이들 4가지 사례를 차례대로 살펴본 뒤 동일비중 포트폴리오 시뮬레이션의 최종 결론에 대해 알아보겠다. 그리고 동일비중 포트폴리오가 작동하지 않는 이론적 상황에 대해서도 알아보자. 물론 이는 평생 단 한 번도 일어나기 힘든 이론적인 상황을 가정했을 때의 일이다.

포트폴리오 구성에 따른
4가지 시뮬레이션

1. 주식과 현금을 반반씩 구성할 때

포트폴리오를 주식과 현금으로 반반씩 구성하면 어떻게 될까? 이 역시 보유 종목이 우상향할 때와 우하향할 때, 폭락 후 회복할 때로 나눠서 볼 수 있지만, 이번에는 보유 종목이 우상향한다는 가정하에 시뮬레이션을 진행했다. 리밸런싱은 매월 1회 실시했다.

주식과 현금을 50:50으로 구성한 경우에는 종목 주가의 향방이 곧 포트폴리오의 수익률을 결정한다. 포트폴리오에 현금을 섞으면 이익과 손실을 희석하는 효과밖에 없다. 즉 현금을 섞으면 주가 상승 시 상승폭의 절반에도 못 미치는 정도만 수익률이 상승한다. 반대로 주가 하락 시에는 하락폭의 절반보다 더 크게 하락하기 때문에 굳이 동일비중 포트폴리오를 운용할 필요성이 없다. 따라서 동일비중 포트폴리오를 운용할 때는 현금을 섞지 않는 것이 기본 원칙이며, 우상향 가능성이 높은 종목을 잘 선별하는 것이 핵심이다.

만일 구성 종목이 우하향한 뒤 다시 우상향하는 패턴이라면 수익 증폭 효과가 나타나기 시작한다. 정상적인 영업 활동을 하는 기업이라면 일시적으로 업황이 나빴다가도 다시 회복하는 경우가 대부분이기 때문에 실제 주가의 패턴은 지속적인 우상향이나 우하향보다는 두 패턴이 섞여 있는 경우가 더 많다. 따라서 추천하진 않지만 종목이나 시황에 대한 확신이 부족하다면 현금을 섞는 것도 하나의 전략이 될 수 있다.

동일비중 포트폴리오 전략으로 가치투자하라

주식과 현금을 반반씩 구성할 때 시뮬레이션

(pt)

항목	대한유화	현금	EWP
2010년 1월	3만 9,450원	1원	1천만 원
2017년 6월	25만 3천 원	1원	3,205만 9,531원
손익금액	21만 3,550원	–	2,205만 9,531원
손익 비율	541.3%	0.0%	220.6%
최대 하락	3만 8,700원	1원	990만 4,943원
최대 손실	-1.9%	0.0%	-1.0%

2. 지수와 채권을 반반씩 구성할 때

지수를 추종해 장기투자하는 대표적인 금융 상품이 인덱스펀드다. 주식 시장에서 투자자가 직접 사고파는 지수 ETF도 인덱스펀드의 일종이다. 이번에는 지수 ETF 상품 중 KODEX(코덱스) 200에 50%, 현금 대신 채권에 50%를 투자해 구성한 포트폴리오를 시뮬레이션하려 한다. 채권은 데이터가 가장 많은 KODEX 국고채3년물로 선택했다.

지수 2배 레버리지와의 비교를 위해 KODEX 레버리지와 채권을 반반씩 구성한 조합도 시험했다. KODEX 레버리지는 코스피200지수의 일일 변동폭을 2배로 따라가는 ETF 상품이다. 예를 들어 코스피200이 하루 1% 상승하면 KODEX 레버리지는 가격이 2% 올라가는 식이다. 하락하는 폭 역시 2배로 쫓아가므로 KODEX 200보다 변동성이 더 크다. 시뮬레이션 기간은 KODEX 레버리지가 상장된 2010년 2월부터 2017년 7월까지다.

종합주가지수를 동일비중 포트폴리오로 운용하기에는 투자 기간에 비해 수익률이 높은 편은 아니다. 잘 고른 개별 종목보다 수익률은 낮지만 종목 선택에 자신이 없을 경우에는 괜찮은 선택이 될 수 있다. 수익률에 대한 욕심만 조금 내려놓을 수 있다면 코스피지수나 업종별 섹터 ETF를 활용하면 된다. 참고로 시뮬레이션에 사용한 채권은 KODEX 국고채3년이지만 KODEX 국채선물10년의 수익률이 1.5배 정도 더 높았다. KODEX 국채선물10년은 아직 데이터가 적어 시험에 사용하지 못했다.

채권은 정해진 이자가 붙으므로 시간이 갈수록 완만하게 우상향하는 그래프를 그린다. 따라서 포트폴리오에 현금을 넣어야 한다면 차라리 채권을 넣는 편이 낫다. 시뮬레이션 구간 중 2012년 1월~2017년 1월 5년간은 종합주가지수가 장기 횡보를 한 일명 '박스피(일정한 폭 안에서만 지속적으로 주가가 오르내리는 코스피)' 구간이 포함되어 있다. 시뮬레

동일비중 포트폴리오 전략으로 가치투자하라

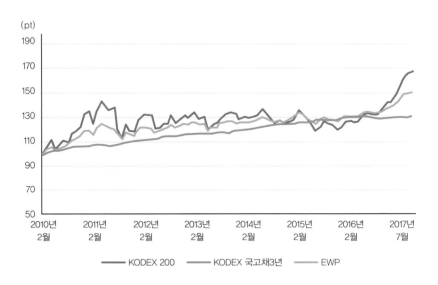

지수와 채권을 반반씩 구성할 때 시뮬레이션

항목	KODEX 200	KODEX 국고채3년	EWP
2010년 2월	1만 8,928원	4만 2,403원	1천만 원
2017년 7월	3만 1,431원	5만 5,164원	1,494만 9,617원
손익금액	1만 2,503원	1만 2,761원	494만 9,617원
손익 비율	66.1%	30.1%	49.5%
최대 하락	1만 8,928원	4만 2,403원	1천만 원
최대 손실	0.0%	0.0%	0.0%

이션 결과는 변동폭이 더 큰 KODEX 레버리지의 최종 수익률이 조금
더 높게 나왔지만, 레버리지 ETF의 수익률이 예상보다 크지 않음을 알
수 있다.

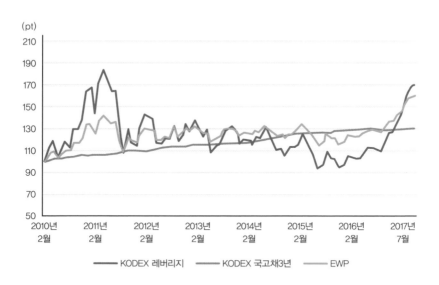

지수 2배와 채권을 반반씩 구성할 때 시뮬레이션

항목	KODEX 레버리지	KODEX 국고채3년	EWP
2010년 2월	9,675원	4만 2,403원	1천만 원
2017년 7월	1만 6,525원	5만 5,164원	1,601만 2,752원
손익금액	6,850원	1만 2,761원	601만 2,752원
손익 비율	70.8%	30.1%	60.1%
최대 하락	9,050원	4만 2,403원	1천만 원
최대 손실	-6.5%	0.0%	0.0%

주가지수가 완만하더라도 우상향을 그려나가야 하는데 그렇지 못하고 오랫동안 수평으로 가거나 하향세일 경우에는 레버리지 ETF의 변동성이 커서 수익률 그래프가 오히려 추락할 가능성도 있다. 따라서

동일비중 포트폴리오 전략으로 가치투자하라

레버리지 ETF는 장기투자에는 적합하지 않다. 장기투자를 고려하고 있다면 최선의 조합은 KODEX 200과 KODEX 국채선물10년이다.

3. ETF 5종으로 구성할 때

포트폴리오에 넣을 종목을 고르는 게 어렵게 느껴진다면 각 업종을 대표하는 섹터 ETF로만 포트폴리오를 구성하는 건 어떨까? 종목 선정에 대해 고심할 필요가 없으니 좀 더 접근하기 용이해 보인다. 시뮬레이션 대상 ETF는 평소 거래량이 많고 기초지수와의 추적오차(ETF의 순자산 가치와 추종하는 지수와의 차이)가 적은 KODEX ETF로만 구성했다.

그리고 반도체, 에너지화학, 자동차, 철강, 은행으로 5개 업종을 선택했다. 이 중에서 에너지화학과 철강은 다른 3종의 ETF보다 뒤늦게 상장해 2009년 10월 이후부터의 데이터만 활용할 수 있었다. 그래서 시뮬레이션 기간은 2009년 10월부터 2018년 12월까지로 설정했다.

시뮬레이션 결과는 그리 신통치 않은 편이다. 시뮬레이션 기간 동안 종합주가지수가 29.1% 오른 것에 비해 동일비중 포트폴리오의 수익률은 36.6%로 조금 더 수익을 냈을 뿐이다. 2011년부터 2016년까지 코스피지수가 장기간 횡보한 박스피 구간에 있었기 때문이다. 유의미한 부분은 대부분 업종에서 발생한 최대 손실률보다 동일비중 포트폴리오의 손실 폭이 훨씬 적었다는 점이다. 9년 넘게 운용한 수익률이 연복리 3.5% 수준에 불과해 우수한 성과라고 볼 수는 없지만, 2018년은 1901년 이래 117년 만에 닥친 '재테크 최악의 해'라고 할 정도로 유별난 한 해였다. 주식, 채권, 외환, 원자재, 부동산을 망라한 70개 투자 자산 중 63개(90%)가 연초 대비 마이너스 수익률을 기록할 정도였다. 〈한국경

ETF 5종으로 구성할 때 시뮬레이션

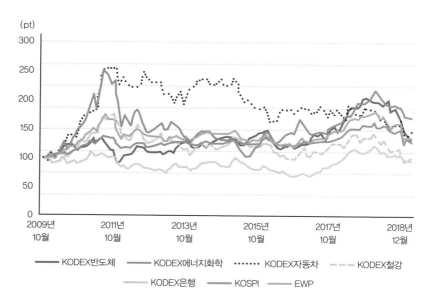

항목	KODEX 반도체	KODEX 에너지화학	KODEX 자동차	KODEX 철강	KODEX 은행	EWP	KOSPI
2009년 10월	1만 3,479원	6,673원	9,241원	7,582원	7,836원	1천만 원	1,581원
2018년 12월	1만 7,380원	1만 1,360원	1만 3,485원	7,600원	7,655원	1,366만 3,935원	2,041원
손익 금액	3,901원	4,687원	4,244원	18원	-181원	366만 3,935원	460원
손익 비율	28.9%	70.2%	45.9%	0.2%	-2.3%	36.6%	29.1%
최대 하락	1만 2,226원	6,673원	8,601원	7,145원	5,191원	985만 7,297원	1,556원
최대 손실	-9.3%	0.0%	-6.9%	-5.8%	-33.8%	-1.4%	-1.6%

동일비중 포트폴리오 전략으로 가치투자하라

제〉에 따르면 주식과 반대 방향으로 움직이던 채권마저 동반 하락한 것은 25년 만에 처음 있는 일이라고 한다. 따라서 2018년은 피난처가 없을 정도로 자산 분산 효과가 거의 없었다는 뜻이다.

그래도 주식이 암호화폐보다 나은 점은 지수가 횡보하더라도 그 속에서 꽃을 피우는 개별 종목이 있다는 점이다. 암호화폐 종류가 아무리 많아도 거의 대부분 비트코인의 가격을 따라간다. 반면 주식 시장은 아무리 시장이 얼어붙어도 얼음을 뚫고 올라오는 개별 종목이 있기 마련이다. 물론 이런 종목이 반드시 가치투자의 대상이라고 확언할 수는 없지만 가치 대비 지나치게 하락한 주식이 있다면 머지않아 눌렸던 스프링처럼 튕겨 오를 것이 분명하다.

올해 대부분의 투자 자산이 하락하는 것을 보면서 적은 투자금으로 다양한 자산군에 분산투자하는 것보다 국내 저평가 우량주를 제대로 발굴해 집중 투자하는 편이 더 나을 수 있겠다는 것을 배웠다. 틈틈이 사업보고서와 재무제표를 챙겨 본다면 시간이 흐를수록 좋은 종목을 골라내는 안목이 생길 것이다.

4. 역 상관관계로 구성할 때

몇몇 전문가들은 상관관계가 전혀 없거나 반대 방향으로 증감하는 역의 상관관계에 있는 종목으로 포트폴리오를 구성하라고 조언한다. 포트폴리오의 모든 종목이 아래쪽으로 향하면 위험할 수 있으니 한 종목이 하락해도 다른 종목으로 손실을 벌충하라는 뜻이다.

한 가지 예를 들면, 국내 주식 시장과 원달러 환율이 대표적이다. 이들은 통상 반대로 움직인다. 국내 주식 시장이 상승하면 원화값이 오르고 달러값이 싸진다. 인과관계를 반대로 볼 수도 있다. 외국인들이 국내 주식을 사려고 달러를 원화로 환전하면 원화값이 오르고 달러값은 싸진다. 그리고 그 돈이 국내 주식을 사는 데 쓰이니 종합주가지수까지 오르는 것이다. 어쨌거나 이렇게 A라는 종목이 오를 때 B라는 종목이 그만큼 내리는 관계가 음의 상관관계 또는 역의 상관관계다.

그런데 역의 상관관계는 특히 주의할 점이 있다. 어떤 부분을 조심해야 하는지 알아보기 위해 국내 주식 시장을 대표하는 KODEX 200과 달러를 대표하는 KODEX 미국달러선물로 포트폴리오를 구성했다. KODEX 미국달러선물의 가격 데이터가 적어서 리밸런싱은 주간 단위로 실시했으며, 거래비용은 무시했다. KODEX 200에 500만 원, KODEX 미국달러선물에 500만 원씩 총 1천만 원의 투자원금을 투입한 것으로 가정하고 시뮬레이션했다.

역 상관관계로 종목을 구성한 시뮬레이션의 결과는 어땠을까? 수익률은 기대 이하다. KODEX 200이 약 28% 오르는 동안 포트폴리오는 겨우 8%도 채 되지 않는 수익을 냈을 뿐이다. 무엇이 문제였을까? 달러선물이 장기적으로 우상향하는 자산이 아니었기 때문이다. 원달러 환율은 미국과 한국의 기준금리나 외화의 수요, 공급에 따라 오르내릴 뿐이지 스스로의 가치가 장기적으로 올라가는 자산은 아니다. 단순히 역 상관관계 종목으로 동일비중 포트폴리오를 구성하는 것은 실익이 없다는 뜻이다.

한 종목이 아무리 뛰어올라도 다른 종목이 그만큼 까먹는다면 얼추 생각해봐도 전체 수익률은 제자리걸음일 뿐이다. 따라서 상관관계를 따지기에 앞서 포트폴리오에 편입하는 자산은 반드시 장기적으로 가격이

역 상관관계로 구성할 때 시뮬레이션

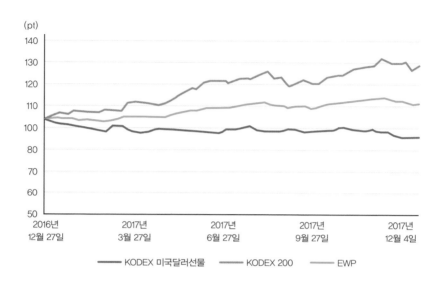

(pt)

범례: ━ KODEX 미국달러선물 ━ KODEX 200 ━ EWP

항목	KODEX 미국달러선물	KODEX 200	EWP
2016년 12월 27일	1만 55원	2만 5,791원	1천만 원
2017년 12월 4일	9,115원	3만 2,960원	1,079만 4,832원
손익금액	-940원	7,169원	79만 4,832원
손익 비율	-9.3%	27.8%	7.9%
최대 하락	9,115원	2만 5,791원	988만 7,771원
최대 손실	-9.3%	0.0%	-1.1%

우상향해야 한다는 점을 잊지 말자. 구성 종목 모두가 가격이 올라가면
서 서로의 등락 주기가 달라야지만 리밸런싱 과정에서 이윤이 생성된
다는 것도 감안해야 한다. 주식이 이러한 조건에 부합되는 이유는 기업

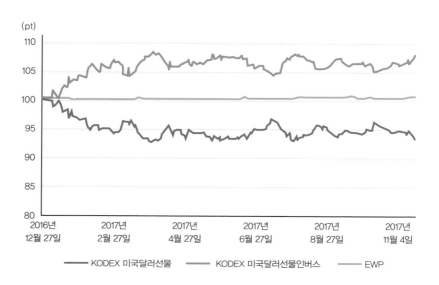

완전 역 상관관계로 구성할 때 시뮬레이션

항목	KODEX 미국달러선물	KODEX 미국달러선물인버스	EWP
2016년 12월 27일	1만 40원	9,960원	1천만 원
2017년 11월 1일	9,370원	1만 700원	1,003만 6,284원
손익금액	-670원	740원	3만 6,284원
손익 비율	-6.7%	7.4%	0.36%
최대 하락	9,285원	9,935원	998만 7,703원
최대 손실	-7.5%	-0.3%	-0.1%

이 영리를 추구하며 스스로의 가치를 계속 높여가기 때문이다. 더 확실
한 음의 상관관계를 실험하기 위해 KODEX 미국달러선물과 KODEX
미국달러선물인버스로 포트폴리오를 구성했다. 이렇게 완전 역 상관관

동일비중 포트폴리오 전략으로 가치투자하라

계로 동일비중 포트폴리오를 운영해도 마찬가지였다. 동일비중 포트폴리오의 수익률은 두 종목 평균치인 0.38%와 거의 같다.

시뮬레이션을 통해 우리는 동일비중 포트폴리오가 2가지 요인으로 수익률이 결정된다는 걸 알게 되었다. 첫째, 포트폴리오 구성 종목들의 가격 상승률이 높을수록 동일비중 포트폴리오의 수익률이 높아진다. 둘째, 포트폴리오 구성 종목들 간의 가격 변동 차이가 클수록 동일비중 포트폴리오의 수익률이 올라간다. 둘째 요인은 첫째 요인이 충족되어야 의미가 있다. 즉 구성 종목들의 주가가 모두 우상향하면서 등락의 진폭이 클수록 전체 수익률이 높아지는 것이다.

포트폴리오 구성 종목들의 주가가 서로 별다른 갭이 없이 얌전히 상승한 경우보다 종목들 간의 스프레드(매수호가와 매도호가의 차이)가 큰 편이 수익률이 더 높다. 스프레드가 커야 조절 매매량이 늘어나 시간이 갈수록 수익률이 높아지기 때문이다. 그렇다고 일부러 주가의 등락 폭이 큰 종목을 찾을 필요는 없다. 자칫 작전주나 테마주에 눈이 돌아갈 우려가 있기 때문이다.

주가의 등락 폭보다 중요한 조건은 해당 종목이 우상향해야 한다는 것이다. 따라서 잘 고른 가치주와 성장주만이 올바른 우상향 조건에 부합된다. 또한 우상향 주식이라면 리밸런싱 차익보다 시세차익이 항상 크다는 점도 잊지 말아야 한다. 리밸런싱 차익은 시세차익에 부수적인 수익을 보태는 역할을 할 뿐이다.

또한 시뮬레이션을 통해 현금을 섞으면 그 비율만큼 수익률이 줄어든다는 것도 알게 되었다. 특히 포트폴리오에 지속적인 우상향 주식이 있다면 그 주식의 수익률이 현금 비중으로 인해 급격히 줄어들게 된다.

투자금을 몽땅 주식으로 포트폴리오를 짜는 게 마음이 놓이지 않는다면 차라리 여분의 현금을 별도로 저축통장이나 CMA에 넣어두면 된다. 그랬다가 글로벌 이벤트로 장이 폭락하면 비축해둔 자금을 투입해 기존의 포트폴리오 구성 종목을 동일비율로 더 사들이면 된다.

투자자가 아닌 매매자의 입장에서는 이러한 자금 투입이 최악의 '물타기'로 보일 수 있다. 물타기와 지분 확대를 가르는 평가 기준은 '주식의 가치'라고 보면 된다. 투자자가 아닌 매매자는 기업 가치를 도외시하고 주가 흐름의 추세에만 집중하기 때문에 주가가 하락 쪽으로 방향을 틀면 바닥을 예측하지 못한다. 따라서 주가가 꺾였다 싶으면 손실이 나도 무조건 정리하는 경우가 많다. 하지만 가치투자자의 입장에서는 주식의 가치를 대략이라도 잴 수 있는 능력이 있기 때문에 현재 주가가 내재가치보다 헐값이라고 판단되면 추가 매수를 한다.

그럼에도 불구하고 반드시 주식과 현금 비중을 반반씩 유지하는 포트폴리오을 운용하고 싶다면 현금 대신 채권 ETF를 권한다. 채권의 특성은 현금과 비슷하고, 적잖은 이자까지 붙어 채권 부문만으로도 시간이 갈수록 이익 폭이 커진다. KODEX 국고채3년물이나 KODEX 국채선물10년은 거래도 활발한 편이라 포트폴리오에 넣고 운용하기에 용이하다.

동일비중 포트폴리오가 최적의 투자 전략인 이유는 수익률 곡선의 움직임을 보면 알 수 있다. 포트폴리오 구성 초기에는 종목별 주가의 최고치와 최저치 가격대 내에서 움직인다. 하지만 이후 시간이 흐를수록 정기적 리밸런싱으로 인한 추가 수익이 누적되면서 종목의 가격대를 상향 돌파하게 되고, 점점 더 위쪽으로 올라가려 한다. 이후에는 주

동일비중 포트폴리오 전략으로 가치투자하라

가가 하락하더라도 늘 종목 가격대의 상단부에 위치한다. 이런 경향은 우상향을 제외한 다른 유형에서 더 확실하게 관찰된다.

포트폴리오 내의 모든 종목이 지속적으로 상승하기만 한다면 이론적으로는 비중 조절 없이 단순 보유만으로 큰 수익을 얻을 수 있다. 하지만 실제 주가는 장기적으로 우상향하더라도 보유 기간 동안 오르내림을 반복한다. 중기적으로는 우하향과 우상향이 합쳐져 폭락 후 회복하는 유형이 되거나, 횡보하는 유형이 된다. 이런 경우 개별 종목을 각각 단순 보유할 때보다 동일비중 포트폴리오의 수익률이 더 뛰어나다. 결국 동일비중 포트폴리오가 손실은 축소시키고 수익은 증폭시켜준다는 결론을 얻을 수 있었다.

동일비중 포트폴리오가 전혀 작동하지 못하는 경우가 딱 하나 있기는 하다. 바로 포트폴리오 구성 종목들이 모두 같은 벡터값을 가질 때다. 즉 같은 방향과 같은 비율로 가격이 변하는 종목으로 포트폴리오가 이루어져 있을 때 동일비중 포트폴리오는 작동하지 않는다. 이렇게 되면 종목들 간에 주고받는 조절 매매가 전혀 없기 때문에 결국 단순 보유 매도와 완전히 똑같은 결과가 나온다.

예를 들어 포트폴리오에 A종목과 B종목을 포함시켰을 때, A종목의 주가가 1만 원에서 2만 원으로 100% 오르고 B종목의 주가도 2만 원에서 4만 원으로 100% 올랐다고 가정해보자. 포트폴리오 내 종목별 비중 또한 완전히 동일하기 때문에 리밸런싱을 하더라도 서로 주고받을 것이 전혀 없게 된다. 하지만 실제 주식 시장에서 이런 일은 평생 단 한 번도 일어나기 힘든 이론적인 상황일 뿐이다.

탁월한 투자 전략들은
실력을 발휘하는 데 오랜 시간이 걸린다.
투자 기간에 대한 시야는 5년 또는
10년, 20년으로 잡는 것이 이상적이다.

—조엘 그린블라트Joel Greenblatt

PART 3

동일비중 포트폴리오, 한 걸음 더 나아가기

동일비중 포트폴리오로
노후를 준비하자

미국, 호주 등 재테크 선진국의 중산층은 젊었을 때부터 노후연금에 차곡차곡 돈을 넣는다. 노후 준비를 다른 그 어떤 재테크보다 우선시하는 것이다. 주식을 멀리하고 내집마련의 꿈을 이루기 위해 동분서주하는 우리나라의 중산층과는 확연히 다른 모습이다. 물론 주택연금제도가 있어서 노후에 집 한 채가 요긴하게 쓰일 수는 있지만, 주택연금은 말 그대로 집을 담보로 그 가치를 깎아 먹으며 사는 제도다.

일본의 '단카이 세대'라 불리는 베이비붐 세대 역시 소위 '집테크'에 열을 올렸다. 하지만 그들은 1990년대에 아파트, 맨션 등을 매입했다가 집값이 반 토막 나는 큰 고통을 겪었다. 잃어버린 10년이니 20년이니 하며 집값의 장기 하락을 경험한 일본 중산층은 이미 집테크를 포기한 양상을 보이고 있다. 게다가 일본은 저출산으로 인한 인구 감소로 빈

집이 급증하고 있다. 〈매일경제〉의 보도에 따르면 일본은 2013년에 빈 집이 800만 채를 넘어섰고, 2023년에는 1,400만 채에 이를 것이라고 한다. 집뿐만이 아니다. 땅에 대해서도 소유권 포기 소송이 줄을 잇고 있다. 그래서 일본 정부는 일정 기준을 갖춘 사람에게만 땅 소유권 포기를 허용하는 법안을 준비 중이라고 한다.

〈한국경제〉에 따르면 부모 세대의 집테크 실패를 곁에서 보고 자란 일본의 자녀 세대들은 월세에 살며 펀드 불입에 열을 올리고 있다고 한다. 이런 경향으로 일본인의 전체 자산 중 금융자산의 비율은 무려 60%에 육박한다. 금융자산 비중이 25% 수준에 불과한 한국인과 대조된다.

동일비중 포트폴리오가
최고의 셀프연금이다

우리나라도 이미 저출산과 고령화 문제가 심화되면서 부동산 불패를 장담할 수 없게 되었다. 이제는 유동성이 떨어지는 부동산만으로 자산을 축적하려고 해서는 안 된다. 선진국의 중산층처럼 원활한 현금흐름에 눈을 돌리는 게 보다 현명한 재테크가 될 것이다. 노후를 대비하기 위한 대표적인 방안으로는 국민연금이 있다. 하지만 국민연금은 연금 고갈 논쟁 등으로 신뢰를 얻지 못하고 있다. 그래서 의무연금인 국민연금 외에 보험회사의 변액보험이나 개인연금보험 등을 추가로 가입하는 사람들이 많다. 좀 더 여유 있는 노후를 위해 미리 준비하려는 것이겠

동일비중 포트폴리오 전략으로 가치투자하라

지만 한 가지 짚어봐야 할 부분이 있다.

모든 종류의 보험료에는 '사업비'라는 것이 포함된다. 가입자가 매월 납입하는 보험료 중에서 일정 금액을 떼어서 보험회사의 운영경비로 쓰이는 것이다. 이 사업비는 설계사 수당 및 임직원들의 월급, 판매관리비와 세금 등 여러 가지 비용을 충당하는 데 쓰인다. 보험회사가 사업비를 명료하게 공개하지 않는 분위기라서 수치를 정확하게 단정할 수는 없지만, 납입한 보험료가 100이라면 10~20 정도는 사업비로 나가는 것으로 보인다. 따라서 실제 저축이나 투자로 돌리는 돈은 납입한 보험료에서 사업비를 제외한 80~90 정도일 수밖에 없다.

보험의 사업비에 비하면 '새 발의 피'로 보이는 펀드보수(판매보수, 운용보수, 수탁보수 등)도 장기간 누적되면 수익률을 크게 갉아먹는 요인이 된다. 특히 펀드보수는 펀드 수익률과 상관없이 매년 징수한다. 주가가 폭락해도 펀드보수는 어김없이 새어나가는 것이다. 따라서 불필요한 비용을 최소화하며 실속 있게 노후를 준비하는 최상의 방책은 우리 스스로 주식에 투자할 능력을 키워 직접 운용하는 것이다.

동일비중 포트폴리오와 리밸런싱이란 체계를 확고하게 이해하면 필요한 투자 능력 중 절반은 이미 길러진 것이나 다름없다. 동일비중 포트폴리오로 장기투자한다면 누수되는 투자금이 없어 시간이 흐를수록 복리 효과를 볼 수 있다. 보험이나 펀드보다 더 높은 수익을 낼 것은 자명하다. 그러니 우리 스스로 우량 종목을 골라내는 안목과 가치 평가 역량을 키우자. 이러한 역량은 뒤에서 집중적으로 공부할 것이다. 앞으로 10년, 20년, 30년간 이끌어갈 동일비중 포트폴리오를 우리가 직접 운용하는 셀프펀드 또는 셀프연금이라 생각하자.

동일비중 포트폴리오로
운용되고 있는 펀드들

일반 공모펀드 중에는 동일비중 포트폴리오로 운용되고 있는 펀드를 찾기 힘들다. 금융권에 소속된 대부분의 펀드매니저들은 선진국처럼 10년 이상의 장기적인 운용 성적을 평가받기보다는 매년 또는 수년 정도의 운용만으로 평가를 받기 때문에 장기적으로 접근하지 않는다. 최근 코스피 상승을 견인했던 삼성전자를 펀드에 담고 있지 않았다면 해당 펀드매니저는 주변의 압박과 비판으로 힘들었을 것이다.

일반 공모펀드들의 벤치마크는 대부분 코스피지수다. 따라서 종합주가지수 상승률보다 좀 더 높으면 운용을 잘한 것이고 그보다 낮으면 못한 것으로 평가받는다. 헤지펀드처럼 종합주가지수가 상승하든 하락하든 절대수익을 추구하는 게 아니라 코스피 대비 상대수익을 추구하는 것이다. 이렇다 보니 일반적인 공모펀드의 종목 구성은 대기업 위주의 시가총액 가중방식을 따라가게 된다. 펀드 수익률이 하락하면 하락을 주도한 대형 종목에 그 이유를 떠넘길 수 있는 것이다.

시가총액 가중방식은 시가총액이 클수록 더 많이 담고 작을수록 더 적게 편입하는 방식이다. 따라서 주가가 상승하면 할수록 더 사들여 편입 비중이 점점 더 늘어나게 되고, 주가가 하락하면 할수록 더 팔아서 비중이 줄어들게 된다. 결과적으로 가치에 비해 고평가된 주식은 더 많이 보유하고 저평가된 주식은 더 적게 보유한다. 이와 같은 이유로 시중의 공모펀드는 주식의 내재가치를 중심으로 한 동일비중으로 운용하기 어렵다.

동일비중 포트폴리오 전략으로 가치투자하라

또 다른 이유도 있다. 펀드의 종목 비율을 동일비중으로 구성하려면 아무리 저평가 우량주라고 해도 시가총액이 작은 종목은 편입하기 어렵다. 주문 단위가 커서 원하는 만큼 사고팔기가 어렵기 때문이다. 시가총액이 작은 종목에 거액의 매매 주문을 넣으면서 주가를 스스로 끌어올리거나, 팔면서 스스로 끌어내리는 '슬리피지(매매 주문 시 발생하는 체결오차 현상)'가 생기기 때문이다.

그렇지만 주식 시장에서 일반 주식 종목들처럼 실시간으로 거래되는 ETF 중에는 동일비중으로 종목을 담아 운용하는 상품이 몇 종류 있다. 대표적으로는 다음의 3가지다. 참고로 동일가중Equal Weight은 동일비중과 같은 의미다.

1. KODEX 200동일가중
2. KINDEX 삼성그룹동일가중
3. KOSEF 블루칩

KODEX 200동일가중은 2016년 9월에 상장되어 성과를 비교할 데이터가 부족하다. 또한 코스피200 해당 종목을 모두 담기 때문에 종목별 비중도 0.5%에 불과해 코스피지수 대비 초과수익이 미미할 것으로 보인다.

KINDEX 삼성그룹동일가중은 금융 정보 제공업체인 에프앤가이드에서 제공하는 MKF 삼성그룹지수를 추종한다. 삼성그룹 내 전기·전자 업종부터 금융, 건설, 호텔, 바이오까지 다양한 산업군의 종목을 포괄한다. 삼성그룹 내 15개 종목에 거의 동일한 비중으로 분산투자되어 있고, 한 달에 한 번씩 리밸런싱하고 있다. 삼성그룹지수가 2012년 5월부터 2016년 5월까지 지속 하락했는데, 특정 그룹의 종목만으로 이뤄진 ETF의 특성상 KINDEX 삼성그룹동일가중 ETF도 함께 기울 수밖에 없었다. 그러나 다양한 산업군에 분산투자되어 있더라도 결국 삼성그룹이라는 공동 운명체를 벗어나지 못하는 한계가 있다. 만약 삼성그룹에 어떠한 돌발 악재가 발생하면 삼성그룹주 모두의 하락이 불가피하다.

KOSEF 블루칩은 다른 ETF에 비해 상장 시기가 오래되어 충분한 데이터가 쌓여 있다. KOSEF 블루칩은 2008년 7월에 상장되었고, 에프앤가이드에서 제공하는 MKF 블루칩지수를 추종한다. 상장 당시에는 우리자산운용에서 운용을 맡았으나 키움자산운용과의 합병으로 2014년 12월부터 키움투자자산운용으로 운용 주체 명칭이 변경되었다. 각 업종별로 시가총액 1위와 2위만 편입해 구성한 펀드로, 3개월마다 한 번씩 리밸런싱을 한다. 40~50개 종목에 2~2.5%씩 분산투자되어 있는데, 상장 이후부터 현재까지 지수 대비 상당한 초과수익을 올렸다.

가치가중 포트폴리오와 바퀴벌레 포트폴리오

가치가중 포트폴리오란 밸류갭(기업의 내재가치와 시장에서 거래되는 주가의 차이)이 더 큰 종목, 즉 더욱 저평가된 종목 위주로 자금을 배분하는 방식을 말한다. 쉽게 예를 들어 A부터 E까지 5개 종목을 가치가중 포트폴리오 방식으로 운용한다고 가정해보자. A종목의 밸류갭이 가장 적고 B, C, D, E 순으로 밸류갭이 커진다고 가정했을 때, 총 투자금 1천만 원을 밸류갭이 가장 큰 E종목에 많이 배정하고, 밸류갭이 가장 적은 A종목에 적게 배정하는 식이다. 리밸런싱을 할 때는 각 종목의 주가가 지금과는 달라져 있을 테니 종목별 배정금액을 그에 맞춰 조정한다.

신진오 저자의 『전략적 가치투자』에 따르면 이론상 수익률은 동일비중 포트폴리오보다 가치가중 포트폴리오가 훨씬 더 높게 나온다. 밸류갭이 더 크다는 건 상당히 저평가되어 있어 기대수익률이 높다는 뜻이

가치가중 포트폴리오 예시

항목	현재 주가	적정주가	적정주가/현재 주가	구성비	종목별 투자금
A종목	1만 5천 원	2만 원	1.3	9.4%	94만 1,176원
B종목	1만 원	2만 원	2.0	14.1%	141만 1,765원
C종목	8천 원	2만 원	2.5	17.6%	176만 4,706원
D종목	6천 원	2만 원	3.3	23.5%	235만 2,941원
E종목	4천 원	2만 원	5.0	35.3%	352만 9,412원
합계			14.2	100.0%	1천만 원

기 때문이다. 당연히 밸류갭이 더 큰 종목을 많이 담고 적은 종목을 적게 담으니 포트폴리오의 전체 수익률이 올라갈 수밖에 없다. 그래서 필자도 처음에는 투자 수익률이 훨씬 더 높은 가치가중 포트폴리오로 자산 운영을 하려 했었다. 그런데 곧 문제가 생겼다.

가치가중 포트폴리오의
문제점

가치가중 포트폴리오의 경우 포토폴리오 종목을 교체할 때 이전 종목을 매도한 금액만큼만 새로운 종목을 사들일 수 있다. 예를 들어 10%의 비중을 둔 종목을 매도했다면 해당 금액만큼만 새로운 종목을 매입해야 한다. 새로 편입할 종목의 밸류갭이 아무리 크더라도 돈을 더 투자할 수 없는 것이다. 그렇지 않으면 투자금 중 일부를 주식 매수에 사용하지 않고 일정 비율 이상 현금으로 보유해야 한다.

동일비중 포트폴리오 전략으로 가치투자하라

현금 보유가 싫다면 새로운 종목이 들어올 때마다 기존의 편입 비율을 무시하고 계산을 새로 해야 하는데, 이때 편입비가 급변하는 종목이 생길 우려가 있다. 새로 편입되는 종목의 밸류갭이 가장 크다면 기존 종목의 밸류갭이 높더라도 상당 부분 팔아야 하거나, 더 사야 할 종목을 사지 못하는 상황이 올 수 있다. 가치가중 포트폴리오의 또 다른 문제점은 기업 가치(적정주가)를 잘못 계산했을 경우 포트폴리오의 자산 배분 비율이 급변할 수 있다는 점이다. 따라서 동일비중 포트폴리오보다 변동성이 더욱 커져서 오히려 더 위험할 수 있다.

가치가중 포트폴리오 방식은 중간에 포트폴리오 업그레이딩 없이 끝까지 운영하는 경우에만 동일비중 포트폴리오보다 더 나은 수익률이 기대된다. 하지만 처음 넣은 종목을 변경하지 않고 수십 년간 가져간다는 건 애초에 불가능한 이야기다. 그리고 주가라는 게 밸류갭이 큰 종목부터 순서대로 오르고 더 많이 오르는 것도 아니다. 필자의 경험상 밸류갭이 큰 종목보다는 더 좋은 시점에 사들인 종목이 빨리 올랐다. 그래서 굳이 계산이 복잡한 가치가중 포트폴리오보다는 단순하고 운용이 편한 동일비중 포트폴리오가 효율적이다.

바퀴벌레 포트폴리오의 한계

바퀴벌레 포트폴리오는 말 그대로 끈질긴 생명력을 가진 바퀴벌레처럼 가늘고 길게 살아남을 수 있는 투자 전략이다. 프랑스 투자 전략가 딜런 그라이스Dylan Grice가 제안한 전략으로, 바퀴벌레 포트폴리오의 구성은 아주 간단하다. 주식, 금, 국채, 현금을 각각 25%씩 동일비중으로 구성하면 된다. 이 4가지 종목 사이에는 상관관계가 거의 성립하지 않아 시기에 따라 어느 한 종목이 하락하면 다른 종목이 상승해 손해를 벌충해준다.

한국에서 현금을 제외한 3가지 종목을 매입하는 방법은 ETF를 이용하는 것이다. 주식은 KODEX 200이나 고배당주 ETF를 선택하면 되고, 금은 KODEX 골드선물, 국채는 KODEX 국고채3년이나 KODEX 국채선물10년을 선택하면 된다. 바퀴벌레 포트폴리오는 분명 대박을 노리는 전략은 아니다. 언제 어떤 상황에서도 큰 손실을 방지하고, 적더라도 꾸준한 수익을 누적시키는 전략이다.

실제로 어느 정도의 수익률이 나오는지 궁금해서 시뮬레이션을 해봤다. 투자금은 1천만 원으로 가정했다. 투자 기간은 월별 데이터가 가장 적은 KODEX 골드선물(H)에 맞춰 2010년 10월부터 2017년 10월까지 7년간 운용한 것으로 가정했다. 국내 종합주가지수는 장기간 횡보하다가 2017년 들어서며 50% 가까이 급등해 포트폴리오의 수익률을 끌어올리는 1등 공신이 되었다. 같은 기간 KODEX 국고채3년은 20%가량 상승했다. 현금은 이자와 인플레이션을 무시하고 7년간 돈의 가치 역시 변함없는 걸로 가정했다. 하지만 금값은 2011년 9월 런던 거래소 기준으로 온스당 1,895달러에서 지속적으로 하락해 포트폴리오 수익률을 갉아먹는 주역이 되었다.

투자 구간을 어느 시기로 잡느냐에 따라 수익률은 천차만별이겠지만, 7년간 18%라는 수익률은 만족스럽지 않다. 자산 간 상관관계가 없

동일비중 포트폴리오 전략으로 가치투자하라

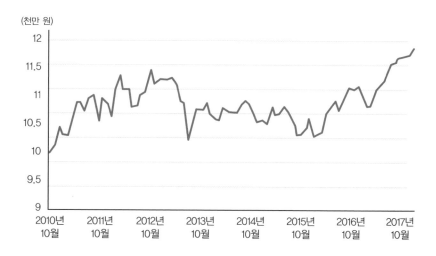

바퀴벌레 포트폴리오 시뮬레이션

(천만 원)

항목	KODEX 200	KODEX 골드선물(H)	KODEX 국고채3년	현금	EWP
2010년 10월	2만 2,277원	1만 240원	4만 4,733원	1	1천만 원
2017년 10월	3만 3,375원	9,590원	5만 4,975원	1	1,181만 1,721원
손익금액	1만 1,098원	-650원	1만 242원	-	181만 1,721원
손익 비율	49.8%	-6.3%	22.9%	0.0%	18.1%
최대 하락	2만 1,302원	8,150원	4만 4,523원	1	1천만 원
최대 손실	-4.4%	-20.4%	-0.5%	0.0%	0.0%

다는 것은 자산 A가 상승하면 자산 B는 내려간다는 뜻이다. 내려가는 자산이 오르는 자산의 수익률에 악영향을 미쳐 포트폴리오의 전체 수익률은 그리 좋지 않은 편이다. 4가지 종목의 상관관계가 거의 없어서 예상치 못한 위험에 대비할 수는 있겠지만 별로 추천하고 싶은 포트폴

리오는 아니다.

바퀴벌레 포트폴리오는 필자가 선호하는 포트폴리오 구성과는 3가지 관점에서 다르다. 첫째, 필자는 포트폴리오에 현금을 보유하는 것을 지양한다. 편입할 종목이 눈에 띄지 않을 경우에만 어쩔 수 없이 현금으로 보유할 뿐이다. 둘째, 포트폴리오에는 무조건 장기적으로 우상향하는 종목만 넣어야 한다. 상관관계를 따져서 역방향으로 움직이는 자산은 편입하지 않는다. 셋째, 블랙스완은 별도의 자금으로 대비한다. 포트폴리오에 편입한 종목들의 자체 복원력을 믿는다. 이러한 3가지 관점의 차이로 인해 필자는 동일비중 포트폴리오 전략이 더 우월하다고 믿는다.

원자재나 외환을
포함하면 어떨까?

지금까지 가치가중 포트폴리오와 바퀴벌레 포트폴리오에 대해 알아보았다. 그렇다면 포트폴리오 내에 원자재나 외환을 섞으면 어떨까? 주식과 상관관계가 적은 원유, 금, 농산물과 같은 원자재 상품들과 달러 등 외환을 포트폴리오로 넣어두면 국내 경기나 국제 정세 등으로 인한 변동성을 최소화할 수 있지 않을까? 그러나 원유, 금, 달러, 농산물 등이 과연 장기적으로 우상향하는 자산일까?

원자재나 외환의 가격 흐름을 보면 우상향이 아니라 방향성 없는 상하 진동을 반복할 뿐이다. 반면 국내 종합주가지수는 2008년 글로벌 금융위기를 제외하고는 계속해서 우상향해왔다. 토지를 제외하고 장기적 우상향이 확실한 자산은 오직 주식밖에 없다. 기업은 앞으로도 어떻게든 영리를 추구하며 스스로의 가치를 계속 높여갈 것이다. 원자재나 외환 등은 국내 주식과의 상관관계가 적으므로 국내 주식에만 치우친 포트폴리오의 변동성을 줄일 목적이라면 편입해볼 만하다. 그러나 우상향 자산은 아니기 때문에 수익률 제고에는 별로 도움이 되지 않는다.

가능하다면 국내 돌발 상황을 헷지하기 위해 해외 주식이나 국제 원자재를 포트폴리오에 넣으면 좋겠지만 리밸런싱이 쉽지 않다는 문제가 있다. 대안으로 국내 시장에 상장된 해외 ETF를 이용하면 되겠지만, 국내 주식형 ETF보다 많은 세금을 내야 하는 것은 별개로 치더라도 환율의 흐름까지 예측해야 한다는 어려움이 있다. 2012년 1월 초~2016년 12월 말 일본 니케이225지수는 124% 상승했지만 당시 일본 시장에 투자할 수 있었던 KODEX 일본TOPIX100은 54%밖에 오르지 못했다. 같은 기간 홍콩 H지수는 -7% 하락했으나 이 지수를 추종하는 ETFKODEX China H는 14%나 상승했다.

이들 해외 ETF는 환율 변동 위험을 회피하기 위한 환헷지 전략을 실시하지 않는다고 투자설명서에 명시되어 있다. 이처럼 국내 주식과 달리 해외 주식이나 원자재는 환율에 따라 수익률이 상당히 달라질 수 있다. 운이 나쁘면 현물 주가는 올랐어도 자신이 산 ETF는 손해가 날 수도 있는 것이다.

3V 전략으로
종목을 선별하라

포트폴리오를 최초로 구성하거나 교체할 종목을 선택하려면 많은 고심을 해야 한다. 종목을 선별하는 방법론은 다양하지만, 너무 많은 것을 살펴야 하는 복잡다단한 방법은 지양하는 것이 좋다. 단순하지만 핵심을 놓치지 않는 간략한 방법이 투입 시간을 최소화할 수 있어 더 효과적이다. 결론부터 이야기하면 필자가 제안하는 종목 선택법은 앞서 잠깐 언급한 바 있는 3V다.

가치Value와 전망View은 좋은 기업을 고르기 위한 도구이고, 거래량Volume은 좋은 기업 중에서도 지금 당장 매수하기 좋은 종목을 찾는 도구다. 가치와 전망을 충족하면 좋은 기업에 해당하지만 그렇다고 아무 때나 사도 되는 것은 아니다. 저렴한 가격에 살 수 있는 좋은 기업이 가치 있는 종목이다. 거래량 분석이 좋은 기업의 주식을 저렴한 가격에

동일비중 포트폴리오 전략으로 가치투자하라

매수할 수 있는 '때'를 알려줄 것이다.

이들 3V를 모두 충족하면 좋은 종목이므로 지금 당장 매수해 포트폴리오에 넣으면 된다. 셋 중 어느 하나라도 부족하면 아직은 매수할 때가 아니라는 뜻이다. 그런 종목은 관심 종목에 넣어두고 주기적으로 지켜보면서 때를 기다려야 한다.

어떤 종목을
선택해야 할까?

먼저 3V 중 'Value'는 재무제표 수치를 이용해 가치를 측정해보는 것이다. 이때 재무상태표(구 대차대조표)와 손익계산서, 현금흐름표 등을 열어보며 중요 수치들을 통해 현재 주가의 고평가 또는 저평가 여부를 판단해보면 된다. 그럼 자연스럽게 적정주가를 계산해볼 수 있다.

일반적으로 가치투자자에게는 이러한 기본적 분석이 투자 판단의 가장 중요한 과정이 된다. 물론 나름대로 측정하고 계산한 가치가 실제 내재가치와 다를 수는 있지만 누구도 주식의 진짜 가치를 정확히 수치화할 수는 없다. 설령 진정한 가치를 도출해냈다 하더라도 주가의 흐름은 주식의 수요와 공급과 어우러져 복잡하게 진동하는 경우가 더 많다. 주식의 가치를 알아보고자 할 때 복잡한 재무제표 수치들에 미리 주눅 들 필요는 없다. 많은 수치들 중에서 중요한 몇 가지만 확실하게 확인하면 되기 때문이다.

3V 중 'View'는 기업의 미래를 조망하는 것이다. 높은 산에 올라 넓

은 시야로 내려다보는 것처럼 기업의 미래가 어떻게 될지를 예상해보는 과정이다. 기업이 시대의 트렌드를 따라간다면 앞으로의 주가도 상승할 가능성이 높고, 사양산업이거나 해당 업종이 불황이라면 당분간 주가 상승은 기대하기 힘들 것이다. 하지만 주식 입문자뿐만 아니라 주식투자를 오랫동안 해왔다 하더라도 기업의 미래를 전망하는 건 결코 쉽지 않다. 필자 역시 3V 중 전망하는 과정이 가장 어렵다. 그래서 일종의 커닝이 필요한 영역이다.

"거인의 어깨 위에 올라서라."라는 말이 있다. 투자의 세계에서도 유용한 말이다. 필자보다 뛰어난 사람들이 쓴 글이나 보고서 등을 참고해볼 수도 있고, 걸출한 투자자나 과학자, 기술자들이 언론에서 한 말이나 그들의 저서를 보고 배울 수도 있다. 이를 통해 미래의 모습을 예측할 수 있는 단서를 얻는 경우가 종종 있다.

사업보고서에서 '사업의 내용'을 읽어보는 것은 전망의 첫걸음이므로 최소한 그 내용은 반드시 읽어봐야 한다. 증권사의 애널리스트 보고서도 기업의 미래와 업황을 파악하는 데 도움이 된다. 하지만 애널리스트 보고서가 모든 업종과 종목을 아우르는 것은 아니기 때문에 비판적인 시각을 유지해야 한다.

끝으로 'Volume'은 거래량을 뜻한다. 주식 차트는 모든 증권사의 HTS에 필수적으로 들어가는 가장 기본적인 투자 도구다. 주식 차트에서는 가격봉과 거래량 막대, 이동평균선을 확인할 수 있다. 여기에 각종 보조지표(스토캐스틱, 일목균형표, 볼린저밴드 등)가 가미되어 있어 많은 투자자들이 주식의 매매 시점을 찾기 위해 차트를 이용하고 있다. 가격은 반드시 거래량과 함께 살펴봐야만 의미가 있다.

동일비중 포트폴리오 전략으로 가치투자하라

바람이 불어야 파도가 치듯이 거래량이 힘 있게 실려야 주가가 솟아오를 수 있다. 그래서 가격의 등락뿐만 아니라 주식의 수요와 공급을 드러내는 거래량에 초점을 맞추고 분석해야 하는 것이다. 아무리 좋은 주식이라도 기관 투자자나 외국인 투자자들이 집중적으로 매도하고 있는 종목은 서둘러 사들일 필요가 없다. 그들의 매도 공세가 계속되는 한 주가는 하락을 멈추지 않을 것이기 때문이다. 뒤에서 배울 거래량 분석에서는 '패턴'과 '포지션'이라는 2가지 수단을 활용하는 방법을 알아볼 것이다.

3V 중 재무제표와 사업보고서 위주로 살펴보는 가치와 전망 분석 단계는 '기본적 분석'에 해당되고, 주식 차트와 간단한 보조지표를 체크하는 거래량 분석 단계는 '기술적 분석'에 해당된다. 전체적인 주식 시황보다는 주식 자체의 가치를 먼저 따져보는 기본적 분석은 '보텀업 Bottom-up'이라 불리며, 대부분의 가치투자자들이 선호하는 방식이다. 반면에 개별 종목보다는 시장 전체의 분위기나 업황을 둘러보며 투자 시점을 고르는 기술적 분석은 '톱다운Top-down'이라 불리며, 매매자들이 주로 사용한다. 3V는 기본적 분석과 기술적 분석의 핵심만 골라 모두 사용하는 셈이다.

이번 'Part 3. 동일비중 포트폴리오, 한 걸음 더 나아가기'를 통해 3V 중 'Value'에 대해 먼저 배워본 뒤, 다음 파트에서 차례로 'View'와 'Volume'을 알아보도록 하겠다.

본격적으로 3V에 대해 배워보기 앞서 기본적인 주가에 대한 개념부터 이해하고 넘어가야 한다. 먼저 '가격'은 사고자 하는 수요와 팔고자 하는 공급의 교차점에서 정해진다는 게 경제학적 관점이다. 가뭄이나 수해로 농작물 출하량이 급감하면 야채와 과일의 가격이 급등하는 것처럼 가격을 결정하는 건 공급과 수요다. 국제 원자재 시장에서 거래되고 있는 금, 은, 구리, 원유도 수요와 공급의 법칙에 의해 가격이 형성되고 있는 대표적인 상품들이다.

주가란
무엇인가?

주식도 물론 단기적으로는 수요와 공급의 영향을 받아 가격이 정해진다. 주식을 매도하려는 사람이 많으면 가격은 내려가고, 매수하려는 사람이 많으면 가격은 올라간다. 하지만 주식은 앞서 언급한 상품들과는 다른 특징을 가지고 있다. 건실한 회사의 주식은 시간이 흐를수록 기업의 가치가 누적된다. 그래서 가치투자자에게 있어 주가에 대한 원론적인 정의는 '기업이 현재까지 이뤄놓은 자산과 미래에 거둬들일 이익을 합친 내재가치에 대해 시장 참여자들이 나름의 가격을 제시하고 합의해 거래하는 가격'이다.

주식 매도자와 매수자는 이 내재가치를 나름대로 평가해 사거나 팔려고 하는 것이다. 그럼 가치투자자의 관점에서 '현재 주가'는 정확히 무엇에 대해 지불하는 가격일까? 이에 대한 정의를 정확히 해두는 게 중요하다. 왜냐하면 적정주가 계산식에 사용할 핵심 숫자인 주당순자산가치BPS ; Book-value Per Share와 현재 주가와의 관계에 대한 명확한 이해가 필요하기 때문이다.

동일비중 포트폴리오 전략으로 가치투자하라

주가와 BPS의 관계

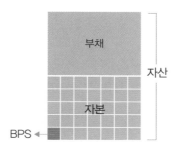

기업의 전체 자산은 채권자의 몫인 부채와 주주의 몫인 자본으로 이뤄져 있다. 기업의 총 자산에서 채권자의 몫인 부채를 뺀 나머지를 자기자본 또는 순자산이라 부르며, 이것이 바로 주주의 몫이다.

자산＝부채+자본

자산－부채＝자본

주당순자산가치, 즉 BPS는 주주의 몫인 자본을 발행주식수로 나눈 것이다. 즉 주당순자산가치는 주식 1주에 대한 주주 지분인 것이다. 주당순자산가치를 청산가치(현 시점에서 기업이 활동을 중단하고 청산할 경우 회수 가능한 금액의 가치)로 보기도 한다. 따라서 '주식 시장에서 주당순자산가치를 사고파는 합의된 가격'을 주가라고 보면 된다.

돈을 잘 버는 기업의 주당순자산가치는 프리미엄을 얹어 거래하고, 반대로 수익성이 좋지 못한 기업은 주당순자산가치보다 싼 가격으로 거래된다. 마치 인기 있는 지역의 아파트 분양권을 프리미엄을 더한 값에 거래하거나, 장기 미분양 아파트를 분양가보다 싼 가격에 거래하는 것과 비슷하다. 한마디로 '주가는 주당순자산가치에 주당순이익EPS ; Earning Per Share을 감안한 시장가격'으로 볼 수 있다.

1년간 월세 수입으로 1천만 원을 벌 수 있는 상가 건물이 있다고 가정해보자. 이 건물이 부동산 시장에서 거래되는 현재 시세는 1억 원이다. 갑자기 내년에 어떤 이유로 유동인구가 급증해 월세 수입이 2배인 2천만 원으로 증가할 전망이라면 이 건물의 거래 시세는 얼마가 적정할까? 월세 수입이 2배로 늘게 되면 건물 가격도 2배로 오르지 않을까? 적어도 현재 시세인 1억 원보다는 훨씬 비싸질 것이다.

주식에 내재한 가격, 즉 적정주가도 이와 마찬가지다. A기업의 현재 주당순이익이 1천 원이고 현재 주가는 1만 원이라고 가정해보자. 그런데 내년에 주당순이익이 2천 원으로 급증할 전망이라는 애널리스트 보고서가 나왔다. 꼼꼼히 읽어보니 해외 신시장 개척으로 인해 매출이 크게 확대될 것이라고 한다. 정말로 그렇게 된다면 앞으로 주가는 오를 가능성이 농후하다. 그럼 이에 합당한 현재의 주가와 앞으로의 주가는 얼마가 되어야 할까?

앞서 이야기한 부동산 사례와 마찬가지 방식으로 계산한다면 1년 후 주가는 지금의 2배인 2만 원이 되어야 한다. 하지만 주당순이익의 상승률과 주가 상승률이 1:1로 딱 정비례하게 오르지는 않는다. 주당순이익이 2배로 올라도 주가는 50%만 오를 수 있고, 어쩌면 2배 이상 더 높게 오를 수도 있다. 분명한 사실은 당기순이익이 증가한다면 주가 또한 오를 가능성이 크다는 것이다.

A기업의 주당순자산가치가 1만 원인데 주가는 5천 원이라면 A기업의 주가는 싸게 느껴진다. 반면 B기업의 주당순자산가치도 똑같이 1만 원인데 주가가 2만 원이라면 B기업의 주가는 비싸게 느껴진다. 하지만 이것만으로는 주가가 그 기업의 수익성에 비해 높은지 낮은지 결론을 낼 수 없다. A기업의 주가가 더 싼 이유는 주주자본으로 돈벌이가 시원찮기 때문일 수도 있고, B기업의 주가가 더 비싼 이유는 주주자본을 활용해 높은 수익을 내고 있어서일 수도 있다.

기업은 계속적인 영업을 통해 해마다 주주자본을 누적시킨다. 따라서 주당순자산가치는 해가 갈수록 증가해가고, 주가도 이에 따라 장기적으로 우상향하는 게 정상이다. 삼성전자의 주가를 살펴보면 주주자본이 누적되면서 주가도 따라가는 모습을 보인다. 주주자본을 발행주식수로 나눈 주당순자산가치와 주가도 비슷한 흐름을 보인다.

앞으로 자주 언급할 적정주가와 목표 주가라는 말도 정확히 정의하고 가자. '적정주가'는 이론적으로만 계산되는 상승한계주가다. 즉 이 가격 이상으로는 주가 상승이 어렵다고 가정하는 것이다. 상승한계주가는 이미 오를 만큼 올라 차라리 팔고 채권, 부동산 등 안전한 투자 대상으로 옮겨가는 게 나은 가격이다.

천정부지로 치솟던 암호화폐 가격이 꼭지를 찍고 내려오기 시작한 2018년 1월 말경, 강남 빌딩을 사러 온 암호화폐 벼락부자 2인에 대한 신문 기사를 읽은 적이 있다. 한 사람은 가상화폐 거래소를 차려서 거액을 벌었고 다른 한 사람은 암호화폐 초기에 투자해 20억 원대의 빌딩 매입에 나섰다고 한다. 암호화폐로 번 돈을 적절한 시점에 다른 형태의 안정된 자산으로 전환시키는 모습을 보니 참 영악하다는 생각이 들었다.

삼성전자의 주주자본과 주가 흐름

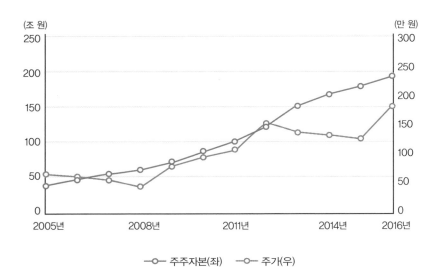

이들은 암호화폐의 상승한계가격을 정확히 인식한 것이다.

'목표 주가'는 증권사 애널리스트들이 제시하는 적정주가를 호칭하는 말로 자주 사용된다. 즉 증권사에서는 목표 주가와 적정주가를 같은 의미로 사용하고 있다. 따라서 용어에 혼돈이 오게 되니 이 책에서는 목표 주가를 자신이 실제로 매도에 나설 매도실행가격이라고 정의하자. 적정주가는 나름의 계산대로 도출된 이론적인 상승한계주가이고, 목표 주가는 적정주가보다 낮은 가격에 설정해 실제 매도를 실행할 주가다.

따라서 목표 주가(매도실행주가)는 구해진 적정주가(이론주가)보다 좀 더 낮은 가격, 즉 주가가 실제로 도달할 수 있다고 생각하는 최고 가격으로 정해두면 된다. 물론 실제 주가가 반드시 목표 주가를 넘어간다는

동일비중 포트폴리오 전략으로 가치투자하라

보장은 없지만 목표 주가를 정해놓지 않으면 매도 여부에 대한 기준이 서지 않는다. 자칫 가치투자가 아닌 무분별한 매매를 하게 될 수도 있다.

애널리스트의
목표 주가와 투자 의견

그렇다면 애널리스트는 어떤 공식으로 목표 주가를 계산할까? 모든 애널리스트들이 같은 수식을 이용하지는 않겠지만 일반적으로 현금흐름할인법DCF ; Discounted Cash Flow과 같은 절대가치 평가법과 주가수익비율PER ; Price Earning Ratio과 같은 상대가치 평가법을 함께 사용한다. 그런데 애널리스트들의 직업적 고충은 언론에서도 종종 언급된다. 정직하게 매도 의견을 내면 해당 회사로부터 불이익을 받거나 주주로부터 거센 항의를 듣기도 한다는 것이다. 『펀드매니저 투자의 비밀』에 이러한 애널리스트의 속사정이 상세히 소개되어 있다.

애널리스트 보고서는 해당 기업에서 제공하는 정보를 토대로 쓰는 경우가 많고, 그 기업의 주가에 나쁜 영향을 주는 표현들은 최대한 자제해서 작성되는 것임을 염두에 둘 필요가 있다. 애널리스트의 투자 의견은 '강력 매도', '매도', '중립', '매수', '강력 매수'로 구분되어 있지만 미국의 애널리스트 보고서와 달리 우리나라에서는 '강력 매도'와 '매도'는 구경하기 힘들다. 그래서 애널리스트의 투자 의견과 목표 주가가 중요하지 않다고 말하는 전문가도 있다.

목표 주가는 증권사 애널리스트들 간에도 차이가 많이 난다. 같은 종목에 대해 증권사마다 제시하는 목표 주가가 다르고, 국내 증권사와 외국계 증권사 간에 크게 차이가 나기도 한다. 그래서 애널리스트들의 목표 주가를 모아 평균을 내 투자 의견과 함께 제공하는 값을 컨센서스consensus라고 부른다.

전문성으로 무장한 애널리스트들이 나름대로 최선을 다해 각종 자료와 분석을 통해 도출해낸 값이지만, 문제는 실제 주가와 괴리가 큰 경우가 잦다는 것이다. 실제 주가와 목표 주가의 오차가 10% 이내인 경우가 평균 23%에 불과하다는 기사가 〈매일경제〉에 실리기도 했다. 애널리스트들의 기업 실적 예측이나 투자 의견이 자주 틀리다는 이야기는 거의 해마다 신문 기사에 실리고 있다.

실제로 최근 방산비리에 분식회계 의혹까지 휩싸인 한국항공우주의 경우 필자가 2017년 7월 26일에 계산한 적정주가는 3만 1,510원이었다. 반면 애널리스트의 목표 주가는 7만 5,916원이었다. 당시 주가는 5만 1,300원이었고 필자가 계산한 적정주가보다 이미 60% 넘게 고평가 상태에 있었다. 한국항공우주의 주가는 결국 같은 해 8월부터 3만 원대까지 하락했다. 이런 경우가 종종 있다 보니 필자는 애널리스트들이 제시한 목표 주가를 참고는 하되 신뢰하지는 않는다.

워런 버핏도 "전문가의 예측은 대부분 틀리다. 그런 것에 신경 쓰지 마라."라고까지 이야기했다. 참고로 주가가 오르면 오를수록 애널리스트의 목표 주가는 올라가고, 주가가 내려가면 내려갈수록 목표 주가도 함께 내려가는 경향이 있다. 주가가 고점을 찍고 꺾일 때도 애널리스트의 목표 주가는 계속 높은 가격을 제시할 때가 많았다. 반대로 주가가 저점을 찍고 상승 반전할 때도 애널리스트의 목표 주가는 여전히 골짜

동일비중 포트폴리오 전략으로 가치투자하라

기를 헤매고 있는 경우가 많았다.

상황이 이러하니 애널리스트가 제시하는 목표 주가는 그냥 자신이 직접 계산한 적정주가와 어느 정도 차이가 나는지 단순 비교하는 참고 수치로만 활용하자. 전문가가 제시한 숫자라고 너무 중시하면 자칫 소음noise에 휩쓸려 불필요한 선입견을 갖게 될 수 있다. 하지만 그렇다고 무조건 경시해서는 안 된다. 증권사 리포트는 기업과 시장을 보는 안목을 키워가는 참고자료로는 매우 유익하니 틈틈이 살펴보는 것이 좋다.

안전마진과
밸류갭부터 이해하자

가치투자에 대한 공부를 시작하면 '안전마진margin of safety'이라는 용어부터 만나게 된다. 주식투자에서 안전마진이라는 개념을 만든 사람은 워런 버핏의 스승이자 가치투자의 아버지로 불리는 벤저민 그레이엄Benjamin Graham이다. 『현명한 투자자』에는 벤저민 그레이엄이 투자 대상 기업의 주식과 그 기업이 발행한 채권의 수익률 차이를 안전마진이라 정의했다는 이야기가 나온다. 예를 들어 어느 기업의 채권에 투자하면 연 6%의 이자를 받을 수 있고, 그 회사 주식에 투자하면 연 10%의 수익을 기대할 수 있다고 가정해보자. 채권의 수익률(6%)과 주식투자의 수익률(10%)의 차이(4%)가 바로 안전마진이 되는 것이다.

참고로 여기서 주식투자 수익률 10%는 시세차익을 의미하는 것이 아니라 주당순이익을 말한다. 현재 가격으로 주식을 사면 1년 뒤에 주

동일비중 포트폴리오 전략으로 가치투자하라

당순이익이 10%는 될 것으로 예상한다는 의미다. 1만 원짜리 주식으로 1천 원의 수익을 낼 수 있다고 가정하는 것이다.

안전마진과
밸류갭

공학에서는 '안전율factor of safety'이라는 용어가 있다. 예를 들어 바다 위를 가로지르는 다리를 건설할 때, 통상적인 태풍의 최대 강도가 10이라면 태풍의 강도 15 정도를 다리가 이겨내도록 만든다. 이때 안전율은 다리의 수용력에서 태풍의 최대 강도를 뺀 5가 된다.

안전율이나 안전마진을 두는 이유는 그 누구도 정확한 값을 알 수 없어 필연적으로 발생할 수 있는 오차를 감안해 넉넉히 여유를 두는 것이다. 이 세상 어느 투자 전문가나 주식 고수도 주식의 가치를 정확하게 알아낼 수는 없다. 기업이 미래에 벌어들일 수익이 얼마나 될지는 해당 기업 경영자도 확신할 수 없는 문제이기 때문에 외부인인 애널리스트들도 대략적으로 계산할 수밖에 없다. 연말이나 연초에 애널리스트들의 기업 실적 예측이나 투자 의견이 자주 틀리다는 이야기가 반복적으로 나오는 이유가 바로 이 때문이다. 그러니 우리도 적정주가를 정확히 맞추려는 욕심을 버리고 크게 틀리지 않는 범위 안에 들기 위한 전략을 세우면 된다.

이 책에서는 우리가 계산한 적정주가와 실제 주가의 차이를 안전마진이나 안전율의 의미로 사용할 것이며, 용어의 혼돈을 피하기 위해 '밸류갭value-gap' 또는 '가치갭'이라고 부를 것이다. 밸류갭은 기대수익률과 같다. 현재 주가가 1만 원, 적정주가가 2만 원이라면 밸류갭은 1만 원이 된다. 적정주가인 2만 원에 도달하려면 주가가 100% 상승해야 한다. 즉 기대수익률이 100%인 것이다. 주식의 밸류갭은 부동산 경매 개념과도 비슷하다. 경매로 부동산을 매수하는 것이 분양받는 것보다 좋은 점은 시세 대비 얼마나 싸게 낙찰받느냐에 따라 수익률이 바로 결정된다는 것이다. 현재 3억 원에 거래되고 있는 아파트를 2억 원에 낙찰받고 양도 소득세가 면제되는 시점까지 보유하면 곧바로 1억 원의 차익이 생기는 식이다(취득세와 등록세 등이 들어가지만 비유를 위해 생략했다).

주식투자도 이와 같이 밸류갭이 큰 주식을 고를수록 더 안전하게 고수익을 노릴 수 있다. 다만 부동산 시세와 달리 주식의 적정주가는 명료하지 못하다는 점이 문제다. 하지만 가치 평가를 해보면 해당 주식이 현재 고평가인지 저평가인지, 대략 얼마나 적정주가와의 갭이 있는지 어렵지 않게 알아낼 수 있다. 이 정도라도 알고 주식을 사는 것과 차트만 보고 싸게 보인다고 무작정 사는 것과는 결과적으로 큰 차이가 난다. 매매자에게는 오로지 가격이 매매의 기준이기 때문에 매수 직후 자신의 예상과 달리 조금만 주가가 하락해도 손절 매도를 할 수밖에 없다. 그러나 밸류갭이 충분한 주식을 매수한 가치투자자는 이후에 주가가 휘청거려도 느긋하게 들고 있을 수 있다.

따라서 밸류갭은 넉넉하게 잡아야 한다. 필자는 밸류갭이 100%가 넘어야 매수 대상으로 삼는다. 밸류갭 100%라는 것은 2배는 올라야 적정주가가 된다는 뜻인데, 적정주가 계산의 부정확성을 고려하더라도 50% 상승 가능성은 있다. 현재 주가가 1만 원인데 적정주가가 2만 원이

동일비중 포트폴리오 전략으로 가치투자하라

나왔다면 실제 매도할 목표 가격은 1만 5천 원으로 설정한다.

벤저민 그레이엄은 『현명한 투자자』에서 "안전마진만 확보된다면 굳이 미래 실적을 정교하게 예측하느라 애쓸 필요가 없다. 단지 미래 실적이 큰 폭으로 하락하지 않으리라는 확신만 있으면 충분하다."라고 말했다. 적정주가를 정확히 맞추는 것보다 안전마진을 충분히 두는 편이 가치투자를 성공적으로 해나가기 훨씬 더 쉬운 방법인 것이다.

가치주와 성장주

주식을 매매가 아닌 투자로 접근하면 가치주와 성장주라는 선택지 앞에서 고민하게 된다. 미래 이익보다 현재까지 쌓아놓은 자산가치에 주안점을 두고 그에 비해 현재 주가가 싸다고 평가하는 주식을 가치주 또는 자산주라고 한다. 반면 자산가치 대비 현재 주가가 비싼 편이지만 기업이 미래에 지속적으로 벌어들일 이익에 비해 저렴하다고 평가하는 주식을 성장주라고 한다. 밸류에이션 관점에서 보면 가치주는 주가가 주당순자산가치보다 낮아 PBR과 PER가 낮은 경우가 많고, 성장주는 주가가 주당순자산가치보다 높아 PBR과 PER가 높은 경우가 많다.

가치주는 대체로 굴뚝주라 불리는 대형 제조회사, 대규모 생산설비가 필요한 중화학 장치산업 등 토지나 건물 등의 부동산 자산이 많다. 또한 주주의 몫인 지배주주지분이 많이 쌓여 있다. 신약 개발이나 기술 수출로 폭발적인 이익을 노리는 제약회사나 새로운 게임을 개발해 전

세계에 론칭하는 게임 개발사, 아이돌을 연이어 키워내는 엔터테인먼트 회사 등 인적자원이 중요한 기업들은 대체로 성장주에 해당된다.

가치주투자는 부동산 경매식 투자와 비슷하고, 성장주투자는 부동산 개발식 투자와 비슷하다고 볼 수 있다. 가치주는 매수하는 즉시 적정주가와의 차이가 이익으로 확정되는 셈이지만 성장주는 앞으로 기업이 성장하며 주가가 올라야 시세차익을 낼 수 있기 때문이다. 앞서 '3V 전략으로 종목을 선별하라'에서 주가가 주당 주주자본인 주당순자산가치, 즉 BPS에 대해 치르는 값이라고 말했다. 그런데 성장주에는 이러한 'BPS 프리미엄' 관점이 미약하다. 미래의 주당순이익, 즉 EPS에 대해 가격을 매기고 있는 셈이다. 현재까지 쌓아놓은 자산이 많지 않은 성장주는 현재 주가에 비해 주당순자산가치가 현격히 작은 경우가 많다.

성장주의 적정주가를 가치주 방식으로 계산해보면 현재 주가가 반토막 또는 세 토막이 나야 적정주가가 될 정도로 거의 대부분 상당한 고평가로 나타난다. 현재까지 쌓아놓은 주주자산보다는 미래에 벌어들일 이익에 대해 훨씬 많은 프리미엄이 붙어 있기 때문이다. 이처럼 고평가 가능성이 있음에도 불구하고 성장주의 주가는 시간이 갈수록 더 올라가는 경우가 많다. 가치주투자의 대가인 워런 버핏도 가치 대비 싼 주식에만 투자했다가 수익률이 저조해지자 가치 대비 비싼 성장주투자에도 관심을 가졌다고 한다. 그러던 차에 성장주투자의 원조로 알려진 필립 피셔Philip Fisher의 『위대한 기업에 투자하라』를 읽고 단숨에 그에게 달려가 조언을 구했다고 한다.

재무제표를 들여다보는 것이 한계가 있다는 시각도 있다. 21세기 기업을 20세기의 틀로 들여다보는 꼴이라는 것이다. 일반적인 제조업의

동일비중 포트폴리오 전략으로 가치투자하라

경우 토지, 건물, 기계 등 눈에 보이는 유형자산을 중심으로 재무제표가 기재된다. 하지만 게임, 엔터테인먼트, 바이오와 같은 새로운 업종에서는 사업모델과 지식재산권, 연구개발 인력 등 무형자산이 수익 창출의 핵심요소가 된다. 그런데 이는 객관적 수치로 환산해 재무제표에 표시할 수 없다는 게 문제다. 비단 국내 기업들만의 문제가 아니다. 애플, 구글, 아마존 등 세계 10대 기업들의 경우에도 장부가(재무제표상의 주주자산 총액)는 시가총액 대비 21% 수준이라고 한다. 즉 우리가 사용하는 밸류갭의 시각으로 보면 거의 5배나 고평가되어 있는 셈이다.

이처럼 주식 시장에서 평가하는 기업 가치와 재무제표상의 기업 가치가 크게 차이 나는 이유는 무형자산이 재무제표에 제대로 반영되지 않았기 때문이다. 한국회계기준원에서도 이 문제를 해결하기 위해 고심 중인데, 기존의 재무제표와 기업의 미래 전망을 담은 별도의 재무보고서를 함께 사용하는 방식을 구상 중이라 한다. 만약 그런 방식이 현실화된다면 3V 중 'View'가 더욱 심도 깊게 보완될 수 있으니 우리에겐 좋은 일이다.

성장주보다
가치주가 나은 이유

동일비중 포트폴리오는 밸류갭이 큰 종목을 우선적으로 고르기 때문에 아무래도 성장주보다는 가치주를 포트폴리오에 편입하게 된다. 이 중에서 최고의 투자 대상은 가치주와 성장주의 성격을 모두 갖고 있는

'가치성장주'다. 대부분의 성장주들은 가치보다 가격이 비싼 편인데 가치성장주는 가치 대비 가격도 저렴해서 위험은 낮고 기대수익은 높아 금상첨화다. 하지만 가치성장주는 가뭄에 콩 나듯 평상시에는 거의 찾아보기 힘들다.

성장주의 가격도 평소에는 고공을 날아다니기 때문에 쉽게 손을 대기 어렵다. 국내외 대형 이슈로 주식 시장의 고공 기류가 크게 흐트러진다면 성장주와 가치성장주의 가격도 아래로 떨어져 가치주의 사정권에 들어오게 될 것이다. 이때는 BPS와 주가가 합리적 수준일 것이므로 충분히 투자할 수 있다.

흔한 일은 아니지만 시기에 따라 가치주였다가 성장주가 되기도 하고 반대가 되기도 한다. 필자가 투자했던 삼성전자는 2016년 6월 1일 당시 밸류에이션 결과 기대수익률이 약 37% 정도 나오는 가치주였다. 그리고 휴대폰, 메모리, SSD 등의 제품 영역에서 끝없이 신제품을 개발해내는 성장주이기도 했다. 당시에 가치투자의 내공이 깊지 않아 중도에 내려오고 말았지만 삼성전자는 1년이 지나서도 가치성장주에 해당되었다. 액면분할 이후 시점에 밸류에이션을 다시 해보니 그저 성장주로 나왔다.

『강방천과 함께 하는 가치투자』에서 중요한 인사이트를 얻을 수 있는 투자 이야기가 나온다. 1989년, 저자는 미래에 휴대폰이 대세가 될 거라 판단해 한국이동통신(현 SK텔레콤) 주식을 2만 원대에 사들인다. 이후 자신도 휴대폰을 갖게 되는 시기에 매도하겠다고 생각한다. 이후 결국 주가는 60만 원 후반을 넘어가게 되었고, 저자는 7년 만에 30배가 넘는 수익률을 올린다. 이 주식은 이후에도 계속 올라 2000년에는

동일비중 포트폴리오 전략으로 가치투자하라

500만 원을 넘어갔지만 저자는 적시에 잘 팔았다고 생각하며 미련을 버린 것 같다. 주식 매입 당시 한국이동통신의 매출은 그리 신통치 않았지만 미래의 폭발적인 성장성을 보고 투자한 것이다. 이런 방식이 바로 성장주투자에 해당한다.

결국 가치주는 3V 중에서 'Value'에 중점을 둔 것이고, 가치 계산이 되지 않는 성장주는 'View'에 더 많은 비중을 두게 된다. 가치주와 성장주를 3V 관점에서 중요도 순서로 나열하면 다음과 같다.

가치주: Value > Volume > View
성장주: View > Volume > Value

아무리 전망이 뛰어나 보여도 재무제표에 매년 빨간 숫자가 난무하는 부실주는 성장주가 될 수 없다. 도약대가 부실하면 높이 뛰어오를 수 없기 때문이다. 우리가 절대로 투자하지 말아야 할 대상은 테마주, 작전주와 같은 투기주다. 특정 세력이 의도적으로 주가를 조작하는 작전주와 그때그때 사회적 이슈에 따라 단기적으로 급등락하는 주식들은 장기투자 대상에서 제외해야 한다.

가치투자는 가성비가 좋은 주식을 사면 일단 절반은 성공이다. 그런데 개인 투자자들 중에는 가성비보다 가심비(가격 대비 심리적 만족감을 추구하는 소비 형태)가 좋은 주식을 사는 이가 많은 것 같다. 어쩌면 성장주는 가심비가 좋은 주식을 찾는 게 맞을 수도 있다. 가성비가 좋은 성장주는 거의 찾기 힘드니까 말이다. 하지만 성장주에 투자할 경우 자산가치 대비 주가가 상당히 비싼 상태에서 매입했기 때문에 조금만 하락해도 마음이 불편해진다. 혹시 자신도 모르는 악재가 있는 건지, 이 기업의 'View'를 잘못 읽은 건지 고심하며 확신이 흔들릴 수 있다.

반면 가치주나 가치성장주는 주주자산 대비 충분히 싸게 매입했기 때문에 주가가 어지간히 요동쳐도 흔들리지 않고 보유할 수 있다. 장기투자를 해도 심리적인 문제가 거의 없다는 장점이 있는 것이다. 따라서 가치투자자라면 "자신의 능력 안에서 평가할 수 있는 기업들만 상대하라."라는 워런 버핏의 가르침을 늘 상기하자.

Value:
가치 평가하기①

워런 버핏은 "1달러를 50센트에 사면 절대 손해 보지 않는다."라고 말했다. 우리가 이번 파트에서 배워야 할 것은 좋은 주식을 골라내고 가치에 비해 싸게 사는 방법이다. 그러기 위해서는 먼저 기업 가치 또는 적정주가를 계산해낼 수 있어야 하는데, 이 과정을 전문용어로 밸류에이션이라고 한다. 지금 자신이 점찍은 기업의 주가가 가치에 비해 싸게 거래되고 있는지 판별해낼 수 있어야 소중한 투자금을 낭비하지 않게 된다.

그렇다면 과연 적정주가를 제대로 알아낼 수 있는 방법이 있을까? 적정주가를 계산하는 여러 방법들이 있지만 그 어느 것도 적정주가를 정확하게 맞힐 수는 없다. 그래서 적정주가 계산의 한계에 대해 워런 버핏은 "정확하게 맞히려다 완전히 빗나가는 것보다 대충이라도 맞히는 편이 낫다."라는 말을 남겼다. 벤저민 그레이엄 역시 "어떤 사람이 비만인지 저체중인지 알기 위해 그의 정확한 몸무게를 알 필요는 없다."라고 말했다.

적정주가는 누구나 계산할 수 있지만 주가가 딱 거기까지 오를지는 누구도 장담할 수 없다. 그럼에도 불구하고 적정주가를 계산해야만 하는 이유는 주식을 거래할 때의 기준을 세우기 위해서다. 사각 쌀통에서 둥근 바가지로 쌀을 퍼낼 때 모서리에 있는 쌀까지 퍼내기 위해 욕심을 부려도 소용없듯이, 어떤 계산법을 쓰든 대략적인 수치를 뽑아낸 후 안전마진을 감안해주면 된다. 그러니 적정주가의 정확도에 너무 집착할 필요는 없다.

적정주가를 완벽히 계산할 수는 없다

이 책에서 제시하는 적정주가 계산법은 초등학교 산수 실력만 있으면 충분히 해낼 수 있는 방법이다. 필자가 제안하는 적정주가 계산법을 그대로 따라 해도 좋고 완전히 다른 방법을 사용해도 좋다. 이 책의 예시를 참고해 여러모로 연구하면서 자신만의 계산법을 만드는 것도 좋다. 중요한 건 공식이 복잡하고 어렵다고 해서 성과가 높고, 단순하고 쉽다고 해서 수익률이 떨어지는 게 아니라는 것이다.

『주식 시장을 이기는 작은 책』에는 저자인 조엘 그린블라트Joel Greenblatt 의 마법공식이라 불리는 비교적 간단한 수식이 나온다. 그는 자본수익

동일비중 포트폴리오 전략으로 가치투자하라

률과 이익수익률이라는 2가지 요소만으로 종목을 골라내 투자했음에도 불구하고 장기간에 걸쳐 연평균 40%라는 경이로운 수익률을 거둔다. 그린블라트는 자신의 방법이 틀릴 때도 있기 때문에 모두가 따라하지 않을 것이고, 그래서 공식을 공유해도 자신은 계속 투자 수익을 올릴 수 있다고 말한다.

그린블라트의 말처럼 이 책을 읽는 모든 이가 필자와 똑같은 방법을 사용하고 그것이 널리 퍼져도, 이 책이 주식 시장을 뒤흔드는 신묘한 일은 절대 일어나지 않을 것이라 장담한다. 투자자들의 밸류에이션 방법이 모두 동일하다면 시장에 참여하는 가치투자자들은 거의 모두 비슷한 가격에 주식을 매수하거나 매도하려 할 것이다. 이렇게 되면 좋은 주식을 좋은 가격에 거래할 수 있는 기회는 돌아오지 않게 된다. 하지만 그린블라트의 마법공식이나 필자의 계산법이 아무리 효험이 있다 해도 100% 들어맞을 수는 없으므로 가치투자자들은 저마다 다른 방식을 찾게 될 것이다. 또 같은 방법을 쓰더라도 개인의 능력과 외부 변수에 따라 상황은 달라질 테니 필자 역시 그린블라트의 생각에 동의한다.

원론적인 적정주가 평가법

주식의 내재가치와 현재 주가의 갭을 이용하는 가치투자자들에게는 적정주가 계산이 무엇보다 중요하다. 시장에서 고구마 한 소쿠리를 사더라도 지불할 돈에 비해 품질과 양이 적정한가를 따져보게 된다. 하물며 자신의 상당한 재산을 투자해야 하는데 주식의 가치도 모른 채 덥석 사들인다면 결과는 불 보듯 뻔한 일일 것이다. 주식의 가치, 그러니까 적정주가를 구하는 정통적인 방법은 주식투자가 본업이 아닌 우리에게는 그림의 떡이다. 공식도 어렵고 계산해야 할 인수가 다양해 너무 많은 시간과 품이 들기 때문이다. 그래도 가치투자를 하기 위해서는 시장에서 거래되는 가격에 비해 주식에 내재된 가치가 대략 얼마나 되는지 정도는 어떻게든 알아내야만 한다.

이제부터는 누구나 쉽고 간단하게 이용할 수 있는 적정주가 계산법을 다뤄볼 것이다. 그에 앞서 적정주가 평가법에 관한 일반 상식을 먼저 짚고 넘어가도록 하자. 복잡한 이론이 질색이라면 이 부분은 넘어가도 좋다. 기업의 가치를 평가하는 방법은 크게 절대가치 평가법과 상대가치 평가법이 있다. 절대가치 평가법은 주주가 미래에 얻을 이익을 계산한 후 현재 가치로 환산하기 위해 일정한 할인율로 나누는 구조다. 주주가 얻는 게 잉여현금흐름인지, 배당금인지, 초과이익인지에 따라 DCF, DDM, RIM 등의 절대가치 평가법이 있다. 절대가치 평가법은 여러 기초 수치들을 먼저 산출하고, 수식에 대입해 합산한 후 현재 가치로 할인해내야 하기 때문에 챙겨야 할 숫자들이 많고 계산 과정도 복잡한 편이다.

상대가치 평가법은 현재 주가를 기준으로 몇 가지 비율 수치를 구해서 동종 기업이나 시장 평균과 비교하는 방식이다. 절대가치 평가법보다 이해하기 쉬워 실제 투자에 자주 이용된다. 우리가 익숙하게 들어온 PER, PBR, PCR 등이 대표적인 상대가치 평가법에 속한다. 적정주가 수치 자체를 도출하기 위해서라면 어떻게든 절대가치 평가법을 사용

동일비중 포트폴리오 전략으로 가치투자하라

해야 한다. 상대가치 평가법은 저평가나 고평가 여부만 파악할 수 있기 때문이다. 하지만 곧 아주 쉽게 사용할 수 있는 절대가치 평가법을 알려줄 예정이므로 너무 걱정하지 않아도 된다.

절대가치 평가법으로 적정주가를 구하는 교과서적인 방법은 다음과 같다.

1. 현금흐름할인모형 DCF ; Discounted Cash Flow

DCF는 절대가치 평가법 중 가장 대표적인 것으로, 기업이 앞으로 매년 만들어낼 잉여현금흐름을 현재 가치로 환산한 뒤 이를 모두 더해 주식의 가치를 구하는 방법이다. 이론적으로는 가장 완벽한 적정주가 계산법이라고 하지만 결정적인 문제가 있다. 당장 올해의 현금흐름조차 확실하지가 않은데 어떻게 5년 후, 10년 후의 현금흐름까지 예측해낼 수 있겠는가?

『워렌 버핏처럼 투자심리 읽는 법』에서는 DCF로 적정주가를 평가하는 것은 피하라고 조언한다. 예측해야 할 변수가 많아서 적중률이 그만큼 떨어진다는 주장이다. 잉여현금흐름은 다음과 같이 구한다.

잉여현금흐름＝순이익＋감가상각비－운전자본증가분－자본적지출

잉여현금흐름은 기업이 영업 활동을 통해 벌어들인 현금에서 영업 활동을 위해 투입한 금액을 뺀 값이다. 원하는 연수(n)만큼 해마다의 잉여현금흐름액을 구해서 현재 가치로 환산해 모두 더하는 것이다. 말로는 쉬워 보이지만 입력해야 할 예상 수치가 많아서 매년 잉여현금흐

름을 일일이 구하는 게 무척 번거롭고 복잡하다.

2. 배당할인모형 DDM ; Dividend Discount Model

배당할인모형은 기업이 매년 주주에게 나눠주는 배당금을 현재 가치로 환산한 뒤 이를 모두 더해 적정주가를 구하는 절대가치 평가법이다. DDM은 DCF의 공식에서 잉여현금흐름 대신 배당금을 대입한 것이다. 이 방법 또한 매년의 배당금을 정확히 예측해내는 게 중요한데, 실제로 적용해보면 배당금이 미미하거나 해마다 배당금액이 들쭉날쭉하거나 무배당 기업은 적정주가가 제대로 계산되지 못한다는 단점이 있다.

공식과 예제는 계산의 번거로움에 비해 정확도가 높지 않아 생략하겠다. 그럼에도 불구하고 학문적 탐구심이 발동한다면 『내일은 주식왕 오늘은 투자공식 끝장내기』를 참고하기 바란다.

3. 잔여이익모델 RIM ; Residual Income Model

잔여이익모델은 잔존가치모델이라고도 부르는데, 미래의 잔여이익 또는 초과이익을 현재 가치로 환산해 현재의 장부가치(자기자본)와 합해 적정주가를 구한다. RIM에서도 원칙적으로는 5년치, 10년치의 잔여이익을 예상해 합산해야 하므로 DCF처럼 계산이 복잡하다. 잔여이익 예상치의 오차도 클 수밖에 없다. 그래서 해마다 잔여이익이 일정하다고 가정해 수식을 다음과 같이 단순화시켜 사용한다.

기업 가치＝장부가치＋초과이익의 현재 가치＝자기자본＋초과이익/할인율

주당가치＝기업 가치/발행주식수

동일비중 포트폴리오 전략으로 가치투자하라

실용적이고 간단한
적정주가 계산법

지금까지 원론적인 절대가치 평가법 3가지를 간단하게 알아보았다. 이번에는 『40년 웃게 만들 쥬라기의 종목발굴법』에서 제시한 적정주가 계산법을 소개하겠다. 지금 소개하는 적정주가 계산법은 복잡하거나 어렵지 않으며 지극히 상식적이라 이해하기 쉽다.

은행에 예금하는 경우를 가정해보자. 100만 원을 1년 이자율 2%인 은행 정기예금에 넣으면 만기 후 102만 원이 된다. 이 과정을 거꾸로 생각해보자. 은행의 1년짜리 정기예금 이자율이 2%일 때 1년 뒤 2만 원의 이자를 받았다면 1년 전에 맡긴 원금은 얼마일까? 원금을 구하는 공식은 아래와 같다.

원금＝이자금액/이자율

여기서 원금을 적정주가로 바꾸고 이자금액 대신 주당순이익, 즉 EPS를 넣어보자. 그리고 이자율 대신 할인율(r)로 바꾸면 아래와 같이 적정주가를 구하는 간단한 수식이 탄생한다.

적정주가＝EPS/r

기업이 주당순자산가치, 즉 BPS를 가지고 1년간 사업해서 EPS를 얻었다면 ROE는 'EPS/BPS'가 된다. 'ROE=EPS/BPS'에서 EPS는

'EPS=BPS×ROE'로 구할 수 있으므로, 앞서 적정주가를 구하는 공식에 대입하면 다음과 같다.

적정주가＝BPS×ROE/r

가치투자로 전향한 이후부터는 이 공식으로 적정주가를 계산해왔다. 이후에 『재무제표 모르면 주식투자 절대로 하지마라』에서 RIM으로 적정주가를 구하는 법을 접했다. 이 책의 저자인 사경인 회계사는 RIM에 의한 기업 가치 평가법을 "10년의 고민 끝에 도착한 지점이다."라고 소개했다. 그가 설명한 RIM을 사용해봤더니 앞서 설명한 『40년 웃게 만들 쥬라기의 종목발굴법』쥬라기 저자의 계산 결과와 완전히 동일했다. 두 저자의 공식은 모양은 달라 보이지만 수식을 분석해보니 결국 서로 같은 공식과 다름없었다.

사경인 저자의 적정주가 공식: 자기자본＋(잔여이익/할인율)
쥬라기 저자의 적정주가 공식: 자기자본×(자기자본이익률/할인율)

결국 두 사람의 적정주가 계산식은 겉은 달라도 속은 같았다. 둘 다 현재까지 쌓아놓은 자산가치에 미래에 벌어들일 수익가치를 합한 값을 적정주가로 판단했다. RIM의 예시 문제를 쥬라기 저자의 방식으로 풀어보면 다음과 같다. 예를 들어 자기자본이 100억 원, ROE가 12%, 발행주식수가 1백만 주, 주주들이 원하는 요구수익률이 8%인 주식이 있다고 가정해보자. 먼저 BPS를 구해보면 BPS는 '100억 원/1백만 주'이니

동일비중 포트폴리오 전략으로 가치투자하라

1만 원이 된다. 따라서 적정주가를 구하는 공식 'BPS×ROE/r'을 대입하면 다음과 같다.

$$10,000 \times (0.12/0.08) = 15,000$$

RIM으로 계산한 적정주가의 결과 역시 1만 5천 원이었다. 쥬라기 저자의 방식으로 계산한 값과 완전 동일한 것이다. 그렇다면 좀 더 빠르게 구해지고 직관적으로 적정주가를 알 수 있는 쥬라기 저자의 공식을 선택하는 게 낫다는 생각이 들었다. 앞서 주가가 BPS에 대한 시장가격이라고 정의했었는데, 쥬라기 저자의 적정주가 공식은 BPS 수치를 보며 ROE와 r을 비교해보기만 하면 적정주가가 BPS보다 높은지 낮은 직관적으로 알아챌 수 있다.

주주의 요구수익률이 8% 정도이므로 ROE가 8을 넘어서면 적정주가는 BPS 수치보다 높을 것이다. 반대로 ROE가 8에 못 미치면 적정주가는 BPS 숫자보다는 낮을 것이다. 굳이 계산기를 두드리지 않아도 금방 유추해낼 수 있어 간편하다.

필자는 쥬라기 저자의 적정주가 공식에 배당가치를 가미해서 사용하고 있다. 배당금을 많이 주는 회사일수록 적정주가를 깎는 할인율을 줄여주기로 한 것이다. 왜냐하면 고배당 기업일수록 주가 하락을 방어하는 힘이 있기 때문이다. 주가가 하락할수록 배당수익률이 높아지기 때문에 주가가 어느 정도 내려가면 매수세가 유입되어 일정 수준 이하로는 내려가지 않는 경향이 있다.

실제로 이 계산법으로 삼성전자, S-Oil, KB금융, 아세아시멘트 등에 투자해 나름대로 이득을 보았다. 언론으로 접한 다양한 종목의 적정주가를 계산해 기록해두었다가 시간이 흐른 뒤 검증해보았을 때 적중한 경우가 적지 않았다. 참고로 사경인 저자는 RIM을 약간 변형한 자신의 공식을 'S-RIM'이라고 칭한다. 쥬라기 저자의 적정주가 계산식은 별도의 호칭은 없지만 RIM을 최대한 간략화한 것으로 볼 수 있다. 배당가치를 섞어 조금 변형한 필자의 적정주가 계산식은 간단히 'BED 공식'이라고 부르겠다. 왜 이렇게 이름을 붙였는지는 뒤에서 이어서 설명하도록 하겠다.

모든 종목의 적정주가를 어느 한 가지 절대 공식으로 구할 수 있으면 좋겠지만 현실은 그렇지 않다. BED 공식 역시 완전무결하지는 않다. 가치주에는 잘 통하는 편이지만 성장주의 적정주가를 계산하는 데는 분명 한계가 있다. 하지만 실용적이고 간단한 적정주가 계산법인 것은 확실하다.

Value:
가치 평가하기②

이번에는 필자의 적정주가 계산법인 BED 공식에 대해 설명하려 한다. B, E, D 수치만 알면 침대bed처럼 편안하게 적정주가를 구할 수 있다는 뜻에서 이름 붙였다. B, E, D는 각각 BPS, EPS, DPS의 첫 글자다. DPS 는 주당배당금Dividend Per Share으로, 당기순이익 중 주주들에게 나눠줄 배당금으로 책정한 금액을 발행주식수로 나눈 값을 말한다. 이렇게 배당을 주고 남은 금액은 전년도 주주자본에 더해져 다음 해에 사업 밑천으로 쓰이게 된다.

BPS, EPS, DPS 3가지 수치만 알면 현재 주가의 고평가, 저평가 여부와 대략적인 적정주가까지 쉽게 계산할 수 있다. 참고로 이 수치들은 증권사 HTS에서 쉽게 확인할 수 있다. 보통 '기업 편람', '기업 정보', '재무 정보'라는 카테고리에 기재되어 있다.

IFRS(연결)	< 2017/12	2018/12
EPS	5,421	6,024
BPS	28,971	35,342
DPS	850	1,416
배당성향	14.09	21.92
PER	9.40	6.42
PBR	1.76	1.10
EV/EBITDA	4.94	3.10

나무증권의 재무 정보 카테고리

포털사이트의 증권 섹션에서도 해당 기업명으로 검색한 후 기업 정보 메뉴로 들어가면 관련 자료가 나온다. 또는 에프앤가이드 홈페이지comp.fnguide.com에서 알아보기 원하는 종목명을 입력해 직접 찾아보는 방법도 있다. 증권사 애플리케이션을 통해서도 관련 정보를 쉽게 확인할 수 있다.

BED 공식에 필요한 데이터를 취합하는 더 쉬운 방법도 있다. 가치투자자들에게는 널리 알려진 아이투자 홈페이지www.itooza.com를 이용하는 것이다.

이곳에 가면 고맙게도 우리가 필요로 하는 숫자들을 깔끔하게 정리해서 보여준다. 여기에 나온 EPS, BPS, DPS 수치를 그대로 부록으로 제공한 적정주가 평가용 엑셀파일의 해당란에 입력하면 된다. '5년 PER', '5년PBR' 수치는 이후 배울 PERR, PBRR 계산에 쓰인다. PERR과 PBRR은 뒤에서 자세히 설명하도록 하겠다. 아이투자에서 얻을 수 없는 상세한 재무 자료들은 앞서 소개한 에프앤가이드 홈페이지를 참고하면 된다.

동일비중 포트폴리오 전략으로 가치투자하라

아이투자 홈페이지 화면. 이곳에서 BED 공식에 필요한 데이터를 취합할 수 있다.

쉽고 빠른
BED 공식

BED 공식에 필요한 수식과 정보들을 정리하면 다음과 같다. 당장 이해 가 되지 않더라도 우선은 읽고 넘어가도록 하자.

적정주가=BPS×ROE/r

ROE=EPS/BPS

r(할인율)=요구수익률−배당차감률

요구수익률: 통상 7~9 범위

배당차감률: 배당수익률에 따른 기준할인율 감쇠값

BPS: 상수(최근 분기 또는 전년 말 확정치)

EPS: 변수(애널리스트 예측치 또는 최근 4분기 합계)

DPS: 준상수(최근 3년치 평균 또는 전년도 주당 배당금액)

DPS는 전년도 말의 주당 배당금액에서 크게 벗어나지 않는 경우가 대부분이다. 배당금은 한번 올리면 다시 내리기 어렵기 때문이다. 그래서 배당금액은 올해 영업이익이 충분하다 하더라도 약간만 올리는 경향이 있다. 따라서 DPS는 올해 예상 EPS가 전년도보다 얼마나 증가하는가에 따라 전년도 DPS를 그대로 사용하거나 소폭 올리는 정도로 입력하면 된다. 적정주가 공식에서 DPS는 할인율 수치에 조금 영향을 줄 뿐이니 BPS나 EPS에 비해 적정주가 도출에 크게 영향을 주진 않는다. 요구수익률과 배당차감률은 뒤에서 이어서 설명하겠다.

여기서 가장 까다롭고 중요한 숫자는 EPS다. 누구도 확실히 알 수 없는 '변수'이기 때문인데, EPS에 따라 ROE가 많이 달라질 수 있어서 결과에 큰 영향을 미친다. 기업의 실적 전망을 분석하는 일은 아무래도 전문가인 애널리스트를 믿는 게 낫다. 최근 4분기 합계를 내 애널리스트들의 전망치인 컨센서스 수치와 비교해 적은 쪽의 값을 취한다. 그리고 그 값을 안전율 개념으로 좀 더 삭감해서 적정주가 공식에 대입한다. 부록으로 제공한 적정주가 평가용 엑셀파일에 이 3가지 수치만 입력하면 적정주가와 기대수익률까지 계산되어 나온다. 적정주가 평가용 엑셀파일의 구체적인 활용법은 뒤에서 자세히 다루겠다.

2017년 8월 9일 〈매일경제〉에 실적에 비해 주가가 낮은 기업이 소개된 적이 있다. 뷰웍스, 비아트론, 유니테스트가 모두 전년 대비 큰 폭의 영업이익 증가가 기대되지만 주가가 하락해 저평가되어 있다는 내용의 기사였다. 필자는 이런 기사를 보면 즉시 BED 공식으로 신속히 계산해 본다. 계산 결과 뷰웍스와 비아트론은 저평가가 아니라 오히려 고평가 상태였고, 유니테스트만이 당시 주가(1만 550원)보다 높은 적정주가(1만

동일비중 포트폴리오 전략으로 가치투자하라

6,440원)가 산출되었다. 유니테스트의 당시 기대수익률은 55.8%였다.

이처럼 언론보도나 애널리스트들의 투자 의견을 그대로 믿지 말고 독자적인 시각을 유지하는 게 중요하다. 관심 있는 종목이라면 반드시 적정주가를 직접 계산해보자. 무엇보다도 자기 자신이 계산한 적정주가에 확신을 갖는 게 중요하다. 앞에서도 언급했지만 적정주가를 구하는 공식이 어렵고 복잡해야만 잘 들어맞는 것은 아니다. 일견 어설퍼 보이는 단순한 공식으로도 충분히 적정주가를 구할 수 있다. 여기에 안전마진을 더 주고 목표 주가를 좀 더 내리면 실제 적용 가능한 가격이 된다. 이 가격을 신뢰하고 중장기 리밸런싱을 해나가면 반드시 수익을 내게 될 것이다.

할인율을 구하는 방법

주식투자는 채권투자와 종종 비교된다. 채권은 만기에 정해진 이자와 함께 원금을 돌려받지만 주식은 만기가 없고 정해진 수익도 없어 기업이 망하면 투자금을 날리게 된다. 대신 채권으로 얻을 수 있는 이익은 이자로 한정된 반면, 주식은 배당금 이외에도 큰 폭의 시세차익을 기대할 수 있다. 말 그대로 하이 리스크 하이 리턴인 셈이다.

주식투자자는 해당 회사의 채권투자자보다 더 큰 위험을 안게 되므로 채권보다는 당연히 더 높은 기대수익률을 원한다. 이때 주주가 기대하는 수익률을 요구수익률이라 부른다. 손실 위험을 무릅쓰고 주식에 투자한다면 최소한 요구수익률 이상의 수익은 얻어야 한다는 뜻이다. 앞서 r을 할인율이라 했는데, 그럼 왜 적정주가를 구하는 공식에 할인율이 들어가는 걸까? 2가지 이유가 있다. 하나는 무위험 수익률 또는 대체투자 수익률과 비교해 BPS에 대한 값어치를 계산해보기 위함이고, 다른 하나는 미래가치를 현재 가치로 환산하기 위해서다.

먼저 첫 번째 이유부터 살펴보자. 주가라는 것은 BPS에 대해 매겨지는 가격임을 다시 상기하며 BED 공식을 바라보자. 이는 주당 주주자본인 BPS의 값을 주식이 아닌 다른 투자 수단으로 얻을 수 있는 수익률과 비교해 평가하겠다는 뜻이다. 주식의 자본수익률, 즉 ROE가 은행 예금, 국채와 같은 무위험 수익률이나 부동산, 회사채와 같은 대체투자 수익률과 같다면 주식 1주의 값어치는 딱 BPS만큼이라고 보는 것이다. ROE가 무위험 수익률이나 대체투자 수익률보다 2배 많다면 BPS 역시 2배의 값어치가 있다고 평가하고, ROE가 다른 투자 수익률의 절반밖에 안 된다면 BPS의 가치도 절반만 인정해준다. ROE와 r만 알면 BPS 수치 그대로를 적정주가로 볼 것인지, 프리미엄을 얹어줄 것인지, 삭감하고 지불해야 합당한지 바로 알 수 있다.

예를 들어 무위험 수익률인 국고채 3년물의 채권 금리가 3%라고 하자. A기업의 ROE도 3%, 주당 주주자본인 BPS는 1만 원이라고 가정할 때, A기업 주식 1주의 적정주가는 '10,000×(3%/3%)'로 구할 수 있다. 즉 적정주가는 1만 원이다. A기업의 적정주가는 BPS보다 더 주고 덜 주고 할 것 없이 BPS 그대로의 값을 치르면 된다. 실제 적용에서는 분모인 r의 값으로 7~10 정도의 값을 부여한다. 회사채 금리를 참고해 할인율을 8%로 정했을 경우, A기업 주식의 적정주가 계산법은 다음과 같다.

동일비중 포트폴리오 전략으로 가치투자하라

10,000×(3%/8%)＝3,750원

회사채투자 수익률이 연 8%인데 이 기업의 ROE가 3% 정도밖에 되지 않는다면 BPS를 상당히 할인할 수밖에 없다. 그래서 기업이 이익을 잘 낼 수 있느냐 그렇지 못하느냐에 따라 주주자본에 대한 평가가 달라지는 것이다.

두 번째 이유는 미래에 얻을 이익을 현재 가치로 환산해보기 위함이다. EPS가 BPS와 ROE를 곱한 값이므로, 적정주가를 구하는 공식은 'BPS×ROE/r=EPS/r'이라고 볼 수 있다. 즉 EPS를 r로 할인하는 것이다. 1년짜리 은행의 예금 이자가 8%라고 가정해보자. 100만 원을 1년간 예치해두면 1년 만기 때 8%의 이자를 얹어준다는 뜻이다. 그렇다면 이 예금의 현재 가치는 얼마일까? 원금 100만 원에 대한 이자가 8만 원이니 다음과 같이 계산할 수 있다.

80,000/8%＝1,000,000원

이자율과 상관없이 1년 후가 아닌 지금 시점에서의 가치는 항상 원금 그대로인 것이다. 원칙적으로는 r값으로 그 기업의 채권 이자율을 넣어야 하지만 삼성전자와 같이 신용등급이 AAA급인 초우량 기업과 BBB급인 평범한 기업의 채권 수익률은 크게 차이가 난다. 어느 기업의 적정주가를 계산할 때마다 그 기업의 신용등급을 알아내서 알맞게 채권 금리를 찾아 넣는 것은 상당히 번거로운 일이기도 하고, 그렇게 계산한다고 해서 현실적으로 정확성이 높아지지도 않는다. 따라서 적정주가를 계산할 때 입력하는 할인율은 일괄적으로 동일한 수치를 넣고 있다. 그렇게 계산되어 나온 적정주가가 실제로 좀 더 현실적이었다.

할인율을 얼마로 할 것인가에 대해서는 앞서 언급한 『재무제표 모르면 주식투자 절대로 하지마라』에도 상세히 나온다. 회계 전문가인 저자가 권하는 정답은 "당신이 원하는 요구수익률을 할인율로 정하라."라는 것이다. 이 값을 정하는 데는 경험을 통한 투자자의 감이 필요하다.

일반적으로는 요구수익률을 8~12%까지 설정한다. 필자는 회사채 수익률과 수익형 부동산 중 오피스 투자 수익률의 중간쯤인 7.5~8%를 요구수익률로 삼고 있다. 적정주가 평가용 엑셀파일에는 요구수익률의 최저치가 7, 최고치가 9로 설정되어 있다. BED 공식에 넣을 최종 할인율은 요구수익률에서 배당차감률을 뺀 값을 사용한다.

적정한 할인율을 정하기 위해 대부분 채권 수익률을 많이 이용한다. 지금 채권을 매입해 만기까지 가지고 있으면 얻게 될 이익을 채권 수익률 또는 채권 금리라고 한다. 채권은 만기에 받게 될 원금과 이자가 정해져 있기 때문에 싸게 살수록 이득인데, 그래서 채권 가격이 낮을수록 채권 수익률은 높아진다. 시중금리가 올라갈수록 돈이 은행으로 몰리므로 채권 가격은 낮아지게 되는데, 채권 수익률은 금융투자협회 채권정보센터 홈페이지www.kofiabond.or.kr를 참고하기 바란다. 여기에서 국채와 회사채 금리를 그래프와 함께 일목요연하게 볼 수 있다.

국채는 국가가 발행하는 것이고 회사채는 기업이 발행하는 것인데, 우리가 할인율을 정할 때 참고할 대상은 '회사채(무보증3년)BBB-' 등급이다. 해당 등급의 채권 수익률은 대략 8~9% 선에서 움직이고 있다. 채권 수익률이 매일매일 달라지긴 하지만 급격한 변화가 있는 건 아니므

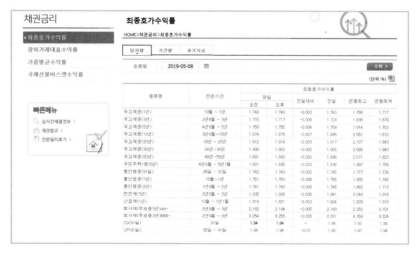

종목명	잔존기간	최종호가수익률					
		당일		전일대비	전일	연중최고	연중최저
		오전	오후				
국고채권(1년)	10월 ~ 1년	1.740	1.740	-0.003	1.743	1.788	1.717
국고채권(3년)	2년6월 ~ 3년	1.715	1.717	-0.006	1.723	1.836	1.679
국고채권(5년)	4년6월 ~ 5년	1.750	1.755	-0.004	1.759	1.914	1.703
국고채권(10년)	9년6월 ~ 10년	1.874	1.878	-0.007	1.885	2.051	1.810
국고채권(20년)	18년 ~ 20년	1.912	1.914	-0.003	1.917	2.107	1.843
국고채권(30년)	28년~30년	1.900	1.903	-0.002	1.905	2.089	1.840
국고채권(50년)	48년~50년	1.891	1.893	-0.002	1.895	2.071	1.823
국민주택(5년)	4년6월 ~ 5년1월	1.831	1.835	-0.003	1.838	1.997	1.789
통안증권(91일)	85일 ~ 91일	1.742	1.743	-0.002	1.745	1.777	1.738
통안증권(1년)	10월~1년	1.751	1.750	-0.005	1.755	1.855	1.745
통안증권(2년)	1년9월 ~ 2년	1.741	1.740	-0.006	1.746	1.863	1.713
한전채(3년)	2년9월 ~ 3년	1.935	1.936	-0.005	1.941	2.048	1.915
산금채(1년)	10월 ~ 1년1월	1.819	1.821	-0.003	1.824	1.929	1.818
회사채(무보증3년)AA-	2년9월 ~ 3년	2.182	2.184	-0.005	2.189	2.283	2.151
회사채(무보증3년)BBB-	2년9월 ~ 3년	8.254	8.256	-0.005	8.261	8.356	8.224
CD(91일)	91일	1.84	1.84	-	1.84	1.93	1.94
CP(91일)	85일~91일	1.94	1.94	-0.01	1.95	1.97	1.94

금융투자협회 채권정보센터 홈페이지 화면. 이곳에서 채권 수익률을 확인할 수 있다.

로 분기에 한 번씩 확인하면 된다. 오피스나 상가 등 수익형 부동산의 투자 수익률 데이터는 한국감정원의 부동산통계정보시스템 홈페이지 www.r-one.co.kr에서 얻을 수 있다.

건물 유형이 오피스, 중대형 상가, 소규모 상가, 집합 상가로 나뉘어 있지만 오피스의 연간 투자 수익률 정보만 엑셀 파일로 다운로드하면 된다. 오피스에 비해 나머지 건물 유형의 투자 수익률이 낮기 때문이다. 굳이 엑셀 파일로 받지 않고 웹에서 바로 확인해도 된다. 2017년도 자료에는 서울 도심과 경기 지역의 오피스텔 투자 수익률이 7.3~7.4% 정도로 나왔다. 투자 수익률이 가장 높은 편에 속하는 지역은 8%대도 눈에 띈다.

배당차감률이란 용어는 적정주가 계산에 이용하기 위해 필자가 만든 개념이다. 배당차감률은 요구수익률에서 배당수익률을 고려해 ROE

에 대한 할인 폭을 줄여주기 위한 수치다. 배당수익률은 배당금을 현재 주가로 나눈 값으로, 당연히 주가가 하락할수록 배당수익률은 높아진다. 고배당 기업의 경우 배당수익률이 일정치를 넘어서면 어디선가 매수세가 달라붙는다. 고배당주일수록 주가 하락에 버티는 힘이 강한 점을 고려해 적정주가 계산에 반영한 것이다. 그래서 배당수익률이 높을수록 일정 비율만큼 요구수익률을 깎아준다. 배당차감률의 최댓값은 1%로 정했다. 요구수익률을 깎아주는 최대치가 1%라는 뜻이다.

배당수익률이 1% 미만이면 요구수익률을 그대로 적용하고, 2% 미만이면 0.2%, 3% 미만이면 0.4%, 4% 미만이면 0.6%, 5% 미만이면 0.8%, 5% 이상이면 1.0%를 뺀다. 예를 들어 투자 대상 종목의 배당수익률이 2.5%라면 배당차감률은 0.4%가 된다. 요구수익률이 8%라면 7.6%가 최종 할인율 r이 되는 것이다.

BED 공식에서는 이렇게 배당차감률을 통해 요구수익률 조정이 끝난 할인율로 ROE를 할인해준다. 배당차감률 차감 수식은 적정주가 평가용 엑셀파일에 이미 적용되어 있으니 B, E, D 수치만 넣어주면 된다. 2018년 마지막 달에 〈국가부도의 날〉이라는 영화가 상영되었다. 20년 전 IMF 시절에는 시중은행의 1년 예금 금리가 20%를 넘어섰다. 금융과 투자에 대해 아무것도 몰라도 현금만 있었다면 땅 짚고 헤엄치듯 쉽게 부자가 될 수 있는 전무후무한 시절이었다. 만약 이런 시기에 주식에 투자한다면 할인율, 즉 주주들의 요구수익률은 얼마여야 적정할까? 완전 무위험 수익률인 은행예금 이자율이 20%라면 위험자산인 주식의 요구수익률은 당연히 그 이상이어야 한다.

동일비중 포트폴리오 전략으로 가치투자하라

BPS: 1만 원

현재 주가: 1만 5천 원

ROE: 10%

r: 20%

위와 같은 기업이 있다고 가정해보자. 아무런 위험 없이 은행 이자만으로도 20%의 수익을 낼 수 있으므로 r은 20%보다 더 커야 하지만 계산의 편의성을 위해 그냥 20%로 잡았다. 적정주가를 계산해보면 5천 원이 나온다. 이 기업의 현재 주가가 1만 5천 원이니 적정주가 5천 원에 비해 상당히 고평가되어 있는 상태다. 지금 시대에는 괜찮은 편이지만 IMF 당시에는 ROE 10% 기업에 투자할 사람은 없었을 것이다. 은행에 예금해도 20% 이자가 보장되기 때문이다. 이처럼 똑같은 기업의 적정주가라도 대체투자 수익률에 따라 달리 계산될 수 있다.

BED 적정주가 검증하기

'BED 공식으로 도출한 적정주가를 과연 믿을 수 있을까?', '이 값만을 믿고 주식을 사서 장기투자에 나서도 되는 걸까?'라는 고민이 들 수도 있다. BED 공식으로 구한 적정주가에 대해 좀 더 확신을 가질 수 있도록 간단하게 검증해보는 방법을 알아보자.

$$PER = \frac{주가}{EPS}$$

$$PBR = \frac{주가}{BPS}$$

누구나 아는 기본 공식을 이용한 방법이다. 위의 공식에서 '주가'를 '적정주가'로 대치해 넣으면 아래와 같은 공식이 된다.

적정주가＝PER×EPS＝PBR×BPS

유도한 수식을 보면 PER과 PBR의 결과가 동일해야 하지만 실제로는 서로 다른 값이 나온다. 그래서 PER로 구한 적정주가와 PBR을 사용한 적정주가, 2개의 값을 얻게 되는 것이다. 앞서 소개한 아이투자 홈페이지에서 쉽게 5년치 평균 PER와 PBR을 무료로 살펴볼 수 있다. 2018년 12월 3일, 평화정공의 주가는 6,590원이었다. 애널리스트 목표 주가 컨센서스는 1만 원이었고, BED로 구해본 적정주가는 1만 1,840원이었다. 위의 초간단 검증법으로 계산한 2개의 값(9,886원, 1만 6,156원) 사이에 BED 적정주가가 들어간다. 애널리스트 컨센서스와도 크게 차이가 나지 않는다. 가치주일 경우 BED 공식으로 구한 적정주가가 대부분 2가지 검증 가격 사이에 위치한다. 이런 방식으로 자신이 구한 BED 적정주가를 체크해본다면 스스로 도출한 적정주가를 더욱 신뢰할 수 있을 것이다.

주당순이익과 자기자본이익률이 핵심이다

EPS, 즉 주당순이익은 기업이 1년 동안 벌어들인 당기순이익을 발행주식수로 나눈 값이다. 그런데 당기순이익은 회계적으로 조작이 쉽기 때문에 그 수치를 그대로 믿을 수 없다고 알려져 있다. 참고로 당기순이익은 '영업이익+영업외수익-영업외손실-법인세'를 계산해 구할 수 있는데, 당기순이익이 결산회계의 마지막 단계에서 나오는 숫자인 만큼 회사 경영진의 의도적인 가공이 들어갈 가능성이 높다. 주가를 끌어올리기 위해 법이 허용하는 한도 내에서 당기순이익 수치를 부풀릴 수도 있고, 올해 너무 많은 이익을 내면 내년의 경영 성과가 문제가 될 수 있으니 일부 이익을 유보하기 위해 줄일 수도 있다.

그렇다면 이렇게 믿을 수 없는 고무줄 수치로 적정주가를 계산하는게 과연 옳은 일일까? 이를 알아보기 위해 과거의 실적 데이터를 이용

S-Oil의 주가와 영업이익(매년 12월 기준)

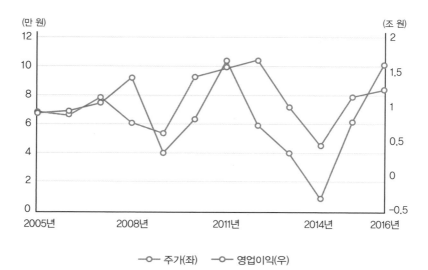

-○- 주가(좌)　-○- 영업이익(우)

S-Oil의 주가와 EPS(매년 12월 기준)

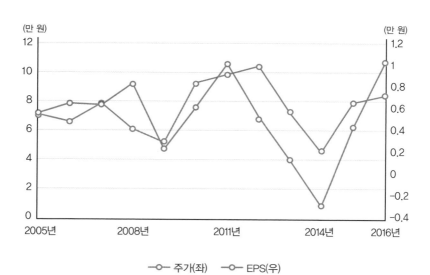

-○- 주가(좌)　-○- EPS(우)

동일비중 포트폴리오 전략으로 가치투자하라

해 EPS와 주가의 행보를 추적해보았다. 삼성전자, S-Oil, 평화정공을 비롯해 여러 기업을 분석했는데, 나머지는 간단히 알아보고 S-Oil의 사례만 자세히 살펴보겠다.

삼성전자의 경우 2015년 12월~2016년 12월의 주가와 EPS 수치를 분석했는데, 결론적으로 주가가 EPS를 따라가는 양상을 보였다. 2015년 결산 사업보고서에 영업이익은 전년보다 소폭 늘었지만 주가는 당기순이익을 따라 하락했다. 평화정공은 2005년 12월~2016년 12월의 자료를 분석했는데, 주가와 영업이익의 흐름은 어긋나는 지점이 많지만 주가와 EPS의 흐름은 전반적으로 일치했다.

S-Oil은 2005년 12월~2016년 12월의 자료를 분석했다. 2008년 결산보고서에 영업이익은 전년 대비 33% 증가했지만 당기순이익은 36% 감소했다. 주가가 당기순이익의 하락과 발을 맞추며 22% 하락했다. 결론적으로 주가는 EPS 수치를 따라간다는 것을 알 수 있다. EPS가 급증하면 자연스럽게 주가 또한 급등했고, 어닝쇼크 때는 급락했다. 3가지 종목 외에도 다양한 종목을 분석해봤지만 대부분 동일한 결과가 나왔다. 주가는 영업이익보다 당기순이익의 영향을 더 많이 받는다는 것을 데이터가 명확히 보여주고 있다. EPS가 주주자본 수익률에 직접 영향을 미치는 수치인 관계로 매출액이나 영업이익보다 주가에 더욱 직접적인 영향을 미치는 것으로 보인다.

흔히 주가는 내재가치를 따라 움직인다고 말한다. 내재가치라고 하면 현재 장부가치와 미래가치의 합으로 본다. 그러나 과거의 데이터를 이용해 여러 차례 검증해본 결과 주가는 내재가치가 아니라 실적과 동행했다. 주가는 실적 수치 중에서도 영업이익이 아닌 당기순이익을 더 잘 따라갔다. EPS와 걸음걸이가 비슷했다. 물론 주가의 선행적 특성상 사업보고서가 공시되기도 전에 미리 알아채고 움직이지만 이 부분은 별개로 다뤄야 할 부분이다.

EPS와 BPS면 충분하다

굳이 더 어려운 방법으로 기업의 내재가치를 알아내려고 애쓸 필요는 없다. 쉽고 간단한 적정주가 계산법 'BPS×ROE/r'이 효과적이다. ROE에서 BPS는 정해진 상수(전년도 확정치)이므로 유일한 변수인 EPS가 핵심이 된다. EPS는 기업의 미래 수익 추정치이므로 가장 최근 분기 결산치에 나름대로 가감을 하면 된다. 그럼 무엇을 기준으로 가감해야 할까? 에프앤가이드 홈페이지에서 제공하는 올해 EPS 예측치를 참고하면 되는데, 그 숫자보다 좀 더 적게 삭감해서 입력하면 된다. 필자의 경우에는 애널리스트의 EPS 추정치, 지난 4분기 EPS 합계, 전년도 말 EPS 중에서 안전마진 개념상 가장 보수적인 값(작은 값)을 올해 EPS 예상치로 사용한다.

그래프는 이렇게 구한 적정주가와 실제 주가 흐름을 비교해본 것이다. 이번에도 S-Oil의 사례를 가져왔다. 주가와 적정주가가 큰 흐름에서 보면 비슷한 패턴으로 움직이고 있음을 알 수 있다.

S-Oil의 사례를 보면 적정주가를 계산하는 여타 복잡한 방법들이 불필요하다는 걸 알 수 있다. 이처럼 EPS와 BPS만으로 쉽고도 간단하

동일비중 포트폴리오 전략으로 가치투자하라

S-Oil의 주가와 적정주가(매년 12월 기준)

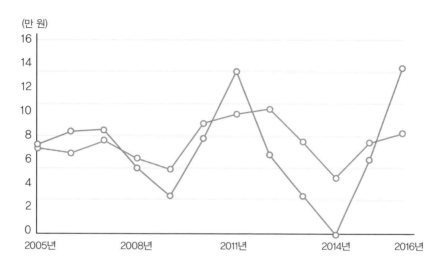

(만 원)

—○— 주가   —○— 적정주가

게 적정주가를 도출할 수 있다. 그렇다고 무작정 적정주가 계산법만을 믿고 이를 보완하는 다른 수치들을 참고하는 일을 게을리 해서는 안 된다.

당기순이익의 대부분은 영업이익에서 나온다. 따라서 EPS를 주축으로 삼되 다른 수치들을 이용해 검증하는 작업까지 병행해야 한다. 영업이익이 꾸준히 발생하고, 그것으로 채무 이자를 지불할 수 있는 능력이 충분하고, 매년 주주에게 배당까지 하고 있다면 EPS가 어느 정도 의도적으로 가공된 수치라고 할지라도 적정주가 계산에 충분히 활용할 수 있다. 또한 EPS 수치의 조작 가능성을 감안해 안전마진까지 넉넉히 확보하는 것이 중요하다.

주가가 해마다 꾸준히 상승하기 위해서는 당기순이익이 지속적으로 증가해야만 한다. 그러면 당기순이익은 왜 해마다 증가해야 할까? 사업 밑천(자본총계)이 해마다 커지기 때문이다. 한 해의 결산이 끝나면 당기순이익 중 일부는 주주에게 배당해주고, 나머지는 전년도 자본총계에 더해진다. 즉 올해의 EPS에서 DPS를 빼고 남은 것은 전년도 BPS에 더해져 새로운 BPS가 도출되는 것이다. 따라서 사업 밑천이 많아지는데 순이익이 발맞춰 늘지 못하면 주가는 하락하고 만다. 예금 이자를 더 많이 주는 곳으로 돈이 옮겨가듯이 동일한 자본으로 더 많이 버는 기업으로 돈이 몰리는 게 주식 시장의 이치이기 때문이다.

자기자본이익률이 핵심인 이유

기업 가치를 평가할 때 빠지지 않는 지표가 ROE, 즉 자기자본이익률이다. ROE는 부채를 제외한 주주자본으로 한 해에 얼마만큼의 당기순이익을 냈는지 나타내는 지표다. ROE를 구하는 공식은 다음과 같다.

ROE=당기순이익/자기자본×100

예를 들어 100억 원의 주주자본(자기자본)으로 10억 원의 당기순이익을 냈다면 ROE는 10%가 된다. 주주 입장에서 ROE는 최소한 은행 예금 금리보다는 높아야 한다. 이보다 적을 경우 위험을 무릅쓰고 주

동일비중 포트폴리오 전략으로 가치투자하라

식에 투자하느니 차라리 은행에 예금하는 것이 더 낫기 때문이다.

ROE는 엔진 마력에 비유할 수 있다. 자동차나 배가 얼마나 힘차게 앞으로 나아가느냐는 엔진의 힘에 달렸다. 기업의 성장도 마찬가지다. 기업의 성장은 영업이익을 얼마나 잘 내느냐에 달렸는데, ROE가 높을수록 영업이익과 당기순이익이 높아지며 주주자본이 더 빠르게 커갈 수 있다. 주가가 올라갈 동력ROE이 있어야 기대수익률에 의미 부여를 할 수 있다.

BPS와 EPS가 각각 자기자본과 당기순이익을 발행주식수로 나눈 것이므로 ROE는 '(EPS/BPS)×100'으로도 쉽게 구할 수 있다. 여기서 BPS는 전년도 말이나 최근 분기의 확정된 숫자지만 미래 추정치인 EPS가 문제다. EPS는 기업이 본업을 통해 벌어들인 영업이익 외에 투자손익이나 배당수익, 대여금이나 예금 이자, 자산 일부 매각차익, 환차손익 등의 비영업손익까지 포함한 것이다. 그렇다 보니 사업의 본질을 벗어난 손익까지 포함한 수치로 적정주가를 구해야 해서 불합리하다는 이야기도 나온다. 그래서 나온 지표가 투하자본이익률ROIC ; Return On Invested Capital과 경제적부가가치EVA ; Economic Value Added다.

ROIC, EVA 지표는 영업 활동으로 인한 영업이익에 초점을 둔다. 그래서 적정주가 계산 시 ROE보다 ROIC, EVA가 더 합리적이라는 의견이 있다. 그러나 필자의 생각은 좀 다르다. 개인사업자나 직장인을 생각해보자. 누군가 '이 사람' 자체에 투자한다고 가정할 때 그들의 능력 가치를 오로지 사업소득이나 근로소득에만 국한해 가늠할까? 사업자나 직장인이 자신의 본업 외에 따로 수익이 있다면 당연히 부가적인 수입도 포함해서 그 사람의 종합적인 수익 능력을 평가할 것이다. 예를 들어 주식투자나 상가 임대 등으로 별도의 투자 수익을 올리고 있거나, 그림을 잘 그리거나 글을 잘 써서 저작권료 수입이 있다면 그 사람의 능력 가치에 가산점을 줄 수 있다. 마찬가지로 기업 가치를 평가할 때도 그 기업의 본업 외 별도의 수익원이 있다면 그만큼 더 높게 평가되어야 마땅하다.

우리는 기업에 대출을 해주는 채권자도 아니고 기업을 통째로 사려는 인수합병자도 아니다. 기업이 벌어들인 모든 이익(영업이익+영업외수익)에서 근로자 몫인 임금, 채권자 몫인 이자, 정부 몫인 세금 등을 빼고 순수하게 주주 몫으로 남는 게 얼마인지만 따져보면 된다. 그게 당기순이익이고, 그것을 발행주식수로 나눈 금액이 EPS다.

이 세상 무엇에 투자하든 가장 기본적이고 필수적으로 따져봐야 할 부분은 얼마의 원금으로 어느 정도의 수익률을 올렸는지 확인하는 것이다. 마치 은행에 예금하기에 앞서 이자율부터 따져보는 것과 같다. 다만 본업에서 현금흐름이 원활하게 이뤄져야 하는 게 건강한 기업의 당연한 전제조건이므로, 영업이익을 중심으로 한 수치들을 필수적으로 체크해야 하는 한다.

참고로 ROE를 계산할 때 BPS는 최근 분기 재무제표에 이미 확정된 상수로 제시되므로, 올해 예상 EPS가 얼마인지에 따라 값이 달라진다. 즉 EPS가 핵심 변수인 것이다. 다행인 건 주가의 움직임이 영업이익보다는 당기순이익을 따라간다는 사실이다. 따라서 적정주가를 얻기 위해서 굳이 계산이 복잡한 ROIC, EVA보다 훨씬 단순한 ROE를 구하는 것만으로 충분하다. 또한 다음 수식을 보면 ROE를 통해 BPS와 EPS가 서로 연결되어 있음을 쉽게 알 수 있다.

동일비중 포트폴리오 전략으로 가치투자하라

PBR=주가/BPS

주가=PBR×BPS

PER=주가/EPS

주가=PER×EPS

PBR×BPS=PER×EPS

PBR/PER=EPS/BPS

EPS/BPS=ROE

PBR/PER=ROE

　결국 PBR과 PER는 ROE를 통해 통합된다. 주식의 내재가치는 자산 가치와 수익가치의 합인데, 자산가치와 수익가치가 ROE를 통해 서로 연결되어 있는 것이다. 전년도 주주자본으로 영업을 해서 ROE만큼 올해의 주주이익이 발생하기 때문이다. 예를 들어 전년도 말 BPS가 1만 원, ROE가 10%, 배당이 없다고 가정한다면 올해의 EPS는 1천 원이 예상된다. 따라서 금년도 결산 BPS는 전년도 BPS에 올해 EPS를 더한 값 (1만 1천 원)이 될 것이다. 자산가치와 수익가치가 ROE를 통해 통합되어 있고, 이를 이용해 적정주가를 쉽게 구하는 공식이 'BPS×ROE/r'인 것이다.

적정주가 평가용 엑셀파일과
PERR, PBRR

적정주가 평가용 엑셀파일은 필자가 고안한 것으로, 누구나 쉽고 간편하게 적정주가를 산출할 수 있게 만든 것이다. 필자의 적정주가 공식은 그리 복잡하지 않지만, 적정주가 평가용 엑셀파일을 활용한다면 이러한 공식조차 일일이 계산해볼 필요가 없다. 적정주가 평가용 엑셀파일은 책의 '프롤로그' 다음 장에서 다운로드받을 수 있으며, 필자의 홈페이지ewps.kr에도 공개되어 있으니 찾아보기 바란다.

　적정주가 평가용 엑셀파일의 구성은 다음과 같다. 가로 방향으로 늘어선 필드명은 차례대로 '종목명', '평가일', '현재 주가', 'BPS', 'EPS', 'DPS', 'ROE', '요구수익률', 'r', 'ROE/r', '시가수익률', '배당수익률', '적정주가', '패리티', '기대수익률', '컨센서스', '5년PER', '5년PBR', 'PERR', 'PBRR', 'PER적정주가', 'PBR적정주가'다. 복잡해 보이지만 어려울 것 없다.

동일비중 포트폴리오 전략으로 가치투자하라

적정주가 평가용 엑셀파일로
종목을 선별하자

각 필드명을 차례대로 살펴보자. BPS, EPS, DPS는 'Value: 가치 평가하기②'에서 이야기했듯이 에프앤가이드나 아이투자에서 가져온 수치를 넣으면 된다. BPS와 EPS를 기입하면 ROE는 자동적으로 계산된다.

'ROE/r'는 'ROE 승수ROE ratio'라고 부르는데, 이 값이 1이면 BPS 수치가 그대로 적정주가가 된다. '요구수익률'은 1~2년 전에는 보통 7.5로 사용했었는데, 최근에는 채권 수익률이 올라서 그런지 8로 맞춰주는 게 더 적절한 적정주가가 산출되는 것 같다. '시가수익률'은 현재 주가로 기업을 통째로 샀을 때 예상되는 올해 이익률이다. 인수이익률이라 부르기도 하는데, 공식은 아래와 같다.

시가수익률=당기순이익/시가총액=EPS/현재 주가=PER의 역수

시가수익률은 할인율 r보다 클수록 좋다. r보다 작으면 투자 가치가 없다고 볼 수 있다. '배당수익률'은 배당금을 현재 주가로 나눈 값의 백분율로, 분자인 배당금은 고정된 값이니 분모인 주가가 내려갈수록 높아진다. '패리티'는 선물옵션에 쓰이는 용어인데, 현재 주가가 적정주가에 비해 어느 정도의 위치에 있는지 한눈에 파악하기 위해 넣었다. 예를 들어 현재 주가가 적정주가에 도달할 경우 패리티는 100이 된다. 현재 주가가 적정주가의 절반 가격이라면 패리티는 50, 적정주가보다 위에 있으면 100을 넘게 된다.

적정주가 평가용 엑셀파일 화면. 누구나 쉽고 간편하게 적정주가를 산출할 수 있다.

기대수익률은 현재 주가로 주식을 사면 적정주가까지 어느 정도의 수익률을 낼 수 있을지 보여주는 수치다. 이 수치가 바로 밸류갭이다. 패리티의 역수값이기도 하다. 실제 주식 매도는 목표 주가를 별도로 정해서 실행하기 때문에 이 수치는 단순히 참고만 하면 된다. 당연한 이야기지만 기대수익률이 높은 종목이 실제 수익률도 높은 것은 아니다. 가장 좋은 매수 시점에 사들인 종목의 수익률이 더 높다. 매수 시점에 대한 부분은 'Part 4. 기업의 미래를 전망하고, 거래량으로 판단하라'에서 다루도록 하겠다.

'컨센서스'는 애널리스트들의 목표 주가 평균값이다. 에프앤가이드에서 종목을 검색하면 투자 의견과 함께 나온다. 대체로 주가 진행 방향으로 값이 제시되는 경향이 있으니 자신의 적정주가와 단순 비교용으로만 사용하자. 필수 입력사항은 아니므로 입력하기 귀찮으면 생략해도 된다. 자동 계산되어 나오는 시가수익률과 기대수익률을 안전마진 개념으로 보면 되는데, 적정주가 산정에 오차가 있더라도 이 수치가 크다면 일종의 쿠션 역할을 해줄 것이다.

동일비중 포트폴리오 전략으로 가치투자하라

'5년PER', '5년PBR'은 아이투자 홈페이지에서 가져오면 된다. 이 값으로 'PERR', 'PBRR'을 구할 것이며, 'PER적정주가', 'PBR적정주가'를 계산할 때도 사용된다.

PERR과 PBRR

주식투자를 해본 사람은 PER와 PBR이라는 용어를 자주 들어봤을 것이다. PER, PBR은 주가의 고평가, 저평가 여부를 판단하기 위한 가장 대중적인 지표다. PERR, PBRR을 설명하기 앞서 간단히 짚어보고 넘어가겠다.

PER는 '주가수익비율'이라 부르는데, 주가를 주당순이익으로 나눈 값이다. 현재 주가 1만 원짜리 주식을 1주 샀다고 가정해보자. 이 회사가 1년 뒤 1주당 1천 원의 당기순이익을 냈다면 PER는 10이 된다. PER가 10이면 투자금 1만 원을 회수하기까지 10년이 걸린다는 뜻이다. PER는 숫자가 크면 클수록 주가가 고평가되었다고 하고, 작을수록 저평가되었다고 한다. 하지만 주가의 고평가, 저평가 여부를 판단할 수 있는 획일적인 PER의 값이 존재하지 않기 때문에 실제 투자에서는 PER 수치만으로 판단하기 어렵다.

PBR는 '주가순자산비율'이라 부르는데, 주가를 주당순자산으로 나눈 값이다. 순자산은 부채를 제외한 주주자본을 말하며 이를 발행주식수로 나눈 것이 주당순자산이다. BPS가 2만 원이고 현재 주가가 1만 원이라면 PBR은 0.5가 된다. 이 회사가 지금 당장 청산하면서 주주들에게 순자산을 분배한다면 주식 1주당 2만 원씩 받게 된다는 뜻이다. 이런 경우에는 기업이 해산하더라도 주주 입장에서는 이익이 발생한다. 하지만 BPS가 5천 원밖에 안 된다면 주주는 투자금의 절반밖에 회수하지 못해 손해가 막대해진다. 장부 밖에 숨어 있는 부채까지 있다면 5천 원도 건지기 힘들다.

현재 주가와 BPS가 모두 1만 원일 경우 PBR은 1이 되며, 이는 본전 값이다. 따라서 PBR이 1보다 크면 고평가, 1보다 작으면 저평가로 볼 수 있다. PBR은 회사가 문을 닫아야만 의미 있는 숫자다. 어떤 기업들은 PBR이 항상 저평가 또는 고평가 구간에 있기도 하므로, 이 수치만으로 투자 여부를 판단하는 것은 적절하지 않다.

결국 PER, PBR 수치만 가지고는 현재 주가가 적정한지 정확히 파악하기 어렵기 때문에 PERR, PBRR이라는 필터링 지표를 만들었다. PERR, PBRR은 필자가 직접 만든 용어다. PERR은 PER를 ROE로 나눈 수치이고, PBRR은 PBR을 ROE의 1/10로 나눈 수치다. 현재 주가와 BPS, EPS만 있으면 PER, PBR, ROE를 쉽게 구할 수 있지만, 이렇게 나온 PER, PBR을 쓰면 자동차 배기가스를 다시 연료로 사용하는 것과 같은 모순에 빠지게 된다. 참고로 ROE 계산에서 쓰는 EPS는 가장 최신 예측치를 쓰기 때문에 아이투자의 '5년ROE'를 쓰지 않는다.

PERR, PBRR은 이익성장률PEGR ; Price to Earnings to Growth Ratio에서 모티브를 얻었다. PEGR은 연평균 EPS 증가율로, 이로 인해 기업의 성장률이 충분하다면 PER가 높더라도 투자하기 합당하다는 해석을 할 수 있다. PEGR을 대중에게 소개한 피터 린치는 PEGR 1배를 기준으로 PEGR이

동일비중 포트폴리오 전략으로 가치투자하라

0.5 이하인 주식은 저평가로 보고 매수하고, 1.5 이상인 주식은 고평가로 판단해 매도했다고 한다. 만약 PER가 20이고 연평균 EPS 증가율도 20%라면 'PEGR=20/20=1'이 된다.

필자는 매년의 EPS 증가율 수치를 계산해내는 대신 간편하게 ROE로 대신했다. 배당이 없다고 가정하면 올해 말 BPS는 '전년 말 BPS + 올해 말 EPS(추정)'가 된다. ROE는 '올해 말 EPS(추정)/전년 말 BPS'이므로, 당기순이익이 전년도 주주자본에 더해진다고 가정하면 이론적으로 EPS 증가율과 ROE는 결국 같은 것이다. 하지만 단순히 EPS 증가율만 보는 것보다는 BPS까지 고려한 EPS 증가율을 보는 것이 더 합당하다고 생각한다. 그리고 매년 들쭉날쭉한 EPS로 연 평균치를 구하는 것보다 당장 1년 후의 EPS만 예상하는 것이 더 쉽다. 최근 4분기 합산치를 사용하거나 애널리스트 컨센서스를 참고하면 되기 때문이다. 아이투자에서 바로 가져올 수 있는 '5년EPS성장률'이나 에프앤가이드의 재무비율에 나오는 '1년EPS증가율'을 굳이 사용하지 않는 이유이기도 하다.

PERR=5년PER/ROE

PBRR=5년PBR/(ROE×1/10)

PERR과 BPRR을 구하는 공식은 위와 같다. 예를 들어 어느 기업의 PER를 25라고 가정해보자. PER 숫자만 보면 투자금 회수에 25년이나 걸리는 셈이니 일단 고평가 상태로 인식된다. 그러나 ROE가 30이나 된다면 오히려 저평가 상태일 수도 있다. PERR을 구하는 공식에 대입하면 0.8이라는 결과가 나온다.

필자는 PERR이 1 미만이면 좋고, 1~2면 보통이며, 2를 초과하면 투자하지 않는다. 앞의 경우는 매년 주주자본으로 벌어들이는 수익률이 30%나 되는 것이니 고평가가 아니라 고성장주로 볼 수 있다. PERR을 이용하면 자산가치주뿐만 아니라 실적성장주까지 포착해낼 수 있는 이점이 있다. 따라서 PER가 다소 높더라도 ROE 또한 높다면 이익 성장성이 뛰어난 기업이므로 투자 가치가 있다고 판단할 수 있다.

PBRR을 구할 때 ROE에 1/10을 곱하는 이유는 PER의 자릿수가 대부분 십의 자리 숫자인 데 비해 PBR이 대부분 일의 자리 숫자이기 때문이다. 예를 들어 어느 기업의 PBR이 0.5라면 일단 저평가로 생각되는 경향이 있다. 그러나 ROE가 겨우 2~3%에 불과하다면 이 회사의 사업성에 문제가 있다고 판단해야 한다. PBR 0.5에 ROE가 2%라고 가정하면 다음과 같이 계산할 수 있다.

$$PBRR = 0.5/(2/10) = 0.5/0.2 = 2.5$$

PBRR도 PERR과 마찬가지로 1 미만이면 좋으며, 1~2면 보통, 2를 초과하면 투자하지 않는다. 주주자본을 몽땅 은행에 예금하거나 국채를 사도 그 정도 수익은 내는데, 큰 자본에 많은 인력까지 투입한 기업이 1년 동안 겨우 그 정도밖에 벌지 못한다면 긍정적으로 볼 수 없다. 따라서 PBRR은 이익을 내지 못해 하락한 주가로 PBR이 낮아 보이는 것인지, 아니면 정말 저평가된 기업인지 알아볼 수 있게 해준다.

PERR, PBRR을 사용하려는 목적은 PER와 PBR이 기업의 수익에 비해 합당한 수준인지를 대략적으로 알아보기 위해서다. 더 나아가

동일비중 포트폴리오 전략으로 가치투자하라

PERR, PBRR 두 숫자로 순위를 매기면 조엘 그린블라트의 마법공식처럼 우량한 기업을 한눈에 골라내기 편리하다. 2개의 숫자 모두 1 미만인 기업 중에서 추후에 배울 전망View과 거래량Volume까지 고려한다면 포트폴리오에 넣을 종목을 최종 선발할 수 있다. 퀀트라고 불리는 계량투자 방식이 이와 같은 랭킹 시스템으로 시작한다.

재무제표 분석과
피해야 할 기업

재무제표는 기업 현황을 보여주는 한 가지 표를 말하는 게 아니다. 과거에 대차대조표라 불린 재무상태표, 그리고 손익계산서, 현금흐름표 등을 통칭해서 재무제표라 한다. 재무상태표는 연간 또는 분기나 반기별로 스냅사진처럼 그 시점에서의 자산, 부채, 자본 현황을 기재한 것이다. 손익계산서는 매출액을 시작으로 영업이익을 거쳐 당기순이익이 나오기까지의 수치 흐름을 보여준다. 현금흐름표는 영업 활동, 투자 활동, 재무 활동에 유입되고 유출된 실제 현금의 흐름을 나타낸 것이다.

에프앤가이드나 각종 포털사이트의 금융 섹션에서 관련 재무보고서를 쉽게 찾아볼 수 있다. 금융감독원의 전자공시시스템에서도 해당 기업의 사업보고서를 열어보면 '재무에 관한 사항'에 상세히 실려 있다. 같은 내용이지만 에프앤가이드에서 제공하는 자료가 좀 더 직관적으로 알아보기 쉽게 정리되어 있다. 그럼 이제부터 재무제표에서 BPS, EPS, DPS 외에 우리가 눈여겨봐야 할 숫자들이 무엇인지 알아보자.

재무제표
분석 노하우

가장 먼저 연간 매출액 추이부터 확인한다. 매출액이 해마다 조금씩이라도 늘어나고 있다면 일단 양호한 회사다. 어쩌다 한 해 정도 매출액이 감소했다 하더라도 이듬해 회복했다면 감안하고 투자할 수 있다. 여러 변수로 인해 매출이 일시적으로 감소할 수도 있기 때문이다. 하지만 연속으로 두 해 이상 매출액이 줄어든다면 경계해야 한다. 그런 경우는 일시적인 부진이 아닐 수 있다. 그다음 중요한 것은 영업이익이다. 영업이익은 한마디로 '본업으로 얼마나 잘 버는지 알 수 있는 수치'다. 매출액에서 판매원가 등을 빼면 영업이익이 나온다. 정상적으로 사업을 했다면 영업이익이 플러스가 나오는 게 당연한데, 마이너스가 나왔다면 문제가 있는 회사다. 이런 경우에는 영업외수익이 별다른 게 없다면 당연히 당기순이익도 마이너스일 가능성이 높다. 그리고 매출액 중 영업이익이 차지하는 비율이 바로 영업이익률이다.

우리가 주식투자를 하는 목적은 부동산, 채권, 예금 등의 다른 투자수단보다 더 높은 수익률을 거둘 수 있다는 기대감 때문이다. 따라서 주식투자자의 요구수익률은 최소한 부동산투자 수익률보다는 높아야 더 큰 위험을 안고 투자하는 의미가 있다. 많은 기업들이 본업 외에 수

재 무 상 태 표
제 2 기 2018년 12월 31일 현재
제 1 기 2017년 12월 31일 현재

서울교통공사 (단위 : 원)

과 목	제 2 기		제 1 기	
자 산				
Ⅰ. 유 동 자 산		284,647,550,472		245,982,299,252
(1) 당 좌 자 산		223,283,156,931		174,550,116,778
1. 현금및현금성자산	273,060,463,855		221,694,268,068	
(정 부 보 조 금)	(142,997,365,290)		(116,966,545,971)	
(수탁자산취득보조금)	(2,492,242,124)		(2,665,451,251)	
2. 단 기 대 여 금	2,570,654,530		826,777,434	
3. 매 출 채 권	81,309,546,847		62,505,118,914	
(대 손 충 당 금)	(8,542,621,888)		(1,788,121,488)	
4. 미 수 금	23,954,003,991		9,609,845,127	
(대 손 충 당 금)	(14,750,678,043)		(4,383,704,582)	
5. 미 수 수 익	-		91,357,169	

서울교통공사의 재무제표. 재무제표를 통해 다양한 정보를 확인할 수 있다.

익인 영업외수익도 있는 경우가 많다. 예를 들면 빌딩 임대 수익이나 주식 배당금 수익, 채권투자 수익 등이 있다. 보유 자산 중 일부를 처분해서 얻는 일시적인 수익도 있을 수 있다. 이러한 영업외수익을 영업이익에 합한 것이 당기순이익이다. 물론 주식투자로 손실을 보거나 빌려준 돈을 떼이는 경우도 있는데, 이런 경우에는 영업이익에서 영업외손실을 뺀 값이 당기순이익이 된다. 이처럼 본업 외의 수익까지 감안해준다면 영업이익률이 아무리 적게 잡아도 1년 만기 은행 예금 이자율 이상은 나와야 한다.

현금흐름표 역시 반드시 확인해야 한다. 특히 영업 활동 현금흐름이 확실한 플러스여야 본업을 통해 실제로 현금이 들어오고 있다는 뜻이다. 영업 활동 현금흐름은 영업이익보다 커야 정상이다. 영업이익에 감가상각비, 대손상각비, 퇴직급여 등을 더해서 산출하기 때문이다. 기계 설비는 시간이 지날수록 낡으며 언젠가는 교체 시기가 도래한다. 그래서 일정 비율이나 일정 금액을 정해 미래의 교체 비용을 적립하는데,

동일비중 포트폴리오 전략으로 가치투자하라

이 금액이 바로 감가상각비다.

대손상각비는 회수가 불가능해 보이는 외상 매출에 대해 해당 액수의 돈을 없다고 간주하는 비용이다. 퇴직급여는 종업원들의 퇴직이 언제 발생할지 알 수 없으므로 미리 조금씩 쌓아두며 대비하는 금액이다. 이런 비용들은 현금 유출이 실제로는 이뤄지지 않은 금액이므로, 영업이익에 더해지면 영업 활동 현금흐름의 금액이 영업이익보다 더 커지는 게 정상이다. 그럼에도 불구하고 영업이익보다 영업 활동 현금흐름이 작다면 외상으로 물건을 팔았을 때처럼 돈이 들어오지 않아 기업이 유동성 위험에 빠질 수 있다. 영업 활동 현금흐름이 매년 증감할 수는 있지만 적어도 적자는 없어야 하겠다. 적자와 흑자를 오락가락한다면 영업 안정성이 떨어지는 것이다.

영업이익과 관련된 이자보상배율도 중요한 숫자다. 이자보상배율 또는 이자보상비율은 기업이 영업을 통해 번 돈으로 빌린 돈에 대한 이자를 치를 수 있는 능력치를 말한다. 이자보상배율이 1이면 영업이익으로 100을 벌어서 이자비용으로 100을 다 썼다는 뜻이다. 1보다 작으면 한 해 동안 영업으로 벌어서 부채에 대한 이자도 충당하지 못하는 것이니 좋지 않은 징조다. 이자보상배율이 크면 클수록 이자 비용을 치르고도 영업이익이 넉넉히 남는다는 뜻이다.

이제 유보율과 부채비율을 확인하자. 유보율은 '[(이익잉여금+자본잉여금)/납입자본금]×100'으로 구할 수 있다. 여기서 이익잉여금은 창업 이후 지금까지 매년 영업 활동으로 벌어들인 이익금 중 주주에게 배당을 주고 남은 금액의 누적치로 보면 된다. 유상증자 등으로 신주발행(주식회사 성립 후 발행할 주식의 총수 중 미발행 부분에 관해 새로 주식을 발행하는 일)을 할 때 액면금액보다 높게 발행하면 그 차액이 자본잉여금이 된다. 유보율은 이익잉여금과 자본잉여금을 합한 금액이 기업 설립 당시 자본금의 몇 배인가를 의미한다. 유보율이 1,000%라면 창업 당시 자본금의 10배가 쌓여 있다는 뜻이다. 유보율이 클수록 신규 투자 여력이 높아지고, 무상증자 형태로 주주에게 나눠줄 가능성도 있다.

부채비율은 자본 대비 부채의 비율이다. 예를 들어 기업의 자본총계가 500억 원이고 부채총계가 400억 원이라면 부채비율은 80%가 된다. 부채비율은 물론 낮을수록 좋지만 잘되는 사업이라면 부채를 활용해 수익성을 끌어올리는 것도 좋다. 하지만 이자 비용을 충분히 감당할수 있는 한도 안에서 레버리지 효과를 발휘할 수 있으므로 이자보상배율과 함께 살펴볼 필요가 있다. 매년 주주자본이 증가해 간다면 BPS와 유보율은 계속해서 커지고 부채비율은 점차 줄어들게 된다.

지금까지 언급한 수치들만 챙겨본다고 충분한 건 아니지만 전업으로 투자를 하지 않는 이상 재무제표에 많은 시간을 할애할 수는 없다. 그래서 재무제표에서 반드시 확인해야 할 최소한의 항목들만 정리해본 것이다. 분식회계로 물의를 일으킨 기업들의 재무제표를 보면 어느 날 갑자기 주주의 재산이 사라진 게 아니고, 몇 년 전부터 재무제표의 이곳저곳에서 부실의 조짐을 보이는 경우가 많다. 매출액이 오락가락하거나, 어느 해에 영업이익과 당기순이익이 적자를 내거나, 부채가 급증하거나, 배당이 사라지거나 하는 등 안정적이지 못한 모습을 보여준다. 사경인 저자는 『재무제표 모르면 주식투자 절대로 하지마라』에서 재무제표가 좋은 기업을 찾는 것보다는 나쁜 기업을 걸러내는 용도로 더 유용하다고 말한다.

동일비중 포트폴리오 전략으로 가치투자하라

재무제표에서 세세한 숫자들의 크기를 따져 얼마나 우량한지 알아내는 것보다 부실한 기업인지 아닌지를 파악하는 게 훨씬 쉽다. 문제 있는 기업의 재무제표에는 빨간 숫자들이 난무하거나, 해가 갈수록 매출액이나 영업이익이 줄어드는 등의 현상이 공통적으로 나타난다. 이것만 살펴봐도 미리 폭탄을 피해갈 수 있으니 재무제표를 반드시 살펴보기 바란다. 재무제표에 적힌 숫자를 단편적으로만 보지 말고 여러 숫자들의 상관관계를 눈여겨본다면 굳이 회계 전문가가 아니더라도 부실 징후를 찾아낼 수 있다.

끝으로 '가치함정valuation trap'이란 것에 대해서도 알고 가자. PBR이 0.5도 되지 않아 저평가 상태라 판단하고 몇 년을 들고 있었지만 주가가 꿈쩍도 안 하거나 오히려 하락하는 종목이 있다. 이런 경우 가치함정에 빠졌다고 볼 수 있는데, PBR이 만년 0.5 이내에 머물러 있는 기업들은 성장이 장기간 정체에 빠져 있을 가능성이 높아 조심해야 한다. 이런 기업의 ROE는 아마도 2~3 수준에 불과할 것이다. 이 정도면 사업자금을 은행에 예치해두는 게 차라리 나을 정도다. 한마디로 청산가치만 있고 성장은 거의 하지 못하는 기업이라고 볼 수 있다.

가치함정의 교훈을 통해 우리가 종목을 고를 때 무엇을 살펴봐야 하는지 알 수 있다. 결국 가장 중요한 것은 기업의 성장성이다. 물론 우리는 청산가치인 PBR이나 BPS만 보고 덥석 주식을 사지는 않지만, 그래도 가치함정에 빠지기 않기 위해 다음과 같은 사항을 꼭 확인하자. 앞에서 언급한 이야기지만 매출액과 영업이익이 매년 조금씩이라도 늘어나는지, 영업 활동 현금흐름이 플러스인지, 영업이익률이 은행 예금 이자율보다 높은지, ROE가 적어도 부동산투자 수익률보다 높은지 정도만 살펴봐도 가치함정에서 벗어날 수 있다. 거듭 말하지만 언급한 일련의 중요 수치들은 최근 것만 살펴볼 게 아니라 최소 5년간의 추세를 반드시 확인해야 한다.

이런 기업은 피해야 한다

장기 주식투자에서 배제해야 할 기업 유형을 나누면 크게 2가지다. 첫째는 '사람'에 문제가 있는 기업이다. 기업 운영은 결국 사람이 하는 것이다. "사람이 기업이다."라는 캐치프레이즈가 자주 쓰이는 이유다. 따라서 그 기업 속의 사람을 살펴보는 건 당연한 일이다. 갑질을 일삼는 오너 또는 그 가족이 운영하는 회사라면 투자 대상에서 배제해야 한다. 임원의 횡령이나 배임 사건이 잦은 기업, 강성노조가 배를 산으로 몰고 가려는 기업 등도 회피 대상이다.

요즘 뉴스를 보면 '오너리스크'라는 말이 자주 눈에 띈다. 그룹 회장이나 창업주가 부적절한 행동으로 구설수에 오르면서 해당 회사 제품 불매 운동을 유발하거나, 기업 이미지에 먹칠을 해 기업을 위태롭게 한다는 뜻이다. 실제로 오너나 그 자제들의 폭언과 폭행이 심심치 않게 보도되고는 한다. 이런 일이 생길 때마다 소비자의 뇌리에 부정적인 기업 이미지가 반복적으로 새겨지게 되고, 장기적으로 매출 하락은 불가피하다. 동일한 기능을 하는 상품이 둘 이상 있다면 소비자는 기업 이미지가 좋은 쪽의 제품을 사게 마련이기 때문이다. 심지어 회장의 다양

동일비중 포트폴리오 전략으로 가치투자하라

한 갑질로 언론에 오르내린 한 기업의 상장폐지 심의를 한국거래소에서 진행하기도 했다. 반대의 경우도 있다. 신god이라는 말과 회사명을 합쳐 '갓뚜기'라는 칭호를 듣는 오뚜기는 소비자들에게 칭송이 자자하다. "소비자가 곧 투자자이기도 하다."라는 말이 와 닿는다. 소비자가 좋은 기업 제품을 많이 사주면 그만큼 매출이 오르게 되고, 기업의 가치가 상승해 투자자들이 주식까지 사는 선순환이 생긴다.

흔히 갑질이라 하면 오너의 갑질만 생각하지만 귀족노조, 강성노조라 불리는 근로자들의 갑질도 리스크로 꼽힌다. 제 발등 찍는 줄도 모르고 해마다 한없이 임금 상승만을 요구하는 노조가 있는 기업은 인건비를 감당 못하는 시점에 결국 공장을 해외로 이전하거나 심하면 폐업할 수밖에 없다. 공장 이전이나 생산라인 변경 등에 앞서 노조의 허락을 얻으라든지, 순이익의 1/3을 달라고 하는 등 회사 경영에 지나치게 간섭하는 근로자의 갑질도 문제가 된다. 주식투자자인 우리는 노사관계를 근로자 입장이 아니라 주주의 관점에서 볼 수밖에 없다. 노조의 힘이 너무 센 기업은 효율적인 경영을 해나가기 어렵다. '말뫼의 눈물'로 불리는 스웨덴 조선업의 몰락, 호주 자동차 공장들의 폐쇄와 해외 이전이 대표적인 사례들이다. 경기 불황과 내수 시장이 작았던 이유도 있었겠지만 그들 기업은 공통적으로 강성노조가 있었다. 따라서 이런 기업은 언제 돌발변수가 튀어나와 주식의 내재가치를 훼손할지 모르기 때문에 장기투자 대상으로는 적당하지 않다.

장기 주식투자 대상으로 고려하지 말아야 할 또 다른 기업 유형은 '회사' 자체에 문제가 있는 경우다. 우선 최대주주의 지분율이 10% 미만이거나 대표이사나 최대주주 변경이 잦은 회사는 피하자. 대표이사나 최대주주가 자주 바뀐다면 회사가 큰 그림을 그리고 전략적으로 사업을 전개해나가기 어렵다. 사회적 물의를 일으켜 현재의 상호로 계속 영업하기 곤란할 경우 상호 변경을 통해 이전의 부정적 이미지를 세탁할 수도 있으니 주의해야 한다. 기존 주주가 아닌 제3자를 대상으로 신주를 발행해 주주 가치를 흐리는 기업도 좋지 않다. 전환사채(CB)나 신주인수권부사채(BW) 등의 발행사항은 사업보고서에 나와 있다.

배당이 전혀 없거나 극히 미약한 기업도 빼는 게 좋다. 주식회사가 자본주의의 꽃이라면, 배당은 주식투자의 꽃이다. 주식회사는 설립 목적상 매년 꾸준히 주주에게 배당을 하는 게 원칙이다. 주주들에게 해마다 배당금을 주고 주주자본 또한 지속적으로 증가해가는 기업은 일단 믿고 투자할 만하다. 꾸준한 배당은 장부상의 숫자가 아닌 신뢰할 수 있는 이익이란 뜻이기 때문이다. 이런 기업의 주식은 외국인 투자자나 기관 투자가들이 앞서서 지속적으로 매입한다. 배당금이 많고 적음은 둘째 문제다. 배당 자체가 아예 없는 회사는 본업으로 돈을 벌지 못하거나 주주에 대한 환원 의지가 없다는 뜻이니 투자 대상으로는 실격이다. 그러니 배당도 주지 못할 정도이거나 수익을 벌어도 배당하지 않는 회사는 아예 투자 종목에서 배제하자.

적자에서 흑자로 돌아서는 걸 '턴어라운드'라고 부르며, 그런 종목을 발굴하면 높은 수익을 올릴 수 있다. 하지만 정말 흑자를 낸 건지 연속 적자를 모면하기 위해 장부를 조작한 것인지 파헤치는 일은 난이도가 높다. 굳이 위험을 무릅쓰고 싶지 않다면 재무제표에 빨간 숫자가 즐비한 종목, 즉 적자가 많은 회사는 무조건 피하도록 하자. 그렇게만 해도 상장폐지나 자본잠식 등으로 인한 날벼락을 맞는 일은 없을 것이다.

동일비중 포트폴리오 전략으로 가치투자하라

신규 상장 기업도 거들떠보지 않는 게 좋다. 신규 상장 기업은 열람할 수 있는 재무 정보도 거의 없기 때문에 가치투자로 접근하기 어렵다. 특히 코스닥 상장주는 해당 기업이 최고로 잘 나갈 때 상장하는 경우가 많기 때문에 상장 이후에는 대부분 주가 하락의 길을 걷는다. 그래도 좋은 회사라면 언젠간 상장가로 돌아오겠지만 단타 매매를 할 만큼 짧은 기간에 주가가 회복되는 일은 드물다. 상장 직후 돈 버는 사람은 오너의 지인들이나 공모주 청약 등으로 장외에서 미리 지분을 확보한 사람들뿐이다. 대부분 실적에 비해 고평가된 가격임을 알기 때문에 이 사람들이 공모 첫날부터 비싼 값에 파는 것이다. 첫날의 엄청난 대량 거래에는 이런 뜻이 담겨 있다.

물론 '의무보호예수제도'라는 것이 있긴 하다. 신규 상장 기업의 최대주주는 한국예탁결제원에 그들의 보유 주식을 상장 후 6개월간 의무적으로 맡겨야 한다. 상장 직후 최대주주의 보유 물량이 일시에 풀리며 주가가 하락하면 소액투자자들이 피해를 입을 수 있기 때문이다. 여기서 최대주주란 본인은 물론 배우자와 자녀, 일정 범위 내의 친인척까지 포함한다. 그래도 법망을 피해가는 틈은 있기 마련이다. 아무런 관계없는 제3자의 명의라면 최대주주 범위 밖에 있으므로 법으로도 어쩔 수 없다. 그렇지 않고서야 그 많은 물량이 상장 첫날부터 쏟아질 수는 없지 않겠는가. 부채비율이 200% 이상이거나 유보율이 100% 미만으로 자본잠식이 우려되는 기업, 영업이익률이 은행 이자율보다도 낮은 기업, 주가가 액면가보다 낮은 기업, 사업해서 이자도 못 내는 기업(이자보상배율이 1 미만인 기업), 영업현금흐름이 적자인 기업 등도 당연히 장기투자 대상에서 배제해야 한다.

종목에 대해 연구하지 않고
주식투자를 하는 것은
패를 보지 않고
포커를 치는 것과 같다.
—피터 린치|Peter Lynch

PART 4

기업의 미래를 전망하고,
거래량으로 판단하라

View: 기업 미래 전망하기

'View'의 핵심은 단기적인 영업이익 예측이 아니라 해당 회사의 사업이 장기적인 트렌드에 부합하는지 여부를 판단하는 것이다. 모든 상장사는 크고 작은 트렌드에 편승할 수밖에 없다. 아무리 밸류갭이 뛰어난 기업이라도 시대의 흐름에 동떨어진 사업을 하고 있다면 주가가 상승할 때까지 오랜 인내의 시간이 필요할 것이다.

주의할 점은 일시적인 유행을 트렌드와 혼동하면 안 된다는 것이다. 흔히 테마주라 불리는 것들이 있다. 선거철마다 들썩이는 정치테마주, 북한이 도발할 때마다 언급되는 안보테마주, 랜섬웨어 사태로 떠오른 보안테마주처럼 테마주는 그때그때 사회적 이슈에 따라 떠오르는 속성을 가지고 있다. 문제는 해당 업계의 기업이 지속 가능한 성장성이 있는지 간과한 채 개미 투자자들이 불나방처럼 달려든다는 것이다.

반면 트렌드는 인류의 생활양식이 서서히 변해가는 것과 궤를 같이한다. 딥러닝과 머신러닝으로 무장한 인공지능과 로봇 기술이 발전하면서 전기자동차와 자율주행차가 전통적인 내연기관 차량을 밀어내고 있다. 전기자동차, 자율주행차와 같이 우리의 생활양식의 변화를 반영하는 산업이 바로 트렌드에 부합하는 사업이라 할 수 있다.

안목이 필요한
기업 전망

지금 우리나라는 저출산 현상이 급격히 심화되어 합계출산율이 1.0 아래로 떨어진 상태다. 전쟁이나 기근을 제외하고는 자연적으로 합계출산율이 1.0 이하로 내려간 국가는 없다고 한다. 청년 실업과 결혼 기피 풍조로 인해 1인 가구가 급증하면서 반려동물 산업 등 관련 업계가 번창해가고 있다. 이처럼 국내외 커다란 인류사회적 변화의 흐름이 바로 트렌드다. 이런 거대한 흐름을 포착하고 여기에 부합하는 종목을 고르는 작업이 'View'의 핵심인 것이다. 조금만 안테나를 세우고 주변을 돌아보면 트렌드의 흐름을 읽는 것은 그리 어려운 일이 아니다. 앞으로 주가가 크게 오를 성장주를 발굴해내기 위해서는 국내에만 국한된 트렌드보다는 '글로벌 메가트렌드'를 잘 읽어낼 필요가 있다.

얼핏 보면 트렌드와 무관해 보이는 기업도 있기는 하다. 예를 들어 전력, 가스와 같은 인프라 산업이나 음식료, 생필품 같은 필수 소비재 산업의 기업들이 그러하다. 하지만 자세히 들여다보면 그러한 기업들도

동일비중 포트폴리오 전략으로 가치투자하라

정치·사회적 변화, 생활양식 변화 등으로 인해 생기는 트렌드의 영향과 연관이 있다는 것을 알 수 있다. 음식료와 생필품 기업들도 비혼 문화, 저출산 심화, 1인 가구 증가 등으로 인해 '혼밥족(혼자 밥을 먹는 사람)'을 겨냥한 소포장 음식이나 '1코노미(혼자만의 소비 생활을 즐기는 사람)'를 위한 생필품을 쏟아내고 있다. 펫코노미(반려동물과 관련한 산업) 시장도 빠른 속도로 성장하고 있다. 반면 새로운 정부가 원자력발전과 석탄 화력발전 축소를 모색하면서 주가가 갈팡질팡하는 기업도 있다.

트렌드를 살펴볼 때는 반드시 '실현 속도tempo'를 함께 염두에 두어야 한다. 빠르게 현실화되고 있는 트렌드가 있고, 이제 막 실체를 갖추고 있는 트렌드가 있기 때문이다. 양자컴퓨터, 양자통신, 스마트시티 등 상대적으로 느리게 진행되는 트렌드는 관련 기업의 주가 또한 더디게 상승할 것이고, 로봇과 인공지능, 사물인터넷 등 좀 더 빠르게 현실화되고 있는 트렌드 관련 기업의 주가는 보다 빠르게 상승할 것이다.

한 예로 자동차 분야의 트렌드를 좀 더 세분화해서 보면 전기차, 수소차, 자율주행차 등의 분야가 있다. 이 트렌드를 현재 진행 중인 속도를 중심으로 짚어보자. 전기차가 가장 빨리 실현되고 있고, 수소차가 바로 뒤를 따라오고 있다. 특히 전기차의 경우에는 매년 100%가 훌쩍 넘는 성장세를 이어가며 반도체의 바통을 이어받을 주자로 떠오르고 있다. 전기차와 수소차에 공통적으로 필요한 것이 배터리다. 정확히는 휴대폰 배터리처럼 충전해서 다시 사용 가능한 2차전지를 말한다. 그래서 삼성SDI, 일진머티리얼즈, 포스코켐텍, 에코프로, 엘앤에프 등 2차전지 관련 기업들의 주가가 꾸준히 상승하고 있다. 전 세계적으로 전기와 수소 충전 인프라가 확충될수록 이들 산업의 실용화는 더욱 가속화될

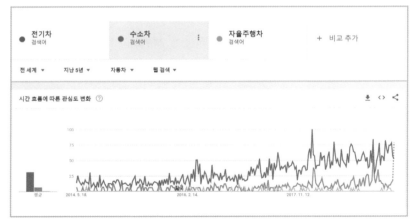

구글 트렌드 홈페이지 화면. 전기차(파랑색 선)에 대한 관심이 월등히 높은 것을 알 수 있다.

것이다. 반면 자율주행차는 5G 통신, 인공지능 등과 연계되어 운전자 제어가 불필요한 단계까지 도달하려면 아직은 갈 길이 먼 트렌드다.

구글 트렌드 홈페이지trends.google.com에서 전기차, 수소차, 자율주행차의 키워드를 분석한 화면을 살펴보자. 전 세계 웹 검색을 기준으로 최근 5년간의 검색어 추세를 분석해본 것이다. 예상대로 지금 시점에서는 전기차에 대한 검색 수요가 가장 많았고, 자율주행차는 아직까지 사람들의 관심이 적었다. 양자컴퓨터 역시 실현 속도를 장담할 수 없다. 작동 환경을 조성하는 게 어려워 아직은 오류가 잦은 상태라고 한다. 우주 공간에 가까운 극저온과 무진동 환경이 요구되므로 시스템 관리도 쉽지 않다. 상용화되기까지 최소한 10년 정도를 내다보는 느린 트렌드에 해당한다.

그럼 'View'를 잘하려면 어떻게 해야 할까? 다음의 2가지 안을 제시한다.

동일비중 포트폴리오 전략으로 가치투자하라

1. 거인의 어깨 위로 올라가서 보기

2. 높은 곳으로 올라가서 보기

1번은 세계의 통찰력 있는 석학들이 예측한 미래 트렌드에 관한 책, 자료를 읽어보거나, 애널리스트 리포트와 기업이 정기적으로 공시하는 사업보고서 등을 참고하라는 뜻이다. 가끔은 필자처럼 구글 트렌드를 이용해보는 것도 좋다. 2번은 평상시 꾸준한 노력으로 스스로의 안목을 높이는 것이다. 즉 관심을 가진 기업의 가치가 지금보다 올라갈지 내려갈지를 트렌드에 기반해 예측하는 힘을 키우는 것이다. 그러려면 제4차 산업혁명, 저출산과 고령화 현상, 가정간편식(HMR)과 간편대용식(CMR), 미세먼지와 이상기후 등 우리 주변을 둘러싼 변화의 큰 흐름을 관심을 갖고 살펴볼 필요가 있다. 관련 기업의 대응에 대해서도 꾸준히 관심을 두고 관찰해야 한다.

가정간편식의 등장으로 라면 시장이 적지 않은 타격을 받았고, 전기밥솥의 대명사 쿠쿠의 경쟁자가 즉석밥이 되어가고 있는 상황이다. 한때 전 세계 필름 시장을 주름잡았던 코닥과 휴대폰 시장의 글로벌 강자였던 노키아도 트렌드 변화에 뒤처져 몰락했다. 이처럼 시장은 변화무쌍하기 때문에 앞으로의 주가가 얼마나 상승할지는 재무제표 분석만으로는 알 수 없다. 주가의 상승은 그 기업이 시대의 흐름을 얼마나 잘 타고 있는지에 달려 있다.

주가는 재무제표상으로 현재 저평가 구간에 있다고 곧바로 상승하는 게 아니라 기관 투자가나 외국인 투자자들이 대규모 매수를 해야 오른다. 기관 투자가와 외국인 투자자 역시 주가의 숫자상 저평가 여부보다는 이러한 트렌드를 기반으로 미래를 가늠한다. 기업의 사업 방향이 시대적 변화 흐름에 맞춰져 있거나 트렌드를 주도한다면 그들이 개인 투자자보다 먼저 매수를 시작할 것이다.

CPR자산운용이라는 유럽계 자산운용사는 다수의 특정 테마에 초점을 맞춰 투자를 감행한다고 한다. 이때 테마란 단기 테마주와 같은 성격이 아니라 고령화 문제처럼 큰 틀에서 보는 트렌드를 뜻하는데, 고령층이 주로 이용하는 건강과 제약 관련 기업 등을 찾아 선제적으로 투자하는 식이다. 이 자산운용사는 기업의 전망, 즉 'View'를 투자 가치를 판단할 때 가장 중시하고 있는 것이다. 결국 투자는 안목이 가장 중요하다. 주식의 가치, 즉 'Value'는 숫자를 투입해서 정량적으로 계산해낼 수 있지만, 기업의 미래를 분석하는 'View'는 안목과 주관이 가미되어 정성적으로 분석할 수밖에 없다. 여기에 트렌드 분석과 실현 속도까지 감안해 판단한다면 좀 더 수월하게 좋은 기업을 분별해낼 수 있게 될 것이다.

View를 위한 3가지 프레임

장기투자 대상을 선별할 때 중요한 판단 근거가 되는 3가지 프레임이 있다. 바로 사업구조, 지배구조, 재무구조다. 이 3가지 프레임을 통해 기업을 좀 더 명료하게 들여다볼 수 있는데, 셋 중 어느 하나라도 문제가 있는 기업에는 투자하지 않는 것이 좋다.

동일비중 포트폴리오 전략으로 가치투자하라

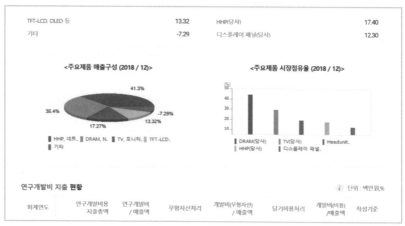

| TFT-LCD, OLED 등 | 13.32 | HHP(당사) | 17.40 |
| 기타 | -7.29 | 디스플레이 패널(당사) | 12.30 |

<주요제품 매출구성 (2018 / 12)>

41.3%

35.4%

-7.29%

17.27%

13.32%

■ HHP, 네트... ■ DRAM, N... ■ TV, 모니터... ■ TFT-LCD...
■ 기타

<주요제품 시장점유율 (2018 / 12)>

■ DRAM(당사)   ■ TV(당사)   ■ Headunit...
■ HHP(당사)   ■ 디스플레이 패널...

연구개발비 지출 현황

ⓘ 단위 : 백만원,%

회계연도	연구개발비용 지출총액	연구개발비 /매출액	무형자산처리	개발비(무형자산) /매출액	당기비용처리	개발비(비용) /매출액	작성기준

에프앤가이드가 다음 금융을 통해 제공하고 있는 삼성전자의 기업 개요 화면

먼저 사업구조는 회사가 어떻게 돈을 벌고 있는지 알아보기 위해 살펴봐야 한다. 사업구조를 가장 쉽게 파악할 수 있는 방법은 주요 제품의 매출 구성을 살펴보는 것이다. 에프앤가이드 홈페이지 또는 애프앤가이드가 다음 금융finance.daum.net을 통해 제공하는 '기업 개요'를 보면 주요 제품의 매출 구성과 시장 점유율을 확인할 수 있다. 매출 구성과 시장 점유율은 매월 크게 변하지 않으므로 1~2년 전의 데이터가 실려 있더라도 사업구조 파악에 큰 문제는 없다.

삼성전자의 주요 제품 매출 구성과 시장 점유율을 보면, DRAM 등을 생산하는 반도체 사업부가 회사의 주요 수익을 만들어내고 있음을 알 수 있다. 특히 PC와 서버용 컴퓨터에 주로 사용되는 DRAM은 세계 시장 점유율이 50%를 육박하며 세계 1위를 달리고 있다. 경쟁사인 LG전자의 매출 구성과 시장 점유율은 상반된 모습을 보인다. 삼성전자가

휴대폰과 반도체를 주력 사업으로 삼고 있다면 LG전자는 TV, 모니터, 냉장고, 세탁기, 청소기 등 생활가전 쪽에 집중하고 있다.

이처럼 주력 사업과 주요 제품만 잘 파악해도 해당 기업의 미래 전망을 내다보기 용이하다. 기업이 생산하는 주요 제품이나 서비스를 한눈에 파악하는 가장 좋은 방법은 해당 회사의 공식 홈페이지를 살펴보는 것이다. 홈페이지는 그 회사의 얼굴이나 마찬가지다. 소비자와 투자자가 가장 먼저 들여다보는 곳인데 홈페이지가 부실하거나 관리가 제대로 안 된다는 느낌이 든다면 투자를 피하는 게 좋다.

사업구조 다음은 지배구조다. 회사를 실질적으로 지배하는 이가 누구인지 알아보는 것이다. 지배구조라는 말이 나오면 반드시 따라오는 용어가 순환출자와 지주회사다. 순환출자는 재벌 회장이 얼마 되지 않는 1개 회사의 지분으로 그룹사의 전체 경영권을 장악할 수 있는 방법이다. 자본금 100억 원인 A사가 B사에 50억 원을 출자하고, B사가 다시 C사에 30억 원을 출자하고, C사가 다시 A사에 10억 원을 출자하는 식으로 그룹 계열사끼리 자본을 엮는 것이 순환출자다. A사에는 C사에서 출자한 10억 원이 들어왔으므로 자본금이 110억 원으로 늘어난다. 없던 현금이 돌고 도는 과정에서 생긴 것이므로 장부상의 수치라는 뜻에서 '가공자본'이라 부른다. A사와 B사가 서로 간에 자본을 대는 상호출자는 현행법으로 금지되어 있지만 이러한 순환출자는 그동안 법에 위반되지 않고 편법으로 쓰였다.

연결고리에 있는 어느 한 회사에 문제가 생기면 연쇄적으로 연관된 회사들이 타격을 받을 위험이 있고, 시장경제 원칙에도 어긋난다는 점을 들어 정부에서는 순환출자 고리를 끊으라고 재벌 기업들을 압박한

동일비중 포트폴리오 전략으로 가치투자하라

다. 2003년도에는 외국계 자산운용사가 이런 순환출자 고리의 허점을 파고든 사례가 있었다. 기업 사냥꾼이라 불린 외국계 헤지펀드 소버린 이 단기간에 SK그룹의 2대 주주로 등극한 것이다. 소버린은 최태원 회장을 비롯한 경영진의 퇴진, SK텔레콤 매각 등을 외치며 경영진을 압박했다. 이로 인해 최태원 회장이 경영권 방어를 위해 주식을 대량으로 매수하게 유도했고, 당연히 주가는 훌쩍 뛰어올랐다. 소버린은 2년 만에 보유 주식을 전량 매도해 1조 원에 가까운 수익을 챙겼다.

소버린 사태 이후 요즘 재벌 그룹들은 경영권 유지에 취약한 순환출자를 해소하고 대신 지주회사를 세워 계열사를 지배하는 식으로 방향을 선회했다. 지주회사는 대체로 '○○홀딩스'라는 이름이 붙어 있다. 여러 개의 자회사(종속회사)의 주식을 지배가 가능한 한도까지 보유하고 있는 모회사(지배회사)를 지주회사라고 하는데, 지주회사는 자기 사업 없이 자회사 지분만 보유하고 관리하는 '순수지주회사'와 자기사업을 하면서 자회사 지분을 보유한 '사업지주회사'로 나뉜다. 어찌 보면 주식에 투자하고 있는 투자자들도 초소형 지주회사인 셈이다. 비록 그 회사들을 지배하지는 못하지만 여러 회사의 지분을 소유하고 실적 배당을 받으니 말이다.

결국 투자자는 회사의 경영을 지배하고 있는 최대주주가 누구인가를 알아보면 된다. 업력이 오래된 기업일수록 창업주나 2세가 경영권 유지에 충분한 지분을 가진 최대주주인 경우가 많다. 그만큼 회사 운영에 애착을 갖고 있어 사업이 안정되어 있을 가능성이 높다. 반면 일부 코스닥 기업들처럼 최대주주가 자주 변경되는 곳은 투자 위험성이 높다. 간혹 적대적 M&A로 기업을 인수한 후 사내 유보금만 빼먹고 껍데

기만 남긴 채 내빼는 사례도 있기 때문이다. 따라서 지배구조가 안정된 기업은 안심하고 장기투자에 나설 수 있는 중요한 조건 한 가지를 갖춘 셈이다.

끝으로 살펴봐야 할 부분은 재무구조다. 재무구조의 원래 뜻은 대차대조표 중 부채 및 자본을 구성하는 요소들을 말한다. 하지만 필자가 여기에서 말하는 재무구조는 재무상태표의 구성만을 뜻하는 게 아니라 손익계산서와 현금흐름까지 아우르는 기업의 전반적인 재무 상태를 의미한다.

회사가 제품이나 서비스를 팔아서 정상적으로 돈을 벌고 있는지, 부채는 어느 정도인지, 차입금에 대한 이자는 충분히 낼 정도인지, 그동안 쌓아놓은 주주자본은 얼마나 되는지, 배당은 매년 지급하는지 등을 살펴보는 것이다. 가계부에서 수입과 지출 내역을 살펴보듯이 기업이 버는 돈과 쓰는 돈에 대한 큰 흐름을 파악하면 된다. 이렇게 파악한 재무구조는 밸류에이션을 위한 기반 데이터가 된다. 물론 재무제표의 모든 데이터가 필요한 건 아니지만 회사의 수익성과 재무 안정성을 대략적이라도 판단하기 위해 중요 수치들은 꼼꼼히 살펴보는 것이 좋다.

사업보고서 찾아보기

가치투자의 시조인 벤저민 그레이엄은 "기업 분석은 사업보고서 해석에서 시작된다."라고 이야기했다. 사업보고서는 자본 시장과 금융투자

동일비중 포트폴리오 전략으로 가치투자하라

금융감독원 전자공시시스템 홈페이지 화면. 이곳에서 주요 공시를 확인할 수 있다.

업에 관한 법률에 의거해 외부의 회계감사까지 받아 증권 당국에 의무적으로 제출해야 하는 자료다. 따라서 최소한의 신뢰성은 있다고 볼 수 있다. 기업이 매년 결산 후 1년에 한 번 공시하는 사업보고서와 6개월에 한 번 공시하는 반기보고서, 3개월에 한 번 공시하는 분기보고서 등 주요 공시는 금융감독원 전자공시시스템 홈페이지dart.fss.or.kr에서 살펴볼 수 있다.

정확한 회사명을 알고 있다면 '회사명'에 입력하면 되고, '회사명 찾기' 버튼을 눌러 정확한 회사명을 알아낸 후 검색해도 된다. 사업보고서 위주로 보려면 '기간' 밑에 있는 '정기 공시' 박스를 체크하고, 그 밑에 나오는 사업보고서와 반기보고서, 분기보고서를 택해 검색하면 된다.

그런 다음 검색 결과에서 가장 최근에 공시한 자료를 선택해서 열어보자. 보고서가 새 창에서 열리면 'Ⅱ. 사업의 내용'을 클릭해 구체적인 정보를 확인한다. 이곳에서 사업의 개요부터 시작해 주요 제품 및 원재료 사항, 생산설비에 관한 사항, 산업의 특성과 성장성, 매출과 수주, 시장 점유율, 종속회사 현황 등 여러 가지 세부사항들을 살펴볼 수 있다.

우리는 애널리스트가 아니므로 사업보고서와 재무제표를 뜯어본다고 해서 미래 실적을 정확히 예단할 수는 없다. 따라서 이 모든 사항을 일일이 이해하며 읽으려 하지 말고 현재의 시장 여건이나 트렌드 부합 여부 등에 초점을 맞춰 큰 그림만 확인하는 게 좋다. 관련 정보가 좀 더 필요하다면 애널리스트 리포트나 관련 기사를 찾아보면 도움이 된다. 주가 차트를 들여다보며 일희일비할 시간에 사업보고서를 분석해 기업을 보는 안목을 키워나가자.

증권사 리포트
찾아보기

주가는 실적의 함수인데, 정보력이 부족한 개인 투자자들이 국내외 복잡한 경제 상황을 모두 이해해 기업의 실적을 예측하는 것은 맨눈으로 천체를 관측하는 것처럼 어렵다. 해마다 애널리스트들이 예측하는 목표 주가가 틀리는 경우가 많다고는 하지만 그 안에 담긴 기업의 내외부 환경 요인은 참고할 필요가 있다. 따라서 머나먼 우주를 관찰할 때 천체망원경을 활용하듯이 해당 기업과 산업의 전망은 애널리스트의 폭넓고 전문적인 시각을 빌리는 게 쉽고 빠르다. 증권사의 리포트는 세부적인 실적 수치보다는 해당 기업의 업황이나 트렌드 부합 여부 등을 파악하는 데 이용하면 된다.

동일비중 포트폴리오 전략으로 가치투자하라

네이버 금융 홈페이지 화면. 종목별 리포트를 한눈에 확인할 수 있다.

네이버 금융 홈페이지finance.naver.com나 한경 컨센서스 홈페이지hkconsensus.hankyung.com를 이용하면 여러 증권사 소속 애널리스트와 연구원들의 종목별 리포트를 무료로 찾아볼 수 있다. 하지만 모든 종목에 대해 기업 분석 리포트가 나오는 것은 아니다. 증권사의 리포트는 전체 상장 기업의 절반 정도밖에 커버하지 못한다. 특히 코스닥 기업의 경우에는 10개 중 4개 정도만 보고서가 나오고 있는 실정이다. 규모가 작은 기업일수록 애널리스트 보고서가 아예 없는 경우가 많다. 그런 기업은 전망을 파악하기가 어려울 수 있겠지만 사업보고서를 참고하면 된다.

네이버 증권에서 '투자 전략', '종목 분석 리포트'를 차례대로 클릭하면 종목별 리포트를 한눈에 확인할 수 있다. 리포트를 검색할 때는 화면 위쪽에 있는 검색창이 아니라 화면 아래에 있는 검색창을 이용한다. 종목명을 입력해 검색해도 된다. 참고로 '산업분석 리포트'로 들어가면

음·식료, 반도체, 자동차, 에너지 등 여러 업종별로 분석 리포트를 분류해서 볼 수 있다.

한경 컨센서스에도 여러 종류의 리포트가 있지만 그중에서 '기업 REPORT'와 '산업REPORT' 섹션 정도만 이용하면 되겠다. 초기 화면에서 기업명을 입력하고 들어가거나 리포트 종류를 클릭해 들어가서 입력해도 된다. 리포트 기간을 한정하거나 기업이나 산업 리포트로 지정해 검색할 수도 있다. 관심이 가는 리포트의 첨부파일을 클릭하면 새 창에서 PDF 파일이 열린다. 해당 기업 정보까지 한자리에서 얻을 수 있어 편리하다.

다시 강조하지만 애널리스트가 제시한 투자 의견이나 적정주가를 절대적으로 신뢰할 필요는 없다. 다만 애널리스트가 기업 분석의 전문가인 만큼 그들의 기업과 산업을 들여다보는 시각만 빌려보도록 하자.

Volume: 차트로 거래 시점 찾기

앞서 주식 종목을 포트폴리오에 담기 위해 필요한 판단 기준 3가지 Value, Volume, View를 제시했다. 3V 중 'Value'와 'View'는 좋은 기업을 고르기 위한 틀이고, 'Volume'이라 부르는 차트 활용법은 그중에서 지금 당장 매수할 만한 좋은 종목을 골라내기 위한 도구다. 'Volume', 즉 거래량 위주로 차트를 살펴봐야 하는 이유는 주가가 거래에 의해 만들어지기 때문이다. 주식뿐만 아니라 부동산을 비롯해 세상의 모든 물건과 서비스는 사는 사람과 파는 사람 간의 거래에 의해 가격이 형성된다.

강남 부동산에 관한 뉴스가 종종 언론에 오른다. 국가가 나서서 정책적으로 부동산 투기를 억제하려 할 때는 매물을 내놓는 사람이나 사려는 사람 중 어느 한쪽의 호가만 나온다. 그러면 당연히 거래가 성사되지 못해 가격도 있을 수 없다. 그렇다면 주식 거래는 누가, 왜 하는 걸까? 국내외 투자 기관은 기업이 만들어낼 이익을 내다보고 주식을 사들인다. 해당 기업이 해마다 순이익 중 일부를 주주들에게 배당금으로 분배하기 때문이다. 물론 시세차익을 보고 주식을 매매하기도 하지만 배당이라는 게 주식회사가 탄생한 본래 이유다. 그래서 국내외 투자 기관들과 개인 투자자들이 주식 매수에 나서는 것이다.

여기까지는 누구나 잘 알고 있는 사실이다. 하지만 많은 개인 투자자들이 거래에 의해 형성된 주가만 쫓아다닌다. 주식의 가격이 형성되기 위해서는 거래가 먼저라는 사실을 망각한 것이다. 거래 없이 형성되는 주가는 있을 수 없다. 우리가 주가 자체보다 거래량을 집중해서 봐야 하는 이유다. 주가와 거래량의 관계를 다룬 책들이 시중에 몇 권 있지만 버프 도르마이어Buff Dormeier의 『거래량으로 투자하라』를 가장 추천한다. "거래량은 주가를 움직이는 힘이며 주가에 선행하고 주가를 해석한다.", "거래량이 실체이고 주가는 그림자일 뿐이다.", "주가가 시장을 보여주는 증거라면 거래량은 시장의 진위를 가리는 거짓말 탐지기다." 라는 저자의 말은 주가와 거래량의 관계를 명확하게 표현하고 있다. 거래량에 대해 좀 더 깊이 있게 공부하고 싶다면 일독을 권한다.

패턴과 포지션

우리가 이번 장에서 배워야 할 기술적 분석은 '패턴'과 '포지션' 2가지다. 가격과 거래량이 어우러져 만들어내는 패턴과 기관 투자가, 외국인

동일비중 포트폴리오 전략으로 가치투자하라

투자자, 개인 투자자들의 포지션만 포착하면 지금이 주식을 살 때인지 어렵지 않게 파악할 수 있다. 차트를 화면에 띄우고 패턴과 포지션만 살펴보면 된다. 굳이 차트분석이라는 용어를 쓰지 않고 살펴보기만 하면 된다고 하는 이유는 머리 싸매고 파고들 필요 없이 결과가 한눈에 들어오기 때문이다.

차트는 주가의 일간, 주간, 월간 움직임을 담아낸 가격봉(캔들)과 거래량 막대그래프의 패턴을 함께 보면 된다. 주식투자자들이 흔히 사용하는 이동평균선조차 필요 없다. 이동평균선은 주가가 결정된 이후에 나타나는 후행지표이고, 오히려 어지럽게 얽힌 이동평균선들로 인해 가격봉 패턴을 읽는 데 방해가 될 수도 있다. 거래량 막대그래프에 겹쳐 표시되는 거래량 이동평균선도 마찬가지로 도움이 되지 않는다. 그래서 주식 차트에는 주가 캔들과 거래량 막대만 남기고 모두 없애는 게 좋다. 이렇게 가공되지 않은 날것으로만 구성된 차트를 자주 보면 한눈에 알아볼 수 있는 직관이 생긴다.

교과서적인 차트 책은 패턴을 크게 2가지로 나눠 설명한다. 기나긴 바닥권을 탈출할 때나 주가의 고공행진이 멈추고 붕괴를 앞두었을 때 나타나는 '반전형 패턴'과 현재까지의 상승이나 하락을 지속하려 할 때 추세의 중간에 나타나는 '지속형 패턴'이 있다. 이 둘 중 우리는 반전형 패턴만 알아두면 된다. 반전형 패턴 중에서도 '상승반전형 패턴'만 익히면 된다. 포트폴리오에 종목을 넣을 때 가치 평가 과정을 거치면서 이미 목표 주가가 정해져 있기 때문이다. 따라서 목표 주가 도달 전에는 크게 등락하더라도 신경 쓸 필요가 없다. 오히려 지속형 패턴을 알게 되면 자기 꾀에 자기가 넘어가는 자충수를 두게 될 우려가 있다. 반전

다음 금융에서 확인한 삼성전자 주가 차트. 주가 캔들과 거래량 막대만 있으면 충분하다.

형 패턴에 대해서는 뒤에서 자세히 설명하겠다.

포지션은 투자 주체들이 근래 주식을 사고 있는지, 팔고 있는지를 의미한다. 포지션이라는 단어는 주로 주가지수, 외환, 원자재 등의 선물옵션 거래에서 사용하는 용어인데, 선물옵션을 매수했다면 매수포지션, 매도했다면 매도포지션을 취했다고 표현한다. 주식에서도 매수와 매도라는 2가지 방향이 있으니 동일한 의미로 쓰인다.

투자 주체들의 포지션을 거래 시점 판단의 중요한 축으로 사용하는 이유는 개인 투자자들의 매매 방향이 거의 대부분 정답을 피해 가기 때문이다. 즉 개인 투자자가 매수하는 대부분의 주식은 주가가 하락하고 매도하는 주식은 주가가 올라간다. 개인 투자자와 반대편에 서야 하는 이유가 여기에 있다. 끝으로 포지션의 진위를 파악하기 위한 트레이딩 비율TR ; Trading Rate도 공부하도록 하자. 트레이딩 비율과 순매수 비율에 대해서는 뒤에서 다룰 '거래량은 조작할 수 없을까?'에서 상세히 설명하겠다.

동일비중 포트폴리오 전략으로 가치투자하라

가치투자자의
차트 활용법

매매자에게 주식 차트는 군인의 총과 같지만 가치투자자에게는 계륵鷄肋과 같은 존재다. 버리자니 아깝고 먹자니 먹을 게 별로 없는 닭갈비처럼 차트를 몰라도 투자는 할 수 있지만 없으면 아쉬운 구석이 있다. 가치투자에서는 내재가치라는 잣대로 현재 주가가 그에 합당한지 여부를 측정할 수 있다. 지금의 주가가 가치보다 낮으면 매수하고 가치보다 높으면 사지 않거나 보유 주식을 매도하면 문제가 되지 않는다. 하지만 여기서 인간의 욕심이 발동한다. 주가가 가치보다 낮더라도 이왕이면 좀더 싼 가격에 사들이고 싶고, 적정주가를 뛰어넘었더라도 가능하면 좀더 높은 가격에 팔고 싶은 욕심이 생긴다.

욕심을 채우기 위해 차트를 들여다보지만 '프랙탈 이론(자연계를 들여다보면 부분 속에 전체가 있고 전체 속에 부분이 있다는 이론)'과 사후확증 편향이라는 함정에 빠질 가능성이 높다. 이미 지나온 날짜들의 차트를 보면 언제 매수했어야 하고, 언제 팔았어야 했는지 명료하게 답이 보인다. 그래서 각종 차트 관련 서적과 강연에서도 상황이 다 끝난 차트를 가지고 분석과 해석을 한다. 마치 바둑 묘수풀이처럼 신묘하게 딱딱 들어맞아 보인다. 이는 답을 보고 시험을 치르는 것과 같다. 하지만 안타깝게도 거래가 한참 진행 중인 시점에서는 묘수풀이와 같은 답이 보이지 않는다. 지나간 날짜의 캔들은 시가부터 고가, 저가, 종가가 모두 확정된 상태지만 현재 진행 중인 차트에서는 시가만 있을 뿐이기 때문이다. 그날의 고가, 저가, 종가는 당일 거래가 모두 끝나야 알 수 있을 따름이다.

주봉과 월봉도 마찬가지다. 일주일, 한 달이 지나야 캔들의 모양이 완성된다. 그래서 진행 중인 캔들에 속는 경우가 참 많다. 장대양봉(시가가 종가보다 더 높게 장이 마감될 때 나타나는 캔들)이 될 것처럼 오르다가 갑자기 내려앉아 역 T자 모양으로 끝나기도 하고, 파랗게 장대음봉(시가가 종가보다 더 낮게 장이 마감될 때 나타나는 캔들)이 될 것처럼 겁을 주다가 장 후반에 갑자기 매수세가 달라붙어 긴 T자 모양으로 올라가기도 하는 경우가 부지기수다.

이처럼 차트 패턴만을 보고 덤비는 단기 매매는 캔들 모양을 마음대로 만들 수 있을 정도의 큰 세력들에 의해 농락당할 가능성이 높다. 그들이 언제 상승을 마감시키고, 또 언제 다시 밀어 올릴지 외부의 개인 투자자는 알 길이 없다. 혹자는 공룡이 움직이는 것은 느리니까 초기에 그들의 움직임을 포착해서 민첩하게 대응하면 된다고 말한다. 하지만 직접 투자를 해보면 알겠지만 그럴 수 있으려면 시장에서 한시도 눈을 떼지 말고 주시해야 한다. 본업을 팽개치고 모니터만 하루 종일 들여다보는 삶은 참으로 황폐하다.

자동 매매를 걸어두면 되지 않느냐고 반문할 수도 있지만 이것도 한계가 있다. 어떤 주식을 저가에 사고 싶어 자동 매수를 걸어두면 자신이 주문한 가격 코앞에서 그냥 떠올라버리고, 몇 % 하락하면 손절하겠다고 자동 매도를 걸어두면 자신만 떨구고 급등해 속을 뒤집기 일쑤다. 마치 투자자의 일거수일투족을 주식 시장이 모두 다 꿰뚫어보고 있는 것처럼 참으로 신통방통하다.

한편으론 자동 매매 자체가 찜찜한 일이기도 하다. 개인 투자자들의

동일비중 포트폴리오 전략으로 가치투자하라

자동 매매가격이 증권사에 노출될 테니 마치 패를 보여주고 치는 고스톱과 같다. 큰 물량이 몰려 있는 자동 매매가격대를 증권사에서 꿰고 있을 테니 마음만 먹으면 얼마든지 거둬갈 수 있지 않겠는가? 그럼 가치투자자인 우리는 차트를 도대체 어떻게 활용해야 할까? 바로 사각 쌀통에서 둥근 바가지로 쌀을 퍼 올리듯 하면 된다. 둥근 바가지로는 구석의 남은 쌀까지 떠내는 게 불가능하다. 차트 역시 참고는 하되 매매자처럼 정교하게 사고파는 시점을 맞추기 위해 애쓰지 말자. 그저 대략적인 거래 시점만 맞추는 정도로 만족한다면 가치투자자에게도 차트가 분명 도움이 될 것이다. 그러기 위해서는 차트를 너무 세부적으로 파고들며 공부하는 건 오히려 독이 될 수 있다. 높은 산에 올라 멀리 조망하듯 주가와 거래량이 그리는 큰 그림만 보고 덮으면 된다.

차트를 참고할 때 2가지만 염두에 두자. 첫째, 우리가 단기 매매자가 아닌 장기투자자임을 잊어서는 안 된다. 따라서 투자자를 홀리는 분봉 차트는 아예 쳐다보지도 말고, 일봉 차트도 종목 교체 시기에 거래량 증감 파악을 위한 용도로만 쓰는 게 낫다. 월봉 차트로 주가 파도의 큰 굽이를 먼저 살펴보고 나서 주간 차트로 좀 더 자세히 들여다보면 된다. 그 이상은 불필요하다.

둘째, 일체의 보조지표 없이 주가와 거래량만으로 이뤄진 날것 그대로의 차트를 보자. 차트에 기본적으로 보이는 이동평균선조차 차라리 없는 게 낫다. 이동평균선 위로 주가가 올라가 있으면 계속 상승할 것처럼 보이고, 주가가 이동평균선 밑으로 내려와 있으면 계속 하락할 것처럼 보이기 때문이다. 그러나 이동평균선 위에 있던 주가가 하루아침에 고꾸라져 밑으로 빠지는 경우도 있고 그 반대의 경우도 숱하다.

『문병로 교수의 메트릭 스튜디오』에 이동평균선에 대한 다양한 실험 결과가 잘 나와 있으니 참고하기 바란다. 문병로 교수는 이동평균선의 상향 돌파와 하향 돌파, 골든크로스(강세장으로 전환함을 나타내주는 신호)와 데드크로스(약세장으로 전환함을 나타내주는 신호), 정배열과 역배열 후의 주가 예후에 대해 12년간 400만 건이 넘는 사례들을 관찰했다. 그 결과 "이동평균선의 상승세는 지금까지 만들어진 상승의 결과일 뿐 미래의 추세를 예고하지 않는다."라고 결론 지었다. 결국 이동평균선은 주가가 만들어내는 후행지표에 불과하다는 뜻이다. 어쩌면 패턴을 만들어 이윤을 취하려는 세력들의 농간이었을 수도 있다.

저항선, 지지선, 추세선 따위도 신봉하지 않는 게 좋다. 보통 대량 거래가 일어난 가격대가 저항선이나 지지선 역할을 하는 걸로 알려져 있기 때문에 쉽게 뚫리면 안 되는데, 실제로는 허망하게 단번에 뚫리는 경우가 많다. 괜히 저항선과 지지선만 믿고 매매에 나서면 낭패 보기 십상이다. 추세선 또한 마찬가지다. 추세선이라는 게 주가가 지나간 궤적을 그리는 것이기 때문에 미래의 주가가 그 궤적의 연장선 위에서 움직일지는 누구도 확신할 수 없다. 차트는 과거부터 현재까지의 주가 흐름을 기록한 도표일 뿐이다. 이걸로 장기적인 주가 향방을 예측하는 것은 애초에 불가능한 일이다.

차트분석만 믿고 주식투자를 한다는 건 백미러만 보고 운전을 하는 것과 같다. 주가가 장기적으로 오르내리는 것은 기업 가치와 영업이익에 근거하는 것이지 차트의 모양새에 의한 것이 아니기 때문이다. 물론 차트는 단기적인 관점에서 활용할 때 약간의 유효한 측면은 있다. 그렇더라도 대단한 정도는 아니고 무작위로 찍을 때에 비해 근소한 우위에 있

동일비중 포트폴리오 전략으로 가치투자하라

을 뿐이다. 따라서 포트폴리오에 신규 편입할 종목이 결정되었을 때나 보유 종목을 매도하려고 할 때 좀 더 나은 매매 시점을 찾는 정도로만 사용하면 된다. 일단 포트폴리오에 편입하고 나면 매도 시점이 될 때까지 차트를 멀리하도록 하자.

주가의 바닥을 알기 위한 패턴

워런 버핏은 "차트로 미래를 점치는 것은 미친 짓이다."라고 말했지만 주가가 지나온 궤적을 한눈에 파악하는 데는 차트만 한 것이 없다. 차트에만 의존해 주가의 향방을 맞추려는 것은 바람직하지 않지만, 주가와 거래량이 지금까지 만들어온 패턴을 살펴보면 당장 거래에 나서는 게 적절한지 아닌지 정도는 파악할 수 있다. 왜냐하면 주가가 천장에 도달한 직후가 곧바로 바닥일 수는 없고, 바닥이 끝난 직후가 곧바로 천장일 수는 없기 때문이다.

차트를 참고할 때 중점을 두고 봐야 할 부분은 거래량이다. 주식 초보일수록 거래량은 도외시하고 가격 캔들에만 집중하고는 한다. 항해사 출신의 차트 전문가 최승욱 씨는 주가를 파도, 거래량을 바람에 비유한다. 공교롭게도 필자 역시 대양 항해 경험이 있어 그의 비유에 공감했다. 바람이 불어야 파도가 이는 것과 같이 거래량이 크게 실려야 주가가 힘차게 솟아오르기 때문이다.

앞서 기술적 분석의 차트 패턴은 반전형 패턴과 지속형 패턴으로 나뉜다고 이야기했었다. 반전형 패턴은 지금까지의 추세가 뒤집어지기 시작하는 패턴을 말하고, 지속형 패턴은 지금까지의 추세가 계속 진행된다고 보는 패턴을 말한다. 가치투자자에게 지속형 패턴은 의미가 없다. 주식의 가치를 보고 매수했으니 목표 가격까지 가는 중간에 나타나는 등락에 관심을 가질 필요가 없기 때문이다. 수시로 차트를 들여다보면 오히려 마음만 흔들릴 수 있다. 따라서 우리는 반전형 패턴만 익히면 된다. 반전형 패턴 중에서도 천장권보다는 바닥권에서 나타나는 패턴에 더욱 관심을 가져야 한다. 가치투자자의 매도 시점은 적정주가 계산에 따른 목표 가격에 기반하기 때문이다.

주가의 바닥 패턴에는 'V바닥형', '쌍바닥형', '헤드앤숄더형', '다중바닥형', '원형바닥형' 등이 있고, 천장 패턴에는 '역V천장형', '쌍봉형', '역헤드앤숄더형', '다중천장형', '원형천장형' 등이 있다. 종류가 참 많은데 그렇다고 이들 패턴이 쉽게 구분될 만큼 명확하지도 않다. 그래서 필자는 더더욱 애매한 가격 캔들 패턴 대신에 보다 명확한 거래량 패턴에 주목하는 게 낫다고 본다.

거래량이 만드는 패턴은 주가 캔들이 만드는 것보다 훨씬 단순하다. 그저 거래량 막대가 늘고 주는 것이 전부다. 다만 거래량 막대그래프가 마구 늘고 주는 것이 아니라 자세히 들여다보면 어떤 규칙성이 있음을 알 수 있다. 주가가 바닥을 다지는 동안은 거래량 막대 길이가 점차 줄어든다. 그리고 상승으로 방향을 잡으면 거래량 막대가 껑충 솟아오르며 주가도 크게 오른다. 거래량이 풀밭처럼 키가 낮은 동안에는 주가의 등락이 별다른 의미가 없어 신경 쓰지 않아도 된다.

거래량 바닥은 주가 바닥의 징조로 널리 알려져 있다. 거래량이 적다

한국투자증권 HTS로 확인한 흥국화재 주가 차트. 근래의 가격 범위를 넘어서려 할 때 거래량이 급증하는 패턴이 되는 게 일반적이다.

는 건 주식을 팔고자 하는 사람이 적다는 뜻이다. 바닥 기간이 길어져 주식을 팔고자 하는 사람들이 모두 팔고 나면 주가는 더 이상 하락할 수 없다. 이때 적은 양이라도 매수하려는 수요가 있다면 주가는 당연히 오르게 된다. 주가의 상승폭은 바람의 세기, 즉 매수하고자 하는 거래량이 얼마나 되느냐에 달렸다. 외국인 투자자나 기관 투자가 같은 거액의 매수 수요가 있다면 주가는 단기간에 급등하게 된다. 따라서 오랫동안 풀밭처럼 낮던 거래량이 어느 날 불쑥 솟아오르거나, 계속 줄어들던 거래량이 급증한다면 관심을 가질 필요가 있다.

예시로 가져온 흥극화재의 주가 차트를 보자. 주가가 오랫동안 거래되던 '가격 범위trading range'를 넘어서려 할 때 거래량이 급증하는 패턴이 되는 게 일반적이다. 만일 거래량이 평상시와 크게 다르지 않은 채

주가만 올랐다면 그저 일시적인 현상일 가능성이 높다. 그러므로 다시 예전의 가격 구간으로 되돌아갈 수 있어 주의해야 한다.

주가는 계속 올라갈 수 있지만 거래량은 끝없이 함께 올라갈 수 없다. 주가가 지속적으로 오른다는 것은 누군가가 주식을 계속 매수하고 있다는 뜻인데, 주식을 매수하려는 수요가 어디선가 끝없이 나타날 수는 없는 노릇이기 때문이다. 2018년 1월을 기점으로 암호화폐의 가격이 끝없이 추락했다. 왜 그럴까? 암호화폐를 계속 사줄 신규 수요가 없기 때문이다. 암호화폐를 이미 보유한 사람들만 있고 그것을 받아줄 새로운 시장 참여자들이 더 이상 들어오지 못해서다.

그러면 주가는 어떻게 계속 오를 수 있는 걸까? 바로 '손바뀜'때문이다. 즉 기관이 매도하는 걸 외국인이 사들이고, 이후 외국인이 팔고 기관이나 개인 투자자가 사는 식으로 릴레이 경주처럼 선수가 교체되기 때문이다. 이런 손바뀜 현상이 지속되면 거래량 막대그래프는 파도처럼 주기적으로 높아졌다 낮아졌다를 반복한다.

보해양조의 주가 차트를 보면 주가가 우상향하는 동안 거래량 막대그래프가 마치 파도처럼 움직이는 것을 알 수 있다. 거래량 막대그래프의 높이가 늘었다가 줄어들기를 반복하고 있는데, 이는 앞서 설명한 손바뀜 현상이 원활히 벌어지고 있다는 뜻이다.

만일 주가가 바닥에 도달한다면 거래량부터 바닥의 모습을 보일 것이다. 거래량 막대들이 상당 기간 풀밭처럼 낮게 형성되어야 바닥 패턴이라 할 수 있다. 조용하던 거래량 막대가 어느 날 갑자기 치솟기 시작하면서 주가와 함께 상승해야 이전까지의 주가가 바닥이었음을 다시 확인할 수 있다.

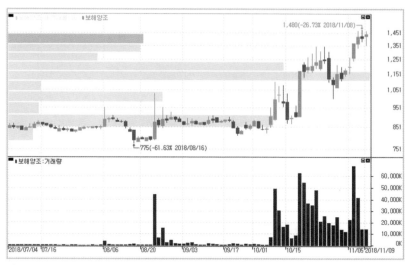

한국투자증권 HTS로 확인한 보해양조 주가 차트. 우상향하는 동안 거래량 막대그래프가 파도처럼 높아졌다 낮아졌다를 반복한다.

    SG충방의 주가 차트를 보면 거래량이 씨가 말라 바닥을 보이다 반전하는 모습을 확인할 수 있다. 하지만 SG충방의 사례와 같이 거래량 패턴이 명료한 사례가 그리 흔치는 않다. 시가총액이 큰 대형주일수록 외국인 투자자나 기관 투자가 등 거래 세력들의 매매 공방이 반복되므로, 거래량이 씨가 마를 정도의 극단적인 패턴이 나오는 경우는 드물다. 따라서 최근까지의 평균적인 거래량과 그것을 확실히 능가하는 대량 거래가 발생했는지 여부를 확인하는 관점에서 거래량 패턴을 살펴봐야 한다. 또한 대량 거래가 생겼다고 무조건 흥분하면 안 된다. 가짜 대량 거래도 있기 때문이다. 또한 패턴은 반드시 'Volume' 분석의 다른 한 축인 포지션과 함께 살펴봐야 한다. 가짜 대량 거래와 매매 방향에 대한 부분은 뒤에서 설명하도록 하겠다.

한국투자증권 HTS로 확인한 SG충방 주가 차트. 조용하던 거래량 막대가 치솟기 시작해 주가와 함께 상승했다.

거래량을 보조하는
보조지표, 매물대

주식을 거래하는 적절한 시기를 포착하기 위해 차트를 이용하는 기술적 분석이 어느 정도 도움이 되는 건 사실이다. 하지만 차트에 너무 의존해 여러 가지 보조지표를 함께 쓰는 투자자가 많은데, 보조지표를 많이 활용한다고 해서 매매 시점을 더 잘 맞힐 수 있는 것은 아니다. 보조지표가 얽히고설켜 서로 다른 신호를 낼 경우가 많고 그럴 때마다 주관적인 해석이 가미될 수 있어 오히려 판단이 흐려질 수 있다.

우리는 주식 본연의 가치를 보고 거래하는 가치투자자라는 것을 명심하자. 매매 타이밍을 알려주는 지표만 찾다보면 자신도 모르게 단타매매로 빠져들 위험이 있다. 가치투자자에게는 최소한의 지표만 있으면

동일비중 포트폴리오 전략으로 가치투자하라

충분하다. 그래서 차트를 분석할 때 활용할 보조지표로 '매물대' 하나만을 추천한다. 매물대란 주가를 일정 가격 구간으로 나눠 각 구간별 거래량을 합해 가로 막대로 표시한 것이다. 가로 막대가 긴 매물대는 지지선이나 저항선으로 작용한다고 알려져 있다.

『주식시장의 불편한 진실』이란 책에는 매물대 분석이 엉터리라고 쓰여 있다. 매물대가 보조지표로 효과를 보려면 "투자자들이 모두 한 번만 매수하고 자신이 매수한 가격 부근에서 모두 매도하는 것을 전제로 한다."라는 내용이 있다. "만약 자신이 매수한 가격대와 떨어진 곳에서 매도를 하게 되면 매물대의 위치가 변해버리기 때문이다."라는 이야기인데, 무슨 말인지 조금 헷갈리지만 보충해 설명하면 이렇다.

주당 1만 원에 매수한 투자자들 모두가 주식을 팔지 않고 보유하고 있어야 1만 원대의 매물벽이 효력이 있다는 뜻이다. 주가가 8천 원까지 20%나 빠졌다가 다시 1만 원으로 올라갈 때, 그동안 마음고생하던 투자자들이 본전이라도 건지자며 모조리 팔아댄다면 1만 원대의 매물대는 분명히 주가 상승을 가로막는 저항선이 될 것이다. 하지만 실제로는 1만 원에 매수한 투자자 중 일부는 9천 원에 처분하고, 일부는 주가가 더 내려갈까 걱정해 8천 원에도 내던졌을 것이다. 그러면 1만 원대의 매물대는 예상보다 대기 매물이 적어서 누군가 강력한 매수세로 사들이면 쉽게 돌파되고 만다.

또 한 가지 중요한 사실이 있다. 거래량 자체에 이미 허수가 들어가 있다는 걸 간과해서는 안 된다. 매일 그려지는 거래량 막대 길이의 일부만 진짜 거래량이다. 이 진짜 거래량을 '순매수량'이라고 한다. 거래량과 순매수량에 대해서는 뒤에서 자세히 설명하도록 하겠다. 어찌되었든 가

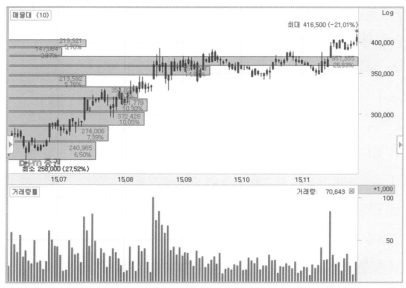

매물대 (10)

최대 416,500 (-21.01%)

219,321 4.70%
147,084 3.97%

213,592 5.76%

357,355 25.83%

372,426 10.05%

274,006 7.59%

240,965 6.50%

최소 258,000 (27.52%)

15.07   15.08   15.09   15.10   15.11

거래량

거래량: 70,643

다음 증권에서 매물대 보조지표를 활용한 차트의 모습

짜 거래량이 포함된 거래량을 합해 만든 지표가 매물대이기 때문에 당연히 허수가 포함되어 있다고 생각하면 된다.

물론 매물대 지표도 맹점이 있다. 그럼에도 불구하고 매물대를 추천하는 이유는 거래량과 가장 밀접한 보조지표이기 때문이다. 주식투자자 대부분이 사용하는 이동평균선을 비롯해 MACD, 일목균형표, 스토캐스틱, VR, RSI, 볼린저 밴드 차트 등 대부분의 보조지표는 후행하는 지표다. 매물대도 거래량으로부터 나온 지표이긴 하지만 다른 지표들과 달리 별다른 '가공' 과정이 없어 거래량과 동행한다고 볼 수 있다. 매일의 거래량 수치를 그저 가격대별로 묶어낸 지표이기 때문이다.

다만 매물대를 살펴보고자 하는 기간을 어떻게 설정하느냐에 따라

동일비중 포트폴리오 전략으로 가치투자하라

매물대의 길이와 상하 분포가 달라진다. 최근 1년간의 매물대를 확인하니 1만~1만 2천 원 구간의 가로 길이가 가장 길었는데, 최근 6개월로 줄여보니 8천~1만 원 구간의 매물대 길이가 가장 길게 나오는 식이다. 어느 가격대에서 많은 거래가 이뤄졌다면 그 가격대에 누군가 더 많은 주식을 샀다는 뜻이다. 이후 주가가 하락했다면 그때 매수한 투자자들 중 일부는 손해를 보고 매도하며 빠져나왔을 테고, 그렇지 않은 투자자들은 그대로 보유하고 있을 것이다. 그들 중 일부는 단기 매매를 하다가 미처 손절매를 하지 못해 '물린' 상태일 수도 있다. 또 다른 일부는 장기 가치투자를 했기 때문에 그 정도 하락에 흔들리지 않았을 수도 있다. 어쨌거나 손절매 물량을 누군가는 사들였을 테니 거래가 이뤄진 가격대의 매물대 막대 길이는 좀 더 늘어났을 것이다.

뒤에서 더 상세히 설명하겠지만 매물대의 가로 막대 길이를 늘이는 방법은 이론적으로 두 사람만 있어도 가능하다. A라는 사람이 1주를 매도하고 이를 B라는 사람이 매수했다가 서로 반대 거래를 계속 반복하기만 하면 거래량이 늘어나며, 매물대 막대도 점점 길어질 것이다. 실제로 매물이라고는 단 1주에 불과하지만 매물대는 가로로 길게 뻗어나가며 많은 매물이 쌓여 있는 것처럼 보이게 된다. 강력한 지지선이나 저항선처럼 보이던 기다란 매물벽이 의미 없이 쉽게 뚫리는 경우 이런 식의 단타 매매가 많이 이뤄진 구간일 것이다. 누군가 많은 물량을 보유하고 있는 것이 아니고 거래만 자주 이뤄진 상태라면 실제 보유량은 적을 것이다. 그럼 그보다 많은 물량을 누군가 사거나 팔 경우 매물대 위나 아래로 주가가 쉽게 뚫고 지나갈 수 있게 된다.

이처럼 실제로 매도 대기 물량이 그대로 살아 있을지 이미 사라졌을

지는 매물대의 길이만으로 알 수 없지만, 일부 투자자라도 주식을 보유 중이라면 약간의 저항이나 지지는 있을 가능성이 있다. 또한 주식을 몇 년씩 들고 있는 경우는 흔치 않으므로 매물대는 장기 구간보다 단기 구간에서 더 신뢰가 있다고 볼 수 있다.

결국 모든 투자 지표들은 매매 신호로 쓸 만큼 완전한 것이 하나도 없다. 통계적으로 약간의 의미가 있을 뿐이다. 언제 사고 언제 팔아야 할지 완벽하게 들어맞는 지표가 있다면 모두가 그 지표만 사용하려 할 것이다. 그러면 모두 같은 시점에서 거래할 테니 그 지표 역시 효험이 끝나게 된다. 따라서 매물대 지표 역시 사용하지 않아도 좋다. 만일 사용하겠다면 어느 가격대에서 매매 공방이 많았는지 확인하는 정도로만 활용하자. 특정 가격대의 매물대 길이가 압도적으로 길다면 다른 가격대에 비해 상대적으로 물린 매물이 더 있겠거니 유추해볼 수 있다. 무엇보다 매물대의 길이가 순매수량을 그대로 보여주는 것이 아니라는 걸 항상 유념해야 한다.

매물대는 다음과 같이 사용하면 된다. 어떤 주식을 포트폴리오에 담으려고 하는데 현재 주가 바로 위쪽으로 매물대가 쌓여 있다면 그 시점에 서둘러 사들일 필요는 없다. 만약 현재 주가가 길다란 매물벽을 상향 돌파 후 걸터앉아 숨 고르기를 하고 있다면 다른 조건이 맞을 때 매수를 고려해도 좋을 것이다.

매매 방향을
읽어라

주가는 주식의 내재가치와 동행하지 않는 경우가 많다. 장기적인 프레임으로 보면 주가는 가치를 따라가는 게 맞지만 단기적으로는 가치와 무관하게 움직인다. 그 이유는 수요와 공급, 흔히 줄여서 '수급'이라고 부르는 현상 때문이다. 아무리 내재가치가 높아도 매도량이 많으면 주가는 내려갈 수밖에 없고 매수량이 많으면 올라갈 수밖에 없다.

시가총액이 아주 작은 소형주를 제외한 대부분의 종목에서 주가를 움직일 만큼의 큰 주문은 개인 투자자가 아닌 외국인 투자자와 기관 투자가에게서 나온다. 따라서 외국인과 기관이 연일 내다 파는 종목을 가치가 높다고 서둘러 사들이면 상당 기간 주가 하락으로 마음고생만 하게 된다. 폭포를 거슬러 올라갈 수는 없지 않겠는가?

포트폴리오에 종목을 신규로 담거나 교체할 때는 기관 투자가, 외국인 투자자, 개인 투자자, 기타로 구성된 '투자자별 매매 현황'을 꼭 살펴보기 바란다. 밸류갭이 크고 재무구조도 좋아서 마음이 끌리더라도 현재 개인이 주요 매수 집단일 경우에는 매수를 보류하는 게 좋다.

개인 투자자와 반대편에 서라

'스마트 개미'라 불리는 극히 일부의 똑똑한 개인 투자자도 있지만, 안타깝게도 '개미 군단'으로 불리는 대다수의 개인 투자자들은 주식 시장에서 영원한 봉 취급을 받는다. 필자 역시 경험을 통해 그렇게 느꼈고, 한양대학교 경영학과 정영우 박사와 정현철 부교수 역시 "개인 투자자의 순투자는 주가에 음의 영향을 미치는 반면, 기관 투자가와 외국인 투자자의 순투자는 주가에 양의 영향을 미치는 것으로 나타났다."라고 논문을 통해 이야기한다.

주식은 누군가 사면 누군가는 팔아야 거래가 이뤄지는데, 주가가 지속적으로 상승할 때는 거의 대부분 외국인이나 기관이 사 모으고 개인이 팔고 있을 때였다. 반대로 주가가 상당 기간 하락하고 있을 때는 외국인과 기관이 연일 내다 팔고 개미들이 열심히 사들이고 있을 때였다. 이런 현상은 일부 소형주를 제외하고 거의 모든 종목에서 관찰된다.

대량 거래가 발생해 긴 양봉이나 음봉이 만들어진 날에 외국인, 기관, 개인 중 어느 집단이 주로 매수하고 매도했는지 꼭 살펴보도록 하자. 개미 집단(개인)이 대량 매수하고 외국인과 기관이 대량 매도해 긴

동일비중 포트폴리오 전략으로 가치투자하라

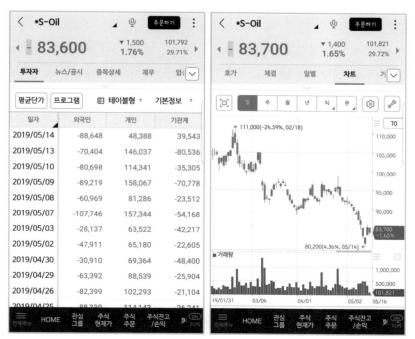

S-Oil의 투자자별 매매 현황과 주가 흐름

음봉이 만들어졌다면 앞으로 주가는 더 하락할 가능성이 높다. 반대로 개인이 대량 매도하고 외국인과 기관이 대량 매수하면서 긴 양봉이 그려졌다면 이후의 주가가 더 상승할 가능성이 높다.

　2019년 5월경 S-Oil의 투자자별 매매 현황과 주가 흐름을 살펴본 자료를 보자. 외국인 투자자가 연일 순매수하는 동안 개인 투자자들은 순매도 중이다. 주가 차트를 보면 개인 투자자들의 매매 방향과 반대로 가고 있음을 알 수 있다. 주가의 흐름과 개인 순매수 그래프가 거울에 비춘 듯 반대로 움직이는 모습이다. 왜 이런 현상이 생기는지에 대해서는 여러 가지 이야기들이 있다.

개인이 매수하려고 덤비면 이미 이익이 충분히 난 외국인과 기관은 물량을 던져주며 빠져나간다. 그리고 이후 개인이 땡처리를 하면 다시 넙죽넙죽 받아 챙겨 개미들이 몰려올 때까지 움켜쥐고 있거나, 호재를 흘려 개인 투자자를 유혹한다. 이런 현상이 벌어지는 가장 큰 이유는 정보력과 지식 수준의 차이라고 생각한다. 기관에는 언제나 최고 수준의 지식과 훈련으로 무장된 전문 인력이 포진해 있는 반면 개인은 성인이 되어서야 주식투자에 관한 공부를 막 시작한 경우가 대부분이다. 무엇보다 공부의 양도 충분치 못한 경향이 있다. 심지어 스스로 공부하는 건 복잡하고 골치 아프다고 생각해 아예 속칭 '찍기 도사'들에게 추천받은 주식을 사는 개미들도 있다.

스스로의 기준이 없다 보니 개인 투자자들은 주가가 급등할 때는 흥분해 따라가기 바쁘고, 폭락할 때는 공포에 사로잡혀 내던지기 일쑤다. 반면에 기관 투자가나 외국인 투자자들은 회사의 정해진 규칙에 따라 정보를 수집하고, 분석하고, 매매한다. 급료를 받고 하는 일과이므로 순간적인 감정 때문에 투자를 그르치는 일이 거의 없다.

투자자별 매매 현황과 주가의 흐름을 연관지어 체크해보자. 개인이 연일 사들이고 있는 종목은 지속적으로 하락해가는 경우가 많고, 반대로 개인들이 계속 팔고 있는 종목은 지속적으로 올라가는 모습을 보이는 경우가 많음을 어렵지 않게 확인할 수 있다. 자본금과 거래액이 얼마 되지 않는 소형주의 주가를 개인 투자자가 끌고 올라가는 경우도 간혹 보이지만, 이런 종목의 주가가 급등락을 하게 되면 작전이 전개되고 있는 것은 아닌지 의심해봐야 한다. 또한 적은 금액으로도 주가와 거래

동일비중 포트폴리오 전략으로 가치투자하라

량을 쥐락펴락할 수 있는 종목은 장기투자 대상으로도 적합하지 않다. 그런 종목은 투자 대상에서 배제하는 게 좋다.

투자 주체별
포지션 읽기

주가 캔들과 거래량 막대그래프가 만드는 차트 패턴은 보는 사람에 따라 다른 주관적인 해석을 내놓을 수 있다. 따라서 어느 정도 경험이 뒤따라야 사후확증편향에서 벗어날 수 있다. 하지만 포지션, 즉 매매 방향은 누가 보더라도 동일하게 해석되고 숙련이 필요 없다. 포지션은 기관 투자가, 외국인 투자자, 개인 투자자 등이 매수와 매도 중 어느 방향으로 얼마나 강하게 거래하고 있는지를 의미한다. 각 증권사의 HTS나 스마트폰 애플리케이션에서 투자 주체별 매매 현황을 쉽고 빠르게 확인할 수 있다.

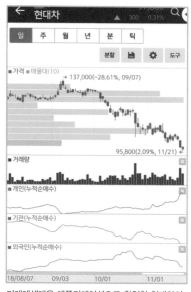

미래에셋대우 애플리케이션으로 확인한 현대차의 투자 주체별 누적 순매수 그래프

일정 기간 누가 얼마나 사고팔고 있는지 한눈에 파악하려면 투자 주체별 누적 순매수 그래프를 보면 된다. 현대차의 차트를 보면 주가가 오르는 구간에선 개인 투

자자들이 매도하고, 주가가 내려가는 구간에선 개인 투자자들이 매수하는 모습을 볼 수 있다. 모든 종목이 그런 것은 아니지만 대부분의 종목에서 이런 현상이 나타난다.

현대차의 예시처럼 누적 순매수를 선그래프로 보면 각 투자 주체들의 포지션이 보인다. 주식을 계속 사들이고 있는지 팔고 있는지에 따라 그들의 베팅 방향과 매매 강도를 엿볼 수 있는 것이다. 누적 순매수 그래프의 곡선이 가파르게 오르면 매수 강도가 세다는 뜻이고, 급하게 내려가면 매도 강도가 강하다는 뜻이다. 누군가 대량 매집 의사가 있다면 매물이 나오는 족족 덥석덥석 받아 모을 것이다. 이는 그날의 순매수량을 증가시키고, 당일 거래량 중에 순매수량의 비율을 끌어올리게 된다. 다른 투자 주체에 비해 순매수량이 많고, 여러 날에 걸쳐 지속적인 순매수를 한다면 이에 맞춰 주가도 점차 상승할 가능성이 높다.

예를 들어 필자는 순매수 비율이 10% 미만이면 1점, 10~20%는 2점, 30% 이상이면 3점이라고 점수를 매긴다. 개인 투자자들의 단기 매매가 성행해 대부분의 종목에서 순매수 비율은 50%를 넘지 못한다. 대형주보다는 개미들이 많이 거래하는 중소형주에서 트레이딩 비율이 더 높게 나오는 편이다. 이러한 거래량의 허수는 개인 투자자들만이 만드는 건 아닐 것이다. 개미들을 유인하기 위한 보이지 않는 세력들끼리 주고받는 물량도 적지 않을 것으로 짐작된다.

누적 순매수 기준일은 HTS에서 마음대로 설정이 가능하다. 3~6개월 전을 누적 순매수 기준일로 설정하면 현재 시점에서 각 투자 주체들의 매매 방향을 파악하기 좋다. 개인이 매도 쪽이라 하더라도 외국인과 기관의 매매 방향이 상충된다면 매수 주문을 보류하고 좀 더 관망하는

동일비중 포트폴리오 전략으로 가치투자하라

< 삼성전자	LG전자 (A066570)	농심 >

105,000
4,000 ▼ 3.67% 분석보기 MIRAE ASSET 주문

| KOSPI200 | 317.39 | 0.50 ▼ 0.16% | 58,527 |

호가　차트　체결　일별　**거래원**　투자자

증감　　매도상위　　　　　매수상위　　　증감

117,253	미래대우	**키움증권**	176,326
75,986	CS증권	미래대우	106,324
71,068	신한투자	KB증권	66,891
55,277	한국증권	삼성증권	52,942
43,025	키움증권	유안타증권	46,853

카카오스탁 애플리케이션으로 확인한 LG전자의 거래원

것이 좋다. 단순히 개인이 매도한다고 덥석 들어가면 외국인과 기관의 힘겨루기가 끝날 때까지 지지부진한 상황을 견뎌내야 하기 때문이다. 투자 주체들이 하루하루 주식을 거래한 숫자표인 일별 거래 동향은 별 도움이 되지 않는다. 다만 특정일에 대량 거래가 있었다면 그날 어느 투자 주체가 실제로 얼마나 거래했는지 확인해야 한다.

　투자 주체별 매매 현황으로 큰 흐름을 파악했고, 대량 거래일의 순매수 비율이나 트레이딩 비율까지 알아봤다면 거래를 실행하고자 하는 날의 '거래원'을 확인하자. 거래원이란 매매 주문이 나오고 있는 증권사를 일컫는다. 거래원을 통해 투자 주체들의 매매 주문 방향을 장중에 대략 알 수 있다. 지금 개인 투자자들이 많이 이용하는 증권사에서 매도 주문이 나오고 있는지, 아니면 매수 주문이 더 많이 나오고 있는지 정도는 파악해야 한다. 그럼 개인 투자자들이 가장 많이 이용하는 증권사는 어디일까? 몇 년 전 팍스넷이 개인 투자자들을 대상으로 한 설문조사에서 선호도 1위를 차지한 증권사는 키움증권이었다. 개인 투자자들은 아무래도 단타 매매를 많이 하는 편이라 수수료가 가장 저렴한 키움증권을 택한 것 같다.

호가창에서 '거래원'을 눌러 확인하면 키움증권을 통한 주문이 매수 쪽이 많은지, 매도 쪽이 많은지 바로 알 수 있다. 예시로 가져온 LG전자의 거래원을 보면 키움증권을 통한 매수 주문이 매도 주문보다 압도적으로 많다는 것을 알 수 있다. 그만큼 개인 투자자가 주로 매수 쪽으로 움직였다는 뜻이다. 만약 LG전자를 매수하려고 했다면 적어도 이날은 매수하지 않는 게 좋다.

거래량은
조작할 수 없을까?

흔히 주가는 조작할 수 있어도 거래량은 조작할 수 없다고 생각하는 이들이 많다. 아무리 은밀히 단 1주를 거래한다고 해도 그 족적(거래량)까지 숨길 수는 없기 때문이다. 그래서 개인 투자자들은 세력 분석이다 창구 분석이다 하며 거래량의 근원을 추적해보려 애쓴다. 그럼 거래량은 조작할 수 없다는 게 진실일까? 결론부터 이야기하자면 반은 맞고 반은 틀렸다고 볼 수 있다. 왜 그런지 이제부터 살펴보자.

거래량 숫자는 주식을 사는 사람과 파는 사람이 쌍으로 존재하기만 하면 카운트된다. 예를 들어 필자가 삼성전자 주식을 누군가에게 1주 사면 거래량 숫자는 1 올라간다. 잠시 후 그 1주를 누군가에게 매도하면 거래량 수치는 역시 또 1 올라간다. 이런 식으로 사고팔기를 100만 번 반복하면 실제로 오고간 주식은 단 1주지만 필자 혼자 거래량을 100만 주까지 올릴 수 있다. 물론 수수료와 세금 때문에 이런 쓸데없는 짓을 할 필요는 없지만, 누군가는 거래비용을 감수하고서라도 의도적으로 차트의 모양을 예쁘게 만들고자 할 수 있다는 뜻이다.

트레이딩 비율을 분석해야 하는 이유

실제로 작전세력들이 통정매매(같은 시기, 같은 가격으로 매매할 것을 사전에 통정한 후 매매하는 것)나 자전거래(증권회사가 같은 주식을 동일 가격으로 동일 수량의 매도·매수 주문을 내서 거래를 체결시키는 방법)를 일삼으며 차트를 조작한다는 이야기를 들어본 적이 있을 것이다. 굳이 작전세력의 매매가 아니더라도 데이 매매나 스캘핑 매매 등 초단타 매매로 치솟는 경우가 많아 거래량에도 분명 허수가 존재한다.

초단타 매매는 덩치 큰 대형주보다는 시가총액이 작아 가격이 쉽게 움직이는 중소형주에 더 많다. 따라서 대형주보다는 중소형주 거래량의 허수 비율이 더 높을 수밖에 없다. 증권사 HTS의 투자자별 매매 현황을 보면 투자 주체별로 기관 투자가, 외국인 투자자, 개인 투자자, 기타로 구분되어 있어 어느 집단이 얼마나 거래했는지 한눈에 알 수 있다. 각 투자 주체는 다시 매수 측과 매도 측으로 나뉜다.

여기에서 우선 2가지 유형의 숫자를 확인해보자. 먼저 하루의 매수량과 매도량이 동일함을 확인하자. 거래량이라는 것이 매수 측과 매도 측이 주고받은 주식의 숫자이므로 양쪽의 수치는 정확히 동일할 수밖

동일비중 포트폴리오 전략으로 가치투자하라

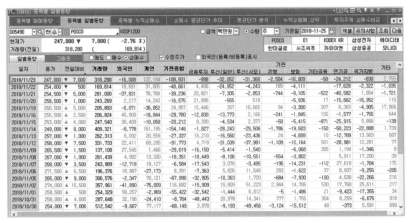

한국투자증권 HTS 투자자별 매매 현황 화면

에 없다. 예를 들어 위 그림에서 2018년 11월 23일 한 줄의 기록을 보면 가로열 숫자 중 빨간 숫자는 매수량이고 파란 숫자는 매도량이다. 그날 매수한 주체는 '개인'과 '기타'였고, 매도한 주체는 '외국인'과 '기관'이었다. 매수량의 총합은 '12만 2,184주+2,755주'로 총 12만 4,939주였고, 매도량의 총합 역시 동일했다. 결국 어느 날짜든 빨간 숫자의 합과 파란 숫자의 합이 정확히 일치함을 알 수 있다.

그다음으로 확인할 숫자는 거래량이다. 11월 23일 거래량은 31만 8,280주라고 찍혀 있다. 그런데 거래량과 먼저 확인한 매수량, 매도량의 총합이 일치하지 않는다. 뭔가 이상하지 않은가? 매수량이든, 매도량이든 어느 한쪽의 숫자와 그날의 거래량이 같아야 할 것 같은데 말이다.

그 비밀은 순매수냐 아니냐의 차이에 있다. 앞의 HTS 화면은 '순매수' 수치다. 설정을 '매수'로 옮기면 다른 숫자들이 펼쳐진다. 각 투자 주체별로 매수 주문이 체결된 총합으로, 이렇게 설정을 바꾸면 거래량과 동일한 숫자가 나오게 된다. 매도 쪽으로 점을 옮기고 나온 숫자를 합해도 역시 동일하게 31만 8,280주가 나온다. 그렇다면 순매수량은 왜 다른 걸까? 순매수량을 구하는 식은 아래와 같다.

순매수량＝매수량−매도량

순매수량은 그날 매수한 주식을 팔지 않고 이튿날로 가지고 넘어간 수량을 말한다. 필자가 오늘 어떤 주식을 10주 사서 4주를 팔고 나머지 6주를 장 마감 때까지 가지고 있었다면 필자의 순매수는 6주가 되는 것이다. 그럼 필자의 거래로 오늘 발생한 거래량은 어떻게 될까? 처음 10주를 누군가로부터 매수했으니 일단 10주의 거래량이 카운트된다. 그 후 4주를 누군가에게 매도했으니 또 4주의 거래량이 더해진다. 그래서 필자가 오늘 기록한 거래량 숫자는 총 14주가 되는 것이다.

여기까지 정리해보면 결국 이 종목은 개인 투자자들의 매수량이 매도량에 비해 압도적으로 많다. 기타 법인은 이날 매도 없이 매수만 소량 했다. 외국인 투자자와 기관 투자가는 마이너스 값이 나왔으므로 매도량이 많다는 뜻이다. 그들이 이미 보유하고 있던 주식 중 일부를 팔았다는 의미다.

하루의 거래량 모두가 순매수량이 일치하지 않는 이유는 앞의 그림으로 설명이 가능하다. 여기서 트레이딩 비율은 필자가 이름 붙인 용어로, 당일 거래량 중 순매수량의 비율을 제외한 나머지 비율을 말한다. 하루 거래량이 120만 주이고, 순매수량이 30만 주라고 가정해보자. 순매수 비율을 계산하면 다음과 같다.

동일비중 포트폴리오 전략으로 가치투자하라

거래량과 순매수량의 관계

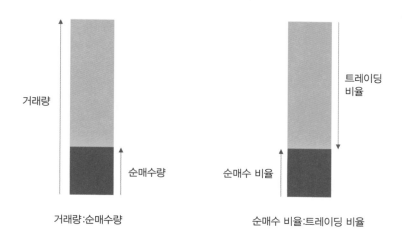

거래량 : 순매수량   순매수 비율 : 트레이딩 비율

(30만 주/120만 주)×100=25%

순매수 비율이 25%이니 트레이딩 비율은 그 나머지인 75%일 것이다. 즉 이날 거래량의 75%는 투자자들끼리 치고받으며 기록한 허수虛數에 불과한 것이다. 우뚝 솟은 거래량 막대의 1/4만 진짜 거래량으로 볼 수 있다. 거래량이 주가에 대한 거짓말 탐지기라면 순매수량은 거래량에 대한 거짓말 탐지기인 셈이다. 이렇게 당일 거래량에서 순매수 비율이나 트레이딩 비율을 구분해보면 대량 거래의 착시 현상에서 벗어날 수 있다.

시가총액 488억 원의 소형주 사례를 준비했다. 차트를 보면 몇 달 동안 거래가 꾸준히 감소했다. 그런데 2018년 9월 11일 긴 양봉 캔들과

한국투자증권 HTS로 확인한 모나미의 주가 차트

함께 거래량이 치솟았다. 평소보다 몇 배에 달하는 거래량 규모다. 바닥

을 다지고 이제 본격적인 상승을 알리는 신호탄이 뜬 것처럼 보인다.

　그런데 과연 그럴까? 이날 장을 마친 뒤 정말 상승세를 탄 것인지 확

　　　　　　　　　동일비중 포트폴리오 전략으로 가치투자하라

인하기 위해 트레이딩 비율 분석을 했다고 가정해보자. 거래량은 21만 2,007주, 순매수량은 1만 376주였다(매도는 외국인뿐이므로 그 수치만 잡으면 된다). 순매수 비율은 아래와 같다.

순매수 비율＝(1만 376주/21만 2,007주)×100＝4.9%

순매수 비율이 4.9%이니 트레이딩 비율은 무려 95%다. 이날 거래량의 대부분이 작전세력의 통정매매였거나 개인 투자자들이 사고팔고 해서 치솟은 수치였을 뿐이었다. 본격적으로 주가를 끌어올릴 세력의 흔적은 어디에도 없었다.

만일 트레이딩 비율 분석 없이 성급하게 투자를 감행했다면 어떻게 되었을까? 세력이 떴다고 대박을 기대하며 방심한 순간 절벽으로 떨어지고 말았을 것이다. 이처럼 대량 거래와 함께 빨간 장대 양봉이 힘차게 뻗어 올라갔음에도 불구하고 이튿날부터 주가가 시름시름 하락한 경우가 적지 않다. 비슷한 사례는 십중팔구 다 전날의 대량 거래가 가짜였던 것이다. 실제 매수량은 10%도 채 되지 않을 것이다. 그러므로 차트의 그림을 곧이곧대로 믿지 말아야 한다. 대량 거래와 함께 주가가 크게 움직인다면 반드시 트레이딩 비율 분석을 통해 그 이면의 진실을 들춰보자. 만일 매수한 이후 뒤늦게 이 사실을 알았다면 빠르게 손절매하는 수밖에 없다.

손실을 보면서도 매도해야만 하는 손절매 또는 손절매도는 매매자들에겐 일상사다. 매수 당일 매도하는 데이 매매나 스캘핑 매매에서는 밥 먹는 횟수보다 많을 것이다. 트레이딩 초기에는 손절매가 괴로운 일이지만 수없이 반복하다 보면 권투 선수가 잽을 날리듯 가볍게 해낼 수 있게 된다. 매매자는 잘못된 매매로 인해 큰 산불이 번지기 전에 초기에 손절매로 불씨를 차단하려 한다.

가치투자에는
손절매가 없을까?

그럼 가치투자자들은 어떨까? 처음부터 기업의 가치를 보고 샀으니 어지간히 주가가 빠져도 함부로 손절매하지 않는다. 다만 기관 투자가들은 내부적으로 15%, 25% 등 손실 허용 한도를 사전에 정해두고, 만일 손실의 폭이 이를 넘어가게 되면 고객의 자산을 보호하기 위해 기계적으로 손절매를 하기도 한다.

우리가 운용할 동일비중 포트폴리오 시스템에도 가장 간단한 매도 방법이 있다. '목표 주가를 넘으면 팔 거야.'라고 생각하며 매수했기 때문에 실제 주가가 목표 주가를 넘었다면 욕심내지 말고 매도하면 된다. 이때는 '이익매도'가 된다. 그런데 만약 좋은 주식이라고 판단해서 매수했는데 얼마 지나지 않아 오판이었다는 걸 알았다면 망설이지 말고 즉시 매도하자. 이때는 '손절매도'가 된다.

결론적으로 가치투자자도 손절매를 한다. 다만 매매자처럼 지지선이 붕괴되거나 주가가 이동평균선, 추세선을 하향 이탈했다고 매도하는 것과는 근본적으로 다르다. 가치투자자의 매도 이유를 정리하자면 다음과 같다.

1. 적정주가를 잘못 계산했을 때 매도한다.
2. 주가가 적정주가나 목표 주가를 넘어섰을 때 매도한다.

첫 번째 사유는 재무제표 해독에 오류가 있었음을 뒤늦게 발견한 경우다. 당기순이익이 급증해 알짜다 싶어 서둘러 매수했는데, 영업이익과 영업 활동 현금흐름까지 대조해보니 당기순이익의 질이 좋지 않음을 뒤늦게 알았다면 매도해야 한다. 오류 수치를 기반으로 한 적정주가는 당연히 신뢰할 수 없다. 그렇다면 더 이상 이 종목과 함께 갈 수는 없는 것이다.

두 번째 사유는 주가가 적정주가나 목표 주가를 넘어섰을 때다. 그런데 유의할 부분이 있다. 실제 주가가 적정주가 위로 올라갔을 때 매도하는 게 정상적인 순서지만, 반대로 적정주가가 실제 주가 밑으로 내려오는 때도 간혹 있다. 앞으로 영업이익이 급감할 것으로 예상되어 적정주가 자체가 대폭 낮아지는 경우다. 이렇게 되면 현재 주가가 저절로 고평가 상태가 되므로 그 주식을 더 이상 보유할 이유가 없어진다.

제3자 배정(회사 측이 별도로 지정하는 제3자에게 신주를 넘겨주는 것)이나 전환사채, 신주인수권부 사채 발행도 문제가 된다. 발행주식수가 늘어나 주당 가치가 하락하게 될 것이기 때문이다. 이런 문제도 당연히 적정주가가 낮아지는 요인이 된다. 주가 흐름이 예상과는 완전 딴판이 될 가능성이 높으므로 현재까지의 손익과 관계없이 매도하는 것이 좋다. 문제가 있는 종목을 끌어안고 전전긍긍하는 건 가치투자와는 거리가 먼 일이다.

이와 같은 이유로 포트폴리오의 종목 중 일부 또는 전부를 교체하는 것을 포트폴리오 업그레이딩이라고 한다. 실제 주가가 적정주가나 목표 주가를 넘어서서 매도해야지, 실수로 매수했다고 종목 교체가 빈번해진다면 자칫 매매자의 길로 빠질 우려가 있다 그러니 포트폴리오에 신규 주식을 넣을 때는 서두르지 말고 최대한 신중을 기하자.

투자하기 적정한
종목의 수

일반적으로 하나의 펀드 안에는 수십 개의 종목이 들어 있다. 이론상 20개가량의 종목으로 포트폴리오를 구성하면 20개 종목 이상인 경우와 위험도에서 큰 차이가 없다고 한다. 많은 종목에 분산투자하면 어느 한 종목의 급락으로 큰 손실이 발생해도 펀드 전체로 보면 타격이 크지 않다. 하지만 역으로 어느 한 종목에서 급등이 있어도 펀드 전체로 보면 수익이 크게 나지 않는다.

시중에 출시되어 있는 펀드는 운용금액이 크고 전문적인 운용 인력도 있으므로 많은 종목으로 꾸려지는 것이 당연하지만, 우리는 1천만 원 정도의 소액으로 혼자서 운용할 것이므로 소수 정예 종목으로만 꾸리는 것이 효율 면에서 유리하다. 종목 수가 너무 적으면 수익률 변동성이 커질 수 있고, 반대로 너무 많으면 변동성은 줄어들겠지만 포트폴리오 관리에 많은 품이 들게 된다. 그래서 필자는 투자금이 1천만 원 정도라면 10개 종목 이상 운용하는 것은 권하고 싶지 않다. 전업 투자자가 아닌 이상 그렇게 많은 종목의 가치 평가와 가치 변화를 추적하며 관리하기는 현실적으로 어렵기 때문이다. 10개를 넘어서게 되면 정기적 리밸런싱 과정도 번거롭다.

5~10개 종목이 적당한 이유

시뮬레이션을 할 때는 주가가 정지해 있지만 실제 주식 시장이 열려 있는 동안에 매매를 할 것이므로 원하는 가격에 살 수 없을 가능성도 있다. 또한 보유 종목 수가 너무 많으면 포트폴리오 수익률을 높이기 힘들어진다. 적절한 종목 수를 유지하고 철저히 해당 종목에 관심을 갖고 관리해나가는 것이 리스크를 낮추는 방법이다. 이러한 접근이 수익률 제고에도 유리하다. 조엘 그린블라트는 4~5개 종목에 집중 투자하는 전략으로 연평균 40%라는 경이적인 수익률을 올렸다.

투자원금이 5천만 원을 넘지 않는다면 5~10개 종목으로 포트폴리오를 꾸리는 게 투입 시간 대비 포트폴리오 관리에 가장 효율적이다. 우량 종목을 골라내는 안목이 생기기 전까지는 10개 종목으로 시작하고, 3V에 익숙해진 뒤에 종목 수를 줄여나가면 된다. 5~10개 종목이 적당한 또 다른 이유는 뒤에서 배울 '켈리 공식Kelly Formula'에 자세히 설명되어 있다.

동일비중 포트폴리오 전략으로 가치투자하라

또한 포트폴리오는 반드시 상관관계가 낮은 종목들로 구성해야 한다. 앞서 상관계수를 설명할 때 언급했던 내용인데, 국내 주식들로만 포트폴리오를 짤 경우 조금이라도 시장 위험을 줄이기 위해 서로 다른 업종별로 한 종목씩 넣는 게 좋다. 종합주가지수가 오르는 시기에 오히려 하락하는 종목도 있게 마련인데, 그럼에도 불구하고 종합주가지수가 한동안 꾸준히 올라가는 이유는 '선수 교체' 때문이다. 지수가 상승해가는 과정에서 이어달리기 경주처럼 주도주가 바뀌는 것이다. 지수를 끌어올리는 주도주가 바뀌는 것을 '업종 순환매'라고 부른다.

삼성전자나 포스코와 같은 초대형주가 종합주가지수를 견인하는 경우도 있지만, 아무리 힘 있는 우량한 종목이라도 끝없이 오를 수는 없다. 선도 상승 종목들이 지수를 끌어올린 뒤 쉬는 동안 다른 종목군들이 뛰어오르는 것이다. 마찬가지로 뛰어오른 종목들이 올라가다 쉬면 또 다른 업종이 바통을 이어받는 식이다. 동일비중 포트폴리오를 세팅할 때 업종을 골고루 섞는 이유가 여기에 있다.

현대차, 기아차와 같은 완성차 회사의 주식을 사면서 현대모비스, 만도와 같은 자동차 부품주를 함께 넣는 것은 분산투자가 아니라 집중투자나 다름없다. 꼭 포트폴리오에 함께 담고 싶다면 두 종목을 합쳐서 한 종목의 비중으로 넣으면 된다. 예를 들어 총 5종목으로 포트폴리오 구성을 하려고 한다면 현대차와 현대모비스를 함께 사되 이들의 합산 비중이 전체 5종목 중 1종목 분량이 되도록 하는 것이다. 다만 리밸런싱을 할 때마다 조금 더 번거로워지는 건 감수해야 한다.

ETF를 포함하거나 ETF로만 포트폴리오를 꾸릴 경우에는 국가를 달리하거나 자산을 달리해 구성할 수 있다. 국가별 지수나 섹터를 추종하는 ETF 상품이 많이 있으므로 한국, 미국, 중국, 독일 등으로 분산할 수 있고, 금, 원유, 콩, 옥수수 등 원자재 ETF를 넣을 수도 있다. 하지만 원자재나 외환이 장기적으로 우상향하는 자산이 아님을 염두에 둘 필요가 있다.

현금도 종목이다

동일비중 포트폴리오를 운용할 때 현금을 들고 있게 되는 경우는 딱 한 가지 상황뿐이다. 보유 종목을 매도한 후 마땅히 교체할 종목이 없을 때다. 한국 주식 시장이 전체적으로 고평가인 시점에는 포트폴리오에 편입할 종목을 찾기가 힘들다. 이때는 대부분의 종목들이 가치갭이 거의 없거나 마이너스인 상태가 되어버린다. 즉 고평가 상태여서 포트폴리오에 편입하기 힘들다.

매수할 종목이 정 눈에 띄지 않는다면 현금도 하나의 종목이라고 마음 편하게 생각하면 된다. 총 5개 종목으로 포트폴리오를 구성하려고 하는데 매수 대상 종목이 겨우 1개밖에 없다면 현금 종목 4개를 보유하고 있는 셈이다. 이렇게 현금 종목이 많아지는 시기는 주식 시장의 폭락이 임박한 시점일 가능성이 높다. 따라서 주식 대신 현금을 많이 들고 있다고 해서 안달할 필요가 없다. 저평가된 종목이 없고 좋은 매수 시기에 있는 종목도 없다면 그땐 현금이 가장 좋은 종목인 것이다.

동일비중 포트폴리오 운용이 시가총액 가중방식이나 가치가중 포트폴리오보다 좋은 점이 바로 이것이다. 동일비중 포트폴리오 외의 포트폴리오 운용 전략은 현금을 종목으로 간주하지 않기 때문이다. 그래서 종목별 할당 비중을 계산할 때 계산이 좀 더 복잡해진다. 동일비중 포트폴리오는 현금도 종목처럼 간주할 수 있으므로 계산이 편리하다. 예를 들어 5종목으로 운용 중인데, 2종목을 매도한 뒤 교체 종목을 찾지 못했다면 투자금 중 40%가 현금이 된다. 그러면 20%짜리 현금 종목 2개를 보유하고 있다고 가정하면 되므로 리밸런싱 때 전혀 어려움이 없다. 또한 투자금의 일부 또는 전부를 현금으로 보유하고 있다면 시장 전체의 하락 충격이 있을 경우 손실을 크게 줄일 수 있다. 그뿐만 아니라 가치 대비 대폭 싸진 종목들을 포트폴리오에 골라 담을 수 있는 절호의 기회도 얻게 된다. 그러니 잊지 말자. 현금도 종목이다. 그리고 주가 폭락기에는 현금이 비장의 무기가 된다.

몇 가지 팁을 덧붙이자면, 포트폴리오에 늘 현금으로 1~2개 종목 분을 보유하는 것도 괜찮은 전략이다. 이럴 경우 주식 시장 상승기에는 포트폴리오 전체 수익률을 깎아먹는 요인이 되지만, 시장 전체가 암울한 시기로 들어섰을 때는 수익률 하락을 어느 정도 줄이는 효과가 있다. 포트폴리오에 상시 현금을 섞을 때의 가장 큰 효과는 심리적인 안정감을 줄 수 있다는 점이다. 아무리 장기투자라고 해도 투자금 전액을 주식으로 보유하는 것이 마음에 걸린다면 5종목 중 1~2개 분량의 현금을 상시 보유하면 된다. 주가가 크게 하락했을 경우 리밸런싱 때 현금이 든든한 지원군이 될 것이다.

주의할 점은 시장 분위기에 따라 현금 비중을 기준 없이 늘리고 줄이면 가치투자자가 아닌 매매자가 되어버릴 위험이 높다는 것이다. 매번

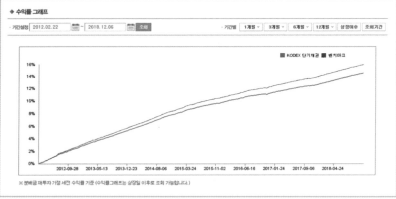

KODEX 미국채10년선물(위)과 KODEX 단기채권(아래) 수익률 비교

주식 시장의 장세를 제대로 읽어낼 수는 없으므로, 주식과 현금을 오가
느라 동일비중 포트폴리오의 장점 중 하나인 여유 있고 편안한 투자를
해나갈 수 없게 된다. 포트폴리오에 현금을 넣으려면 운용이 끝나는 그
날까지 항상 일정한 비율을 유지하겠다는 목표를 잊지 말아야 한다. 대
신 연간 목표 수익률은 주식만으로 운용할 때보다 낮춰야 할 것이다.

동일비중 포트폴리오 전략으로 가치투자하라

현금 대신 채권으로 운용하는 것도 좋은 방법이다. 다들 알다시피 채권은 이자가 붙으므로 현금 파트에서도 수익이 발생할 수 있다. 그렇다고 정말 채권을 사라는 게 아니라 채권 ETF를 사라는 뜻이다. 주식 시장에는 몇 가지 국내외 채권 ETF가 있는데, 여기서 주의할 점은 ETF 라고 다 안전하다고 생각하면 안 된다는 것이다. 미국 국채나 미국 국채 선물지수 등을 추종하는 해외 채권 ETF 상품은 주식처럼 손실 위험성도 있다. 환헤지를 하지 않는 ETF는 미국 국채에서 이익이 났더라도 리밸런싱 시점에 환차손이 날 수도 있다. 따라서 현금 대신 채권을 넣으려면 반드시 국내 채권 ETF를 사야 한다.

채권 ETF를 사는 이유는 국내 투자에 편중되는 포트폴리오의 변동성을 줄이기 위함이 아니다. 단지 꾸준한 이자 수입을 얻기 위한 것이다. 물론 약간의 변동성 축소에 도움이 되기는 한다. 국내 채권 ETF들은 시간이 흐를수록 ETF의 가격이 올라가면서 이익이 발생한다. ETF 안에 있는 채권으로부터 주기적으로 이자가 계속 들어오기 때문이다. 실제로 국내 채권 ETF의 수익률 그래프를 보면 해외 채권 ETF와 달리 꾸준히 우상향하는 것을 알 수 있다.

보통주보다는
우선주를 사라

우선주는 보통주보다 배당금을 좀 더 많이 주거나, 기업을 해산하는 경우 잔여 주주 재산에 대한 우선 분배권을 가진 주식이다. 대신 주주총회에서의 의결권이 없다. 그래서 우선주를 발행하는 기업의 입장에서는 경영권이 흔들릴 위험 없이 추가 재원을 확보하기 위한 목적으로 발행한다.

주주총회에 참석하지 않는 대부분의 개인 소액 주주들에게 의결권 여부는 어차피 상관이 없다. 따라서 고배당을 목적으로 한 투자에서는 보통주보다 우선주를 사는 게 유리하다. 하지만 우선주는 밸류에이션이 어렵다는 단점이 있다. 보통주는 정해진 공식에 의해 적정주가를 비교적 쉽게 계산해낼 수 있지만 우선주는 보통주를 기준으로 다시 계산해야 한다.

우선주는 주주총회에서의 의결권이 없으므로 당연히 보통주보다 가격이 싸다. 이때 보통주보다 얼마나 싸게 매겨야 하는지 명확히 규정되어 있지는 않지만 선진국의 경우 우선주와 보통주의 가격 괴리율이 25% 정도라고 알려져 있다. 우리나라에서는 우선주가 보통주보다 30~40% 정도 낮은 가격에 거래되는 게 일반적이다. 따라서 보통주에 비해 우선주의 가격이 절반 이하라면 매수하기 좋은 시기라고 볼 수 있다. 우선주는 보통주에 비해 매수 수요가 더 탄탄하다.

우선주는 가격이 하락할수록 보통주보다 배당수익률이 더 높아지므로 고배당주 펀드에서 늘 눈독을 들인다. 우선주를 발행한 회사 입장에서도 배당금으로 빠져나가는 비용을 줄이기 위해 기회만 되면 우선주를 사들여 소각하려고 한다. 간혹 우선주에 투기 세력이 붙어서 연속 상한가를 내며 비정상적으로 급등하는 경우가 있는데, 이때는 보통주와의 괴리율이 역전되어 우선주가 보통주보다 비싸지는 희귀한 상황이 발생하기도 한다.

동일비중 포트폴리오 전략으로 가치투자하라

다행인 것은 평상시 우선주가 보통주에 비해 유달리 더 급락하는 경우는 거의 없다는 것이다. 그렇다면 답은 나왔다. 우선주가 있는 주식이라면 당연히 보통주가 아닌 우선주를 선택해야 한다. 단기 매매가 아닌 오랜 세월 장기투자할 예정이므로 배당금을 많이 주고 가끔씩 급등하는 우선주를 마다할 이유가 없다. 다만 우선주가 간혹 급등한다고 해서 투기 목적으로 매수한다면 작전주나 테마주처럼 큰 리스크를 동반할 수 있으니 괜한 욕심은 금물이다. 우선주가 보통주의 반값일 때 포트폴리오에 편입한다면 보통주 투자보다 실속 있는 선택이 될 것이다.

궁합이 좋은
ETF와 EWP

ETF는 주식 시장에서 주식처럼 거래할 수 있는 인덱스펀드를 뜻한다. 펀드매니저가 관여해 운용하는 액티브펀드와 달리 지수의 등락을 그대로 따라다니도록 설계되어 패시브펀드라고도 불린다. 펀드매니저라는 전문가의 역량이 없음에도 불구하고 인덱스펀드는 투자 기간이 길어질수록 어지간한 액티브펀드의 수익률을 능히 추월한다.

인덱스펀드의 수익률이 높은 이유는 2가지다. 첫 번째 이유는 아무리 유능한 펀드매니저라도 매번 시장의 밀물과 썰물을 읽어내며 펀드를 운용할 수는 없기 때문이다. 주식 시장의 대세 상승을 이끌 주도주나 대장주를 미리 알아채고 그때마다 적시에 편입해 넣는다는 건 쉽지 않은 일이다. 펀드 규모가 클수록 발 빠른 매매에도 어려움이 있다. 두 번째 이유는 펀드 보수와 수수료 때문이다. 펀드는 선취수수료, 환매수

동일비중 포트폴리오 전략으로 가치투자하라

수료, 후취수수료 외에도 이익을 내든 못 내든 매년 어김없이 각종 보수가 빠져나간다. 하지만 ETF는 수수료 문제에서 보다 자유롭다.

무엇보다 인덱스펀드는 늘 시장에 머물러 있으므로 대세 상승을 놓칠 리 없고, 매매 타이밍을 읽어내기 위해 개인이 애쓸 필요도 없다. 연간 보수도 일반 액티브펀드가 대체로 2% 이상인 데 비해 ETF는 0.5% 이내에 불과하다. 게다가 국내 주식형 ETF의 경우 증권 거래세 0.3%도 면제다. 국내 채권형 ETF나 해외 지수 또는 원자재 ETF의 매매 차익에 대해서는 배당소득세 15.4%가 부과된다.

장기투자에 적합한 ETF

그럼 ETF로 동일비중 포트폴리오를 운용하며 장기투자한다면 어떨까? 그야말로 천생연분이다. 동일비중 포트폴리오, 즉 EWP와 ETF는 궁합이 좋다. 개별 종목으로 동일비중 포트폴리오를 구성하려면 일단 후보 종목을 추려내야 하고, 그다음 적정주가를 구해야 하고, 사업성 역시 따져봐야 한다. 매수 시점 또한 적기인지 아닌지도 알아봐야 한다. 반면 ETF로만 포트폴리오를 짠다면 이러한 과정이 대폭 생략되어 포트폴리오 운용이 훨씬 단순해진다. 사업보고서나 재무제표를 들춰보지 않아도 되니 3V 작업 대부분이 필요 없어진다. 물론 수익률에 대한 욕심은 조금 내려놓아야 한다. 아무래도 잘 고른 개별 종목 포트폴리오보다는 지수와 움직임이 비슷한 ETF 포트폴리오 수익률이 조금 낮을 가능성이 있다.

ETF는 그 자체로 하나의 펀드다. 하나의 ETF 속에 다수의 개별 종목이 들어 있기 때문에 적정주가를 계산할 수도 없고 그렇게 할 필요도 없다. 다만 ETF도 순자산가치NAV; Net Asset Value가 있기는 하지만 주식처럼 가치와 가격의 갭이 크게 벌어지는 일은 없다. 일반 주식 종목은 밸류에이션 과정을 거치면서 적정주가가 구해지고, 언제 거래해야 할지 대략 알 수 있다. 하지만 여러 종목의 묶음인 ETF는 개별 주식처럼 밸류에이션을 할 수가 없다. 가치 평가를 할 수 없는 자산을 사고팔면 자신도 모르게 매매자의 길을 걷게 될 위험이 있다.

그럼 ETF는 언제 사서 언제 팔아야 할까? ETF는 한번 포트폴리오에 넣으면 업종이나 섹터가 사라지지 않는 한 평생 보유하면 된다. 즉 처음부터 업종별, 국가별로 분산을 잘 해둔다면 포트폴리오 업그레이딩이 필요 없는 것이다. 물론 어느 업종이나 섹터든 상당 기간 불황기에 접어들거나 글로벌 이슈로 급락해 어두운 터널을 지나는 기간이 있을 수 있다. 하지만 분명한 건 기업은 망할 수 있어도 ETF는 망하지 않는다는 점이다.

ETF 속에 있는 기업은 대부분 우량 기업들이지만, 만약 장기간 실적이 좋지 않게 되면 ETF에서 자동적으로 퇴출되고 새로운 우량 기업으로 채워진다. 따라서 대부분의 ETF는 장기적으로 가치와 가격이 우상향하게 될 것이므로 바닥에서 사서 천장에서 팔겠다는 욕심만 버린다면 단기적인 가격 등락에 초연해질 수 있을 것이다. ETF 가격 추세가 장기적으로는 우상향이 분명하지만 단기적으로는 큰 폭으로 출렁일 수 있다. 그래서 가급적이면 ETF 최초 매수 시점을 잘 잡아 들어가는 것

동일비중 포트폴리오 전략으로 가치투자하라

도 중요하다.

이때 흔히 말하는 주식 시장의 흐름을 파악하는 능력이 필요하다. 주식 시장이 전체적으로 고평가 국면이라면 현금 보유 상태로 기다리는 게 낫다. 하지만 대세를 파악한다는 게 그리 만만한 일이 아니라는 것이 문제다. 경제성장률, 국제수지, 물가지수, 국내외 금리와 각국의 통화 정책, 환율 추이 등 판단 근거로 삼아야 할 거시적 지표들이 너무 많다. 이들의 인과관계까지 파악해야 하는데 이는 결코 쉬운 일이 아니다. 그렇게 연구해서 대세를 예측하더라도 틀릴 가능성도 많다. 이 분야의 전문가들조차 틀리는 사례가 많은 걸 보면 톱다운이 결코 쉽지 않다는 걸 알 수 있다.

그래서 대세 파악을 위해서는 차라리 매매자의 관점으로 단순하게 보는 게 더 쉽고 적중 확률도 높다고 본다. 매매자는 보통 위에서 언급한 모든 지표들이 종합주가지수 차트에 녹아 있다고 생각한다. 따라서 지수 차트를 유심히 들여다보면서 지금의 시장이 고점인지 저점인지, 지금 들어가면 될지 아니면 좀 더 기다려야 할지 정도의 큰 흐름을 포착해보자.

어떤 ETF가
좋을까?

현재 주식 시장에 상장되어 있는 ETF는 300개를 넘고, 앞으로도 계속 더 많은 ETF가 개발되어 상장될 것이다. 그중에서 동일비중 포트폴리오에 편입할 만한 ETF로는 고배당주 ETF, 섹터 ETF, 채권 ETF, 해외 지수 추종 ETF 등이 있다. 단순히 국내 종합주가지수를 추종하는 ETF는 만족할 만한 수익률이 나오기 어려우므로 권하고 싶지 않다.

만약 해외 자산에도 분산투자하고 싶다면 국내와 해외 비율은 6:4 또는 5:5 정도로 하는 것이 좋다. 국내 업종별 또는 섹터별 ETF 3개 정도에 투자하고, 해외 지수 추종형 2~3개 정도를 포트폴리오에 편입하면 특별한 이유가 없는 한 업그레이딩을 할 필요가 없다. 정기적으로 리밸런싱만 해주면 된다.

국내 ETF에 반드시 포함되어야 할 상품은 고배당주 ETF다. 장기투자용으로 가장 권할 만한 ETF가 바로 고배당주 ETF다. 고배당주 ETF는 고배당 기업 위주로 일정 주기마다 스스로 재편하므로 그대로 평생 들고 가면 된다. 고배당주는 일반 주식보다 배당금이 더 많은 것은 물론이고, 주가가 일정 수준 이하로 하락하면 배당수익률이 높아져서 매수 세력이 몰려들 가능성이 높다. 이로 인해 주가 하락이 어느 정도 방어되는 현상이 생기는데 이를 주가가 하방경직성이 있다고 표현하기도 한다.

ETF도 일반 주식처럼 1년에 2번(4월, 7월) 배당금을 지급하는데 이를 '분배금'이라고 부른다. ETF 안에 포함된 주식들에서 배당금이 나오면 이를 모아서 분배금으로 지급하는 것이다. 주식 배당금에 대해 배당소득세가 15.4% 부과되므로, ETF 구성 주식의 배당금을 모은 분배금에 대해서도 동일한 배당소득세가 과세된다. 삼성전자, SK텔레콤, S-Oil 등 중간 배당을 실시하는 기업도 점차 늘어나는 추세다. 보통 중간 배당금은 7월에, 기말 배당금은 이듬해 4월에 배당소득세를 제하고 주식

동일비중 포트폴리오 전략으로 가치투자하라

계좌로 입금된다. 일부러 인출하지 않는 이상 자동적으로 투자 원금에 보태어 재투자된다.

시중 공모펀드 중에서도 고배당주 펀드의 누적 수익률은 다른 펀드에 비해 높은 편이다. 고배당주 ETF로는 KODEX 고배당, KOSEF 고배당, KBSTAR 고배당, ARIRANG 고배당주 등 여러 종류가 있다. 주식시장에 상장된 ETF 자체가 동일비중 포트폴리오로 운용되는 것도 있다. KODEX 200동일가중, TIGER 200동일가중, KINDEX 삼성그룹동일가중 ETF 등이다. 앞에서 설명했지만 동일가중과 동일비중은 같은 의미다. 주식처럼 거래되고 있는 동일가중 포트폴리오 ETF 한 종을 사면 그 ETF에 들어 있는 주식에 이미 동일비중으로 투자된 것이므로 굳이 외부에서 또 다른 동일비중 작업을 할 필요가 없다. 다만 한 가지 동일가중 포트폴리오 ETF만 보유하는 것이 불안하다면 채권 ETF나 해외 ETF를 추가해 정기적으로 리밸런싱해주면 된다.

예를 들어 KODEX 선진국MSCI World ETF의 경우 MSCI World Index지수를 추종하는데, 이는 23개 선진국 시장의 주식에 시가총액 비중대로 투자하는 것과 같다. 높은 수익률보다 포트폴리오의 안정성에 주안점을 둔다면 KODEX 200동일가중과 KODEX 선진국MSCI World를 1:1로 동일비중 포트폴리오로 운용하는 것도 생각해볼 수 있다. 국내에 절반, 해외에 절반 분산투자했으니 그래도 안심될 것이다.

해외 ETF는 환차익을 볼 때도 있으므로 환차손 우려는 차치하더라도 매입가와 매도가의 차이에 대해 배당소득세 15.4%가 빠지는 것은 유념해야 한다. 해외에 상장된 주식을 직접 사서 팔면 양도소득세 22%를 내고 스스로 세금 신고까지 해야 하니 이에 비하면 낫지만, 어쨌든 국내 주식 거래에 비해 추가 비용이 더 드는 건 단점이다. 리밸런싱을 할 때마다 이러한 비용이 나간다는 뜻인데 국내 주식에만 편중된 포트폴리오가 정 불안하다면 세금과 환율 변동의 위험을 감수하고 해외 ETF를 넣는 걸 고려해볼 필요가 있다.

ETF를 선택할 때는 거래량이 풍부하고 기초 자산에 대한 추적오차가 적은 종목을 골라야 한다. 2017년 12월 기준으로 313개 ETF 중 45개(14.4%) 정도는 하루 거래대금이 1천만 원도 되지 않는다고 한다. 거래량이 적으면 매수호가와 매도호가의 간격, 그러니까 스프레드가 벌어져 거래비용이 증가할 우려가 있다. KODEX, KINDEX 등이 상장된 지 오래되어 거래량이 비교적 많고 추적오차도 적은 편이다. 또한 동일 비중 포트폴리오로 장기 운용하기에 적절하지 않은 ETF도 있으니 유의하자.

레버리지 ETF도 장기투자에서는 반드시 피해야 한다. 얼핏 2배 레버리지니까 수익률도 2배라고 착각하기 쉬운데 하락도 2배임을 잊지 말아야 한다. 지수가 장기간 상하 진동하는 구간에서는 변동성이 커서 더 위험한 것에 반해, 수익률은 지수 ETF와 별 차이가 없다. 이마저도 횡보나 하락 구간이 길어질수록 높은 변동성으로 수익률이 더 떨어질 가능성이 높다. 그리고 당연한 이야기지만 포트폴리오에 인버스 ETF를 넣는 것은 금물이다. 인버스 ETF는 '인버스inverse'라는 단어가 말해주듯 주가지수와 반대로 가는 ETF다. 주가 하락을 헷지하기 위해 포트폴리오에 일부를 넣어둘 수도 있지만 주가 상승 시에는 늘 포트폴리오 수익률의 발목을 잡는다. 주가지수가 오르는 만큼 인버스 ETF의 가격은 떨어지기 때문이다. 그렇다고 주가가 오르는 순간 인버스 ETF를 때맞춰

동일비중 포트폴리오 전략으로 가치투자하라

파는 것도 어렵다. 오히려 인버스 ETF로 인해 시세에 연연하다가 투자가 아닌 매매로 빠질 위험도 있다.

2018년 들어서면서 EMP_{ETF Managed Portfolio} 펀드라는 것도 약진하는 중이다. 각 증권사나 운용사에서 경쟁적으로 출시하고 있는데, 그만큼 ETF만으로 포트폴리오를 꾸려 운용할 때 얻는 이점이 많다는 방증일 것이다.

켈리 공식과
리밸런싱 데이

켈리 공식Kelly Formula은 1956년 미국의 켈리J. L. Kelly라는 수학자가 수학 이론을 도박에 적용할 수 있는 이론을 논문으로 발표하면서 만들어졌다. 도박의 속성을 갖는 모든 투자에서 얼마의 금액을 베팅해야 위험은 줄고 수익이 극대화되는지, 즉 투자에서 얼마의 금액이 장기적으로 살아남기 좋은지 수학 공식으로 만든 것이다.

켈리 방정식 또는 켈리 법칙이라고도 부르는데, 이 공식의 요점은 "승률만큼 걸어야 한다."라는 것이다. 카지노의 규칙을 바꾸게 했다는 블랙잭의 대가 에드워드 소프도 생전에 켈리를 만나 이 공식을 배워 실전에 사용했다고 한다. 우리가 켈리 공식에 대해 알아야 하는 이유는 동일비중 포트폴리오를 구성할 때 종목당 할당액 비중을 바로 이 공식으로 결정할 수 있기 때문이다.

동일비중 포트폴리오 전략으로 가치투자하라

켈리 공식과
종목당 할당액 비중

켈리 공식은 다음과 같다.

B=W−(1−W)/R

R=P/L

여기서 'B'는 '베팅 규모betting size'를 말하며, 'W'는 '승률winning rate', 'R'은 '손익 비율profit-loss ratio'을 뜻한다. 예를 들어 평소 자신의 주식 거래 승률을 먼저 따져보자. 투자 일지나 기록장을 열어서 그동안의 주식 거래 중 평균 몇 번 수익 거래를 냈는지 계산한다. 10번 거래 중 6번 수익을 냈다면 승률 W는 60%, 즉 0.6이다. 그다음에는 손익 비율을 계산해볼 차례다. 수익를 낸 거래라면 평균 수익률은 몇% 정도인가? 10%, 20%, 30%의 수익을 냈다면 산술평균으로 20%로 가정하면 된다. 그럼 대입할 값은 0.2다. 손실을 낸 거래도 위와 같이 계산해본다. −5%, −10%, −15%라면 평균 손실률은 10%로 대입할 값은 0.1이다. 계산을 간단히 하기 위해 가장 먼저 손익 비율인 R을 구하면 R은 '0.2/0.1=2'가 나온다. 그럼 베팅 규모 B를 계산해보자.

B=0.6−(1−0.6)/2=0.4

즉 베팅할 금액은 매번 전체 투자금의 40%라는 뜻이 된다. 전체 투자금의 40%를 투자하는 것이 위험은 줄이고 수익을 극대화할 수 있는 방법이다. 만일 수식에서 수익률과 손실률이 동일하다면 R은 1이 된다. 수익을 낼 때 평균 10%, 손실을 때도 평균 10%라면 아래와 같이 수식을 간략화할 수 있다.

$$B=W-(1-W)/R=W-(1-W)/1$$
$$B=2W-1$$

이때는 단순히 승률만 생각하면 된다. 자신의 승률이 50%, 즉 2번 중 1번 이익을 내고 1번은 손실을 낸다면 'B=(2×0.5)-1=0'이다. 즉 승률이 50% 이하라면 베팅을 해서는 안 된다는 뜻이다. 거래를 하면 할수록 손실만 누적되기 때문이다.

최소한 승률이 55% 정도로 수익 쪽이 근소한 우위라도 있어야 겨우 전체 투자금 중 10%를 베팅할 수 있다. 공식은 'B=(2×0.55)-1=1'이다. 같은 식으로 계산해 승률이 60%, 즉 10번 중 6번은 수익을 내는 거래를 할 수 있다면 20%를 베팅하라고 나온다. 동일비중 포트폴리오를 구성할 때 종목 수를 바로 이 공식으로 결정할 수 있다. 우리는 좋은 주식을 가치보다 훨씬 싸게 매입하는 장기 가치투자를 하려는 것이므로 최소한 승률이 60%는 된다고 가정한다. 그러면 20%를 베팅하면 되므로 전체 투자금을 20%씩 5개 종목으로 나누면 된다.

사실 켈리 공식은 동시 베팅이 아니라 순차 베팅을 말하고 있다. 전체 투자금 중 20%만 하나의 종목에 투자해서 결과를 낸 후 다시 20%만 다음 종목에 투자하는 식으로 연속적으로 투자하라는 것이지, 20%

동일비중 포트폴리오 전략으로 가치투자하라

씩 5개 종목을 동시에 매수하라는 뜻은 아니다. 하지만 우리는 리밸런싱을 이용한 동일비중 포트폴리오를 운용해나가고자 한다. 1천만 원을 가지고 매번 200만 원만 주식을 사고 나머지 800만 원을 계속 현금으로만 들고 있으면 주식 시장에서 끝까지 살아남을 수야 있겠지만 충분한 노후자금은 만들 수 없다. 그래서 켈리 공식을 전체 투자금 중 종목당 할당액 비중을 결정하는 의미로 사용하는 것이다.

대신 5개 종목의 업종이 모두 달라야 한 번에 모두 하락하는 경우를 방지할 수 있다. 프로 도박사들은 켈리 공식 계산 결과의 절반만 거는 '하프 켈리 베팅half Kelly betting'을 사용하기도 한다. 수익률은 켈리 베팅보다 조금 떨어질지 모르지만 투자금이 급격히 줄어들 가능성을 줄여준다. 동일비중 포트폴리오에 하프 켈리 베팅을 적용하면 10개 종목에 동일한 비중으로 투자하면 된다. 그러면 심리적으로 좀 더 편안한 투자가 될 것이고, 계좌 평균잔고의 출렁임도 줄어들 것이다. 다만 10개 종목은 수가 많기 때문에 리밸런싱이 번거로울 수 있다.

그리고 투자 기간이 길어지면 주식 시장 전체가 붕괴되는 사태가 여러 번 있을 것이다. 이런 때를 대비해 별도의 자금을 준비해뒀다가 적절한 시기에 추가로 투입하면 포트폴리오 회복 시기를 앞당길 수 있다. 1997년 IMF 외환위기, 2007년 글로벌 금융위기 등의 사태 직후에도 주식 시장은 빠른 속도로 회복되었다. 언제 어떠한 상황에서도 사업을 계속 영위해나가는 것이 자본주의 기업의 영원한 속성이기 때문에 앞으로도 마찬가지일 것이다. 추가로 투입할 자금이 없더라도 포트폴리오를 동일비중으로 굳건하게 유지해나간다면 반드시 손실에서 벗어나 수익률이 반등할 것이다.

리밸런싱 데이
정하기

동일비중 포트폴리오를 운용하려면 매월 또는 2개월, 3개월 일정한 날짜를 정해 리밸런싱을 해야 한다. 리밸런싱 데이를 반드시 매월 1일이나 말일로 정할 필요는 없다. 원하는 어떤 날짜라도 상관없다. 기억하기 쉽게 생일이나 의미 있는 기념일의 날짜를 리밸런싱 데이로 정해보는 것도 좋다. 어느 날로 정했건 매 주기마다 똑같은 날에만 리밸런싱을 해주면 된다.

포트폴리오 업그레이딩도 마찬가지다. 밸류갭이 소멸되었거나 1년에 한 번 밸류갭이 가장 적게 남은 종목을 교체하는 일도 리밸런싱 데이에 맞춰 병행하면 된다. 그렇게 하면 포트폴리오에 새로 편입하는 종목을 동일한 비중으로 맞추기도 쉽다. 물론 새로 편입해 넣을 종목은 미리 점찍어 두고 있어야 한다. 평상시 관심 종목에 넣어두고 관찰하고 있는 종목이 있다면 종목을 교체할 대상을 고를 때 좀 더 효율적일 것이다. 투자 후보 종목을 빠르게 골라낼 수 있는 방법은 다음 파트에서 다루도록 하겠다.

포트폴리오에 새로 투입될 종목은 3V라는 3가지 조건을 모두 충족해야 하는데, 만약 3V 중 어느 하나라도 미흡하다면 밸류갭이 소멸된 종목만 매도하고 그 금액만큼 새로운 종목을 찾아 넣을 때까지 현금이나 채권 ETF를 보유하자. 다음 리밸런싱 때까지도 현금 보유 상태가 유지된다면 현금도 하나의 종목으로 간주해 주식 종목과 마찬가지로 동일하게 비중을 맞춰주면 된다.

동일비중 포트폴리오 전략으로 가치투자하라

일단 포트폴리오가 구축되었으면 정해진 리밸런싱 날짜가 될 때까지는 잊고 지내는 것이 가장 좋다. 수시로 시세 확인을 하다 보면 자신도 모르게 '시세 확인 중독'에 빠지게 되고, 뉴스나 차트와 같은 불필요한 소음에 휩싸여 어리석은 매매를 할 수도 있다. 리밸런싱 데이가 아닌데 HTS를 들락거리며 불필요한 매매를 하게 되면 자신도 모르게 가치투자가 아닌 투기 매매로 흐르게 된다. 보유 종목 주가가 내려가면 지분 확대의 기회가 되고, 주가가 올라가면 일부 차익을 실현하게 되니 조급한 마음을 내려놓자. 자신의 본업에 충실하다 보면 본업과 투자 양쪽에서 좋은 성과를 낼 수 있을 것이다.

너무 자주 주식 시세를 확인하고 일희일비하면 몸도 마음도 피곤해진다. 가뜩이나 신경 쓸 일이 많은 우리의 뇌를 위해 가급적 불필요하고 소모적인 일은 차단하는 것이 좋다. 주가는 1년 중 짧은 기간만 눈에 번쩍 띌 만큼 상승하고 나머지 기간은 지지부진하기 일쑤다. 그렇기 때문에 몇 달씩 횡보 중인 주가를 매일 지켜보느라 불안에 떨 필요 없다. 그러면 크게 상승할 주식을 대세 상승 초입에서 경솔하게 내던지고 후회하게 될 수도 있다. 그러니 리밸런싱 데이 전에는 주식 계좌를 확인하는 일도 자제하자.

리밸런싱 데이를 스마트폰의 일정관리 애플리케이션에 넣어두고 평상시에는 주식을 아예 잊고 사는 게 낫다. 그렇다고 주식 공부까지 손을 떼라는 뜻은 아니다. 상장 기업의 사업에 대해 조사하고 회계에 대해 공부하면 할수록 투자에 유익하다.

투자의 핵심은 끝까지 고수할 수 있는
올바른 원칙을 마련하는 것이다.

−벤저민 그레이엄Benjamin Graham

PART 5

실전 가치투자
노하우

Screening: 후보 종목 빠르게 골라내기

이제 3V를 통해 투자 후보 종목을 어떻게 검토하고 판별하는지 알게 되었다. 'Value', 'Volume', 'View' 순으로 종목들을 검토하게 되는데, 일차적인 목표는 재무제표 등에서 드러나는 부실한 기업을 걸러내는 것이다.

시간이 많다면 3V와 재무제표, 차트, 각종 뉴스와 공시 등을 들여다보며 후보 종목을 선별할 수 있겠지만 현실은 녹록지 않다. 전업 투자자가 아닌 이상 본업에 투자하는 시간과 노력을 포기하면서까지 주식 투자에만 몰두할 수는 없다. 동일비중 포트폴리오 전략의 장점은 본업에 영향을 받지 않고 올바른 방향으로 장기투자를 이어나갈 수 있다는데 있다. 만일 처음 종목을 선별할 때나 종목 교체 단계에서 너무 많은 시간을 할애한다면 그러한 취지에 어긋나고 말 것이다. 그래서 이번에 배워볼 것은 후보 종목을 빠르게 골라내는 방법, 즉 '선별Screening' 노하우다.

어떻게 빠르게
종목을 골라낼까?

우선 HTS에서 관심 종목을 담아둘 폴더를 만든다. '관심 종목1', '관심 종목2'로 이름을 붙여도 좋고 다른 이름으로 지어도 상관없다. 필자는 한국투자증권 HTS를 활용했다. 한국투자증권 HTS의 필터링 기능을 활용했지만 요즘엔 증권사들의 HTS 기능이 평준화되어 있으므로 어느 회사의 것을 사용하더라도 동일할 것이다. HTS의 '사용자 조건검색' 기능을 이용해 원하는 조건에 맞는 종목만 빠르게 걸러내보자. 단계가 많아 처음에는 조금 복잡해 보일 수 있지만 차근차근 따라해보면 금방 익숙해질 것이다.

먼저 왼쪽 위에 있는 조건검색창 ①에 원하는 조건의 키워드를 넣어보자. 예제에서는 '부채 비율'을 입력했다. 그러면 ②와 같이 '부채 비율 범위', '부채 비율 순위'라고 세부적인 조건이 나오는데 원하는 것을 선택하면 ③처럼 삽입된다. ③에서도 원하는 조건을 클릭하면 ④에서 설정한 구체적인 조건이 나온다(부채 비율 0% 이상 100% 이하). '수정' 버튼 ⑤를 클릭하면 반영된다. 이제 '검색' 버튼 ⑥을 누르면 ⑦처럼 조건을 만족하는 종목의 숫자와 필터링된 종목들이 나타난다. 이대로 '종목 전송' 버튼 ⑧을 클릭하면 관심 종목에 등록할 수 있다.

동일비중 포트폴리오 전략으로 가치투자하라

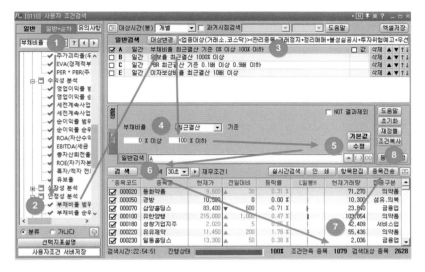

한국투자증권 HTS의 필터링 기능을 활용한 화면

　그런데 주식 시장 전체 종목을 대상으로 부채 비율 100% 이내 종목을 찾은 결과여서 검색 결과가 1천여 개에 달한다. 그래서 검색 결과를 좁혀가기 위해 같은 방법으로 유보율 1,000% 이상, PBR 0.9배 이하, 이자보상배율 10배 이상 등의 조건을 하나씩 원하는 대로 추가했다. 각 조건식의 체크박스를 하나씩 체크해가며 검색하면 검색 결과 숫자가 점점 줄어든다. 4가지 조건을 모두 체크하고 검색하니 최종 검색 결과가 100여 개에 달했다.

　아직도 검색 결과가 너무 많다. 그래서 영업이익률 3% 이상, ROE 최근 3년 평균 8% 이상, 배당수익률 3% 이상 조건을 추가하고 재검색했다. 그러자 모든 조건을 만족하는 종목은 20개 정도였다. 이 정도면 'Volume' 분석으로 넘어갈 만하다.

이렇게 1차 필터링한 종목 20개를 '관심 종목1' 폴더에 등록한다. '관심 종목1'을 대상으로 주가 차트와 투자자별 매매 현황을 짚어보면서 패턴과 포지션을 분석한다. 패턴과 포지션까지 좋다면 '관심 종목2'로 옮긴다. '관심 종목2'가 바로 2차 필터링한 종목들이다. 이렇게 2차 필터링까지 통과한 종목들만 밸류에이션을 진행한다. 'Value', 'Volume' 분석에서 모두 좋은 평가를 받은 종목만 'View' 분석을 수행한다. 이렇게 하면 가장 어렵고 주관성 개입이 많은 'View' 작업을 최소화할 수 있다. 일일이 수백, 수천 개의 종목을 다 3V로 들여다보는 건 품이 너무 많이 든다.

여러 단계를 거쳐서 복잡해 보이지만 1~2차까지는 빠른 시간 내 '선별'할 수 있다. 가장 마지막 단계인 'View'가 남아 있지만 사업보고서의 사업 내용을 훑어보고, 기업 홈페이지도 열어보면 대략 윤곽은 나올 것이다. 좀 더 정밀한 조사를 해야겠다는 생각이 들면 증권사 리포트와 해당 기사 검색 등 아날로그 작업을 병행하면 된다.

3V를 모두 통과한 종목의 수는 아마도 5개가 채 되지 않을 것이다. 최종 검색 결과에 도달한 종목에 대해서는 앞서 배운 방식대로 재무제표를 꼼꼼하게 살펴보자. 3V가 모두 끝났다면 이들 종목에 대해서 나름대로 '점수 매기기scoring' 작업을 해보는 것도 좋다. 이렇게 가장 높은 점수를 받은 종목만 포트폴리오에 넣으면 되는 것이다. 주식을 매수하는 적절한 시점 파악을 위한 'Volume' 단계까지 거쳤기 때문에 즉시 매수해도 된다. 물론 시간은 좀 더 들더라도 한 번에 모두 매수하지 말고 여러 날에 걸쳐 분할 매수하는 편이 안전하다.

동일비중 포트폴리오 전략으로 가치투자하라

동일비중
쉽게 맞추기

리밸런싱이나 업그레이딩을 할 때 매매 주문을 내게 되는데, 여러 종목을 주문해야 하므로 어느 한 종목을 주문하는 사이 다른 종목의 가격 변동이 심해질 수 있다. 그러면 다시 리밸런싱을 해야 한다. 주문 시점에서의 이러한 가격 미끄러짐을 슬리피지라고 하는데, 슬리피지를 최소화하기 위한 요령이 있다.

가장 중요한 점은 매수 주문보다 항상 매도 주문이 먼저라는 것이다. 동일비중 포트폴리오에는 현금은 최소한으로 줄이고 최대한 주식을 담아야 한다. 따라서 계좌에 여유 현금이 얼마 남아 있지 않을 경우가 많다. 이런 상황에서 매수 주문부터 먼저 내면 현금 부족으로 매수가 되지 않는다. 그러므로 매도 주문을 먼저 내어 현금을 확보한 다음 매수 주문을 하는 것이 좋다.

커다란 장독에 돌, 자갈, 모래를 최대한 가득 채워 넣으려면 어떻게 해야 할까? 어떤 것을 먼저 넣느냐에 따라 채워 넣을 수 있는 총량이 크게 달라진다. 작은 알갱이인 모래부터 넣으면 덩치 큰 돌을 몇 개밖에 넣지 못한다. 커다란 돌부터 먼저 넣으면 그 사이에 자갈을 넣고, 더 작은 공간 사이로 모래를 끼워 넣을 수가 있다. 즉 돌, 자갈, 모래 순으로 넣는 게 맞는 순서다. 주식 주문도 원리는 마찬가지다. 가격이 비싼 종목부터 먼저 주문을 넣고, 가격이 싼 종목을 나중에 주문하면 오차를 최소화할 수 있다.

그리고 하나 더 고려할 사항이 있다. 가격 변동이 시시각각 빠른 종목이 있고 거의 없는 종목이 있을 경우, 주문 순서는 가격 변동이 빠른 종목이 먼저다. 기껏 리밸런싱 주문량을 정해놓았는데 주문하려던 가격이 저만치 흘러가버리면 리밸런싱을 또 다시 해야 한다. 따라서 매매 주문 순서를 나열하면 다음과 같다.

1. 가격이 비싸고 주가 변동이 빠른 종목
2. 가격이 싸고 주가 변동이 빠른 종목
3. 가격이 비싸고 주가 변동이 느린 종목
4. 가격이 싸고 주가 변동이 느린 종목

이처럼 포트폴리오를 구성한 이후에는 정기적으로 동일하게 비중을 맞춰주는 리밸런싱이 필요하다. 이때 수작업으로 계산해도 크게 어렵지 않지만 증권사 HTS와 PC에 설치되어 있는 엑셀을 연동시키면 계산을 더욱 정교하고 신속하게 할 수 있다. 대부분 증권사의 HTS에는 실시간 주가 데이터를 엑셀로 넘겨주는 메뉴가 있다. 메뉴 이름에는 '엑셀', 'EXCEL', 'DDE'라는 단어가 들어간다. 못 찾겠으면 해당 증권사에 전화 한 통이면 금방 알아낼 수 있다.

HTS에서 보유 종목들을 선택한 후 엑셀에 표시할 항목을 함께 체크하면 된다. 종목명, 현재가, 매수 1호가와 잔량, 매도 1호가와 잔량 등은 반드시 필요한 항목이다. 그런 다음 엑셀에 연결하는 버튼을 누르면 실시간 데이터가 엑셀의 셀 속에서 움직이기 시작한다. 그 데이터를 기초로 비어 있는 셀에 투자금 중 현금 보유액, 보유 종목들의 수량을 입력해 더하면 된다. 그러면 총 투자금에 대한 평가잔액이 나온다. 평가잔

동일비중 포트폴리오 전략으로 가치투자하라

액을 종목의 수로 나누기만 하면 각 종목당 할당액이 나오고, 그에 맞춰 매매 주문을 넣으면 된다. 주의할 점은 HTS를 닫으면 엑셀과의 연결이 끊긴다는 것이다. 참고로 수수료와 세금까지 합해 얼마가 나오는지 쉽게 알아보려면 HTS에서 제공하는 증권계산기를 이용하면 된다. 수수료와 세금 등 거래비용으로 인해 종목당 할당액과 실제 주문금액 사이에 소액의 오차가 발생할 수도 있다.

투자금 증액은 언제 하는 게 좋을까?

최초 투자금 1천만 원 외에 여윳돈이 생겨 주식에 더 투자하고 싶을 수도 있다. 그렇다고 아무 때나 넣으면 포트폴리오 전체 수익률을 떨어뜨릴 우려가 있다. 투자금 증액 시점은 다음 2가지 경우가 좋다.

첫째, 증액하기 가장 좋은 시점은 포트폴리오에 주식 없이 100% 현금만 보유하고 있을 때다. 이런 때는 증액할 금액을 최초 원금과 합쳤다가 매수할 종목이 생기면 단순히 종목의 수로 나누기만 하면 된다. 하지만 포트폴리오를 일단 출범시키면 전액 현금 보유 상태로 있는 경우는 매우 드물다.

둘째, 다음으로 증액하기 가장 좋은 시점은 폭락장이다. 장기투자를 하면 10년에 1~2번 정도는 반드시 모든 종목이 대폭 하락하는 패닉 장세가 온다. 언론에 연일 주가 폭락에 관한 기사가 뜨고 언제 끝날지 모르는 비관적인 분위기가 팽배할 것이다. 하지만 추가 자금 투입은 이런

IMF 외환위기 당시의 폭락장

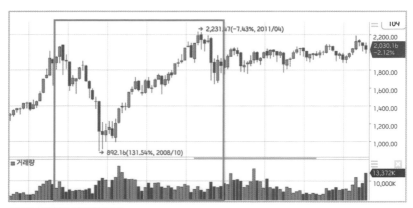

글로벌 금융위기 당시의 폭락장

때 하는 것이 오히려 가장 안전하다. 워런 버핏이나 피터 린치 같은 주식의 대가들은 이런 시점을 절호의 매수 기회로 삼아왔다. 그 결과 그들은 엄청난 수익을 거뒀다.

일본에서 장기 가치투자로 유명한 사와카미 아쓰토Sawakami Ashuto는 폭락장일 때만 주식을 사는 것도 좋은 방법이라고 말한다. 주가가 폭락

동일비중 포트폴리오 전략으로 가치투자하라

했을 때 사서 회복되면 모두 팔고, 다시 주식 시장을 떠나 있다가 다음 폭락장이 오면 같은 방법을 반복하는 것이다.

앞으로 30년 안에 남북 통일이 될 것 같지 않은가? 필자를 포함해 많은 사람들이 그렇게 생각할 것이다. 하지만 통일을 전후로 정치, 경제, 사회, 문화 등 모든 면에서 시장에 큰 충격이 있으리라 예상된다. 또한 이미 겪었던 것처럼 타국의 경제 위기가 우리나라에도 큰 영향을 미칠 수 있다. 이때를 대비해서 1년에 100만 원 정도씩 별도로 저축해두면 시장이 흔들릴 때 아주 요긴하게 쓰일 것이다. 직장인이라면 보너스를 받을 때마다 조금씩 모아두면 어렵지 않게 별도의 여유 투자금을 마련할 수 있을 것이다.

IMF 외환위기와 글로벌 금융위기 등 지나간 역사가 말해주듯이 이런 때 주식 보유 지분을 늘려두면 시장 회복과 더불어 급격히 큰 수익을 거두게 될 가능성이 높다. 다만 주가 폭락을 이용해서 추가 매수를 할 때 주의할 점이 있다. 폭락이 언제 다 끝나서 바닥을 만들지 알 수 없으므로 결코 한 번에 다 사들이면 안 된다는 것이다. 투입할 자금을 2~3번 정도에 나눠서 매월 1/2이나 1/3씩 투입하는 게 더욱 안전한 방법이다.

참고로 동일비중 포트폴리오는 증액은 있어도 감액은 없다. 동일비중 포트폴리오는 20~30년간 장기로 운용해야 크게 불어나게 되므로 중간에 투자금을 빼지 않는 것이 가장 중요한 원칙이다. 최초 투자금이 불어 1억 원만 되어도 차를 사거나, 집을 살 때 보태거나, 결혼자금으로 써야 한다는 유혹에 빠질 수 있다. 그렇지만 이 돈은 노후를 대비해 장기간 운용해야 할 자금이므로 일부라도 중간에 빼내면 공들여 지은 건

물을 무너트리는 꼴이 될 수 있다. 은퇴한 이후에 매달 황금알을 낳아줄 거위의 배를 미리 갈라버리는 격이다.

따라서 최초 투자금으로 1천만 원 이상 과하게 투입해 운용하는 것도 바람직하지 않다. 그 이상의 자금 여력이 있다면 은행 저축이나 부동산 경매 등 주식이 아닌 다른 방법으로 굴리든지, 아예 새로운 동일비중 포트폴리오를 짜는 것이 좋다. '풍차 돌리기식 적금'이라는 말을 들어보았을 것이다. 매월 신규로 1년 만기 적금을 가입해 12개를 만들면 이듬해부터 매월 만기가 돌아오는 예금이 생기게 된다. 이것을 이자와 합해서 재예치를 계속해나가는 방식으로, 혹시라도 급하게 써야 할 돈이 필요하면 그중 1개만 해지하면 된다. 나머지 11개의 예금은 중도해지로 인한 이자 손실이 없다. 주식 포트폴리오도 이렇게 기존의 것은 그대로 두고 새로운 포트폴리오를 구성하면 최초의 포트폴리오를 깨는 일은 없을 것이다.

우상향 자산을
판별하라

동일비중 포트폴리오로 장기투자를 해나가려면 편입할 자산이 시간이 흐를수록 우상향해야 한다. 가격은 가치를 따라 오르게 마련이니 자산의 내재가치가 점점 높아져야 한다는 뜻이다. 내재가치가 시간이 갈수록 올라가는 자산은 사실상 주식뿐이다. 주식 외에도 유명 화가가 그린 미술품이나 도심가의 빌딩, 요충지의 땅, 강남의 아파트 등도 시간이 흐를수록 가격이 올라가고 있다. 하지만 이들 자산은 1천만 원으로 접근할 수 있는 수준이 아니다. 따라서 우리가 쉽게 접근할 수 있는 투자 대상 자산은 오로지 주식밖에 남지 않는다.

그럼 주식은 왜 시간이 흐를수록 가치가 높아질까? 당연한 이야기지만 기업이 이익을 추구하는 조직이기 때문이다. 제품이나 서비스를 국내외 소비자들에게 팔아 끊임없이 이윤을 추구하는 게 자본주의 기업의 생리다. 기업은 돈을 벌면 모든 비용을 제하고 남은 이익 중 일부를 주주에게 배당하고, 나머지는 유보금으로 내부에 계속 쌓아간다.

주가가
우상향하는 이유

해마다 오르는 물가를 생각해보자. 원재료 가격이 오르면 이를 반영해 제품의 가격을 올리거나 양을 줄인다. 한번 올라간 제품의 가격은 어지간해선 내려오지 않는다. 기업은 이렇게 끝없이 이익을 늘려가고, 이익이 축적될수록 기업 가치가 올라가며, 이에 발맞춰 기업의 지분인 주식의 가격도 올라가게 된다.

따라서 장기적으로 가격이 우상향하는 자산인가 아닌가의 판별 기준은 '스스로 가치가 있는가?', '그 가치가 점점 더 성장하는가?'로 2가지다. 앞서 금, 구리, 원유, 콩, 옥수수 등의 원자재와 달러, 유로화, 엔화 등의 외환이 지속적인 우상향 자산으로 보기 어려운 이유에 대해서 이야기했었다. 20년 전 1돈에 5만 원 하던 금의 값이 지금 20만 원으로 오른 걸 보면 인플레이션으로 인해 이들 원자재들의 가격도 오르는 것 같다. 그런데 지나온 가격의 궤적을 보면 그렇지 않다는 걸 알 수 있다. 따라서 원자재와 외환은 그때그때 수요와 공급에 따라 가격이 등락하는 것일 뿐 지속적으로 우상향하는 그래프를 그리지는 못한다.

수요와 공급에 의해 가격이 등락하는 자산은 가치를 측정하는 것도 어렵다. 2018년 초 세상을 들쑤셨던 암호화폐는 어떤가? 암호화폐를

동일비중 포트폴리오 전략으로 가치투자하라

사려는 수요가 사라지면 언제든 일거에 가격이 내려앉을 수 있음을 극명하게 보여주었다. 스스로 가치가 없으니 시간이 흐른다고 성장할 리 만무하다. 장기투자인 동일비중 포트폴리오는 반드시 가격이 우상향하는 자산으로만 운용해야 한다. 따라서 어떠한 투자 대상을 접하면 내재가치가 있는지, 그리고 그 가치가 지속적으로 성장할 수 있는지 꼭 생각해보자.

승률과 수익률, 무엇이 중요할까?

시중에 나온 책 중에 초보자도 손실 없이 50%의 성공률을 유지할 수 있다는 뉘앙스의 카피가 붙은 책을 본 적 있다. 책의 전반적인 내용은 올바른 투자의 길을 안내하고 있지만, 부제만 보면 트레이딩 서적으로 오해받을 수도 있겠다는 생각이 들었다. 어쨌거나 '돈 벌 확률 50%'라는 측면에 대해 생각해볼 여지는 있다.

매매자가 이 정도의 승률을 갖는다면 엄청난 실력이라고 할 수 있지만 가치투자자의 경우에는 50%의 승률로는 돈 벌기가 어렵다. 어느 한 종목을 골라서 이익을 낼 확률과 손실이 날 확률이 각각 50%라는 뜻인데, 승률만큼 베팅하라는 켈리 방정식에 의하면 50% 승률일 경우에는 아예 베팅을 하지 말라는 계산이 나온다. 50% 승률로 돈을 벌겠다는 건 매매자에 가까운 마인드다. 투자가 아닌 매매의 영역에서는 이론적으로 30~40%의 승률로도 큰돈을 벌 수 있다. 다만 '손실은 작게, 수익은 크게'라는 조건이 붙을 따름이다. 이것이 트레이딩 영역의 절대 수칙이다.

매매자에게는 그래서 승률보다 수익률이 더 중요하다. 매수 이후 주가가 하락하면 손실이 작을 때 가차 없이 손절매해서 손실 확대를 차단한다. 주가 상승으로 이익이 나기 시작하면 투자금을 점점 더 실어 이익을 극대화한다. 세기의 개인 투자자 제시 리버모어Jesse Livermore는 이러한 피라미딩(상승 추세로 전환되어 수익이 나면 추가로 매수하는 기법) 전략으로 거부가 되었다. 이론은 이렇게 쉽지만 손절매 직후 급등한다든가, 피라미딩했더니 급락하는 경우가 수도 없이 많다. 몇 번이고 손절매를 해도 한 번 크게 성공하면 그동안의 손실분을 상쇄하고도 남는다는 계산이지만, 단 한 번의 큰 수익이 자주 오지 않으면 계속되는 손절매로 투자금은 점점 줄어들고 만다.

만일 가치투자를 한다면 승률이 최소한 60% 이상은 되어야 한다. 10개 종목을 골라서 그중 6개 이상은 이익 매도를 할 수 있어야 한다는 뜻이다. 밸류갭이 충분하고 우량한 종목만으로 포트폴리오를 꾸린 후 밸류갭이 좁아질 때까지 시간의 힘을 믿고 기다리면 70% 이상의 승률도 나올 수 있다. 절차대로 잘 고른 종목이라면 거의 대부분 이익을 내고 매도할 것이다. 중간에 출렁거려도 밸류갭이 거의 사라질 때까지 보유하게 되므로 수익률 또한 저절로 극대화된다.

이 세상에 절대적으로 안전한 주식투자는 어디에도 없다. 주식투자로 한정된 것만은 아니다. 모든 투자는 리스크를 안고 간다는 속성이 있다. 오랫동안 고심하고 제대로 골라서 최적의 매수 시점에 샀어도 이후 주가가 손실 구간으로 들어가는 일이 비일비재하다. 『문병로 교수의 메

동일비중 포트폴리오 전략으로 가치투자하라

트릭 스튜디오』에는 2000년 1월부터 12년간 국내 주식을 1년 단위로 관찰한 내용이 실려 있다. 여러 가지 실험 데이터가 실려 있지만 그중 하나만 언급하자면, 1년 이내 30% 이상 상승을 경험하는 종목 중 23% 이상 하락 구간이 같이 나타나는 경우가 무려 45%나 된다고 한다. 따라서 확신 없는 투자자는 그러한 하락 기간을 참아내는 게 여간 어려운 일이 아닐 것이다.

추운 겨울이 지나면 따뜻한 봄이 온다는 걸 누구나 알고 있다. 올바른 투자를 했다면 손실 구간은 이익 구간으로 넘어가는 징검다리 중 하나라고 생각하게 될 것이다. 부디 가치투자를 실현해 마음 편히 장기투자하길 바란다.

투자 수익률 계산법

자신의 투자 수익률 계산을 제대로 하는 투자자가 얼마나 될까? 아마도 초등학교 때 배운 산술평균으로 수익률 계산을 하는 이들이 적지 않을 것이다. 예를 들어 원금 1천만 원으로 5년 뒤 2천만 원을 만들었다면 연평균 수익률은 얼마일까? 수익금 1천만 원에 투자 기간 5년을 나눠 매년 20%의 수익률이라고 답했다면 제대로 수익률을 계산할 줄 모르는 것이다.

그럼 20%가 맞는지 검산해보자. 첫 해 수익금을 계산하는 식은 '1천만 원×20%'다. 즉 첫 해의 수익금은 200만 원이다. 200만 원을 최초 원금에 더해 두 번째 해 수익률을 구하면 된다. 이렇게 5번째 해까지 계산하면 아래와 같다.

1천만 원×20%＝200만 원

1,200만 원×20%＝240만 원

1,440만 원×20%＝288만 원

1,728만 원×20%＝345만 6천 원

2,073만 6천 원×20%＝414만 7,200원

연평균 20%씩 수익을 내면 5년 후 투자금 총액은 2,488만 3,200원이다. 2천만 원과는 한참 차이가 난다. 그렇다면 무엇이 문제였을까? 바로 복리 개념이 빠졌기 때문이다. 복리란 이자를 원금에 가산해 다시 또 이자를 불리는 개념이다. 딱 한 번만 투자하고 끝낼 것이 아니라면 주식투자 역시 은행에 복리 예금하는 것과 똑같은 과정을 거친다.

최초 투자해서 수익이 났다면 그 수익금을 합해서 다음 투자를 진행할 것이고, 그다음 투자도 마찬가지의 과정을 계속 반복한다. 그래서 투자 수익률은 반드시 복리 개념으로 계산해야 한다. 복리 방식의 연평균 수익률은 기하평균이라는 계산법을 이용한다.

원금이 1천만 원이고, 최근 5년치의 투자 수익률이 20%, 40%, 30%, 20%, 40%였다고 가정해보자. 산술평균을 구하는 식은 '(20+40+30+20+40)/5=30%'다. 하지만 기하평균은 아래와 같다.

$$\sqrt[5]{20 \times 40 \times 30 \times 20 \times 40} = 28.61938\%$$

동일비중 포트폴리오 전략으로 가치투자하라

따라서 연평균 수익률은 28.62%다. 산술평균은 모두 더해서 나누지만, 기하평균은 모두 곱해서 루트를 씌운다. 기하평균을 간단하게 계산하는 공식은 '72의 법칙'이 있다. 72의 법칙을 통해 해당 이자율로 원금이 2배되는데 대략 몇 년이 걸리는지 빠르게 알 수 있다. 72를 이자율로 나누면 원금이 2배가 되는 연수가 나오는 식이다.

예를 들어 이자율이 6%라면 '72/6=12'이므로 원금이 2배가 될 때까지 12년이 걸린다는 걸 알 수 있다. 이 공식을 이용해 5년 만에 1천만 원이 2천만 원으로 2배가 되었다면 아래와 같이 계산하면 된다.

72/x=5

이자율, 즉 투자 수익률이 우리가 알아내야 할 변수이고 원금이 2배가 된 연수는 5년으로 이미 주어진 상수다. 따라서 x를 구하면 연평균 수익률을 알 수 있다.

72/5=14.4

5년 만에 원금이 2배가 되었다면 연평균 수익률은 약 14%가 되는 것이다. 물론 검산해보면 완벽하게 정확하지 않지만 약간의 차이만 있을 따름이다. 72의 법칙이 정밀한 값을 내주는 공식이 아니라 대략적인 수치를 빠르게 얻고자 고안된 것임을 감안하면 근사치는 나온 셈이다. 참고로 기하평균의 값이 산술평균의 값보다 항상 작게 나온다. 실제로 원금 1천만 원이 5년 후 2배가 되기 위해서는 산술평균으로는 20%가

	A	B	C	D	E	F	G
1	1년후	20%					
2	2년후	30%		산술평균	=SUM(A1:A5)/5	26.0%	
3	3년후	40%		기하평균	=GEOMEAN(A1:A5)	24.6%	
4	4년후	25%					
5	5년후	15%					
6							

엑셀의 'GEOMEAN' 함수 활용 예시

나오지만 복리를 고려한 기하평균으로는 약 14%가 나왔다.

공학계산기를 두드릴 필요 없이 엑셀의 'GEOMEAN' 함수를 이용하면 기하평균을 쉽게 구할 수 있다. 예를 들어 동일비중 포트폴리오의 5년 투자 수익률이 예시 엑셀 화면과 같이 나왔다고 가정해보자.

엑셀 시트에서 'B1', 'B2', 'B3', 'B4', 'B5' 셀에 들어 있는 값들이 바로 투자 수익률이다. 이들의 기하평균을 구하려면 '=GEOMEAN (B1:B5)'라고 입력하면 된다. 예제에서는 F3 셀에 이 수식을 넣었다. 기하평균의 값을 구하면 '0.24595'처럼 소수점으로 나타난다. 상단의 '표시 형식'에서 '%' 기호를 눌러 백분율 스타일로 만들고, 바로 옆에 있는 '자릿수 조정'을 통해 소수점 자릿수를 바꿀 수 있다.

참고로 기하평균은 음수의 값이 인수로 들어가면 구해지지 않는다. 5년 투자 수익률에 손실이 난 해가 포함되어 있다면 수식을 다르게 입력해야 한다. 어렵지는 않으니 예제대로 따라해보자. 기하평균의 값을 넣고 싶은 셀을 클릭하고 다음과 같이 수식을 입력한다.

동일비중 포트폴리오 전략으로 가치투자하라

=GEOMEAN(C1:C5+1)−1

여기까지만 넣은 다음 키보드의 'Ctrl'을 먼저 누르고 이어서 'Shift'를 누른 다음 엔터키를 치기만 하면 위의 수식 앞뒤로 중괄호가 자동으로 들어가며 계산된다. 'C1'에서 'C5'까지의 범위는 수식 입력 중 마우스로 끌어주면 된다. 수식을 입력할 때 주의해야 할 부분은 중괄호 기호를 수동으로 입력하면 수식이 아닌 문자로 간주해버려서 계산이 되지 않는다는 점이다.

이번에는 음수를 양수로 바꿔 주기 위해 1을 더했다가 빼는 방식으로 기하평균을 구해보자. 'B1'부터 'B'5 셀에는 연도별 투자 수익률이 입력되어 있는데, 그것을 소수로 바꾼 값이 'C1'부터 'C5'다. C열의 값에 각각 1을 더해서 나온 값을 'D1'부터 'D5'에 넣었다. 1을 더함으로써 음수는 모두 사라졌고, 이 값(D열)의 기하평균을 구한 결과가 'H3' 셀에 있다. 이제는 'H3'의 값에서 1을 다시 빼줄 차례다. 'H4' 셀의 값이 음수 제거를 위해 더해주었던 1을 뺀 최종 기하평균이다. 'H4' 셀의 값과 위에서 단번에 구했던 'H5' 셀의 값이 동일함을 알 수 있다.

A	B	C	D	E	F	G	H	I
1년후	20%	0.2	1.2					
2년후	-30%	-0.3	0.7		산술평균	=SUM(C1:C5)/5	0.02	2.0%
3년후	25%	0.25	1.25		1을 더한 값의 기하평균	=GEOMEAN(D1:D5)	0.993106	
4년후	-20%	-0.2	0.8		기하평균(위에서 더한 1을 뺀 값)	=GEOMEAN(D1:D5)-1	-0.00689	-0.7%
5년후	15%	0.15	1.15		기하평균(Ctrl+Shift+Enter로 바로 구한 값)	{GEOMEAN(C1:C5+1)-1}	-0.00689	

음수가 들어갈 때 엑셀의 'GEOMEAN' 함수 활용 예시

적립식펀드의
허와 실

2000년대 중반 적립식펀드가 투자자들 사이에서 인기를 끌었다. 평소에 주식이나 펀드에 무관심했던 사람들까지 가입했을 정도로 열기가 뜨거웠다. 적립식펀드는 매월 정기 적금처럼 일정 금액을 불입해 주식을 사 모으는 것이다. 주식 시세가 상승하면 적은 수량을 매수하고, 하락하면 더 많은 수량의 주식을 사들이면서 매입 단가의 평균치를 내려준다. 매월 일정 금액을 불입하는 것이라 "지금 펀드에 들면 1년 후 얼마를 벌 수 있을까?"하며 적금과 착각하는 사람도 주변에 있었다.

그러다 2008년 글로벌 금융위기로 주식 시장이 폭락하면서 펀드 수익률 역시 급락하자 뜨거웠던 열기는 눈 녹듯 사그라졌다. 신문에 실린 펀드 수익률표를 보고 자신의 적립식펀드도 그 정도 수익률은 낼 것이라고 착각하기도 한다. 펀드 수익률표에 최근 1년 20%라고 표기되어 있다면 1년 전에 목돈을 한 번에 넣은 투자자의 수익률이 그러하다는 뜻이다. 특히 주가가 지속적으로 상승한 구간에서 적립식으로 투자한 수익률은 대체로 거치식펀드 수익률의 절반 정도로 나온다. 예를 들어 3년간 거치식투자로 묻어둔 수익률이 40%라면 적립식투자 수익률은 20% 수준이다. 거치식펀드는 투자원금이 투자 시작 시점에 한 번에 들어가고, 적립식펀드는 소액씩 나눠 들어가기 때문에 주가 상승 시기에는 펀드에 이미 불입되어 있는 금액만 상승 효과를 본다.

수익률표에 속지 말자

적립식펀드는 주식을 매월 나눠서 매입하므로 위험을 분산시키고 적절한 수익률도 올릴 수 있을 것 같아 보인다. 정말 그런지 적립식펀드의 지난 성과를 짚어보며 강점과 약점을 살펴보자.

코스피200지수를 추종하는 KODEX 200 ETF에 매월 10만 원씩 투자했다고 가정해보자. 글로벌 금융위기로 주식 시장이 폭락을 맞이하기 직전인 2007년 10월부터 2018년 12월까지 적립식투자의 성과를 검증해보았다.

이 기간 중에 나타난 주가 흐름에 따라 여러 가지 유형별로 구분한 적립식투자의 결과도 함께 살펴보겠다. ETF 내의 주식 배당금인 분배금 수입과 수수료 지출은 무시했다. 적립식펀드는 매도 없이 계속 매수만 하게 되므로 매도 시 거래세 0.3% 없이 매수 수수료만 부담하게 된

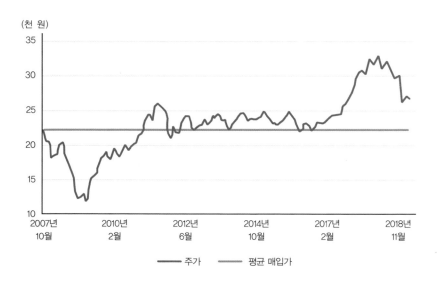

KODEX 200에 매월 10만 원씩 투자했을 경우(전체 기간)

(천 원)

주가 ——— 평균 매입가

다. 해외지수 ETF나 국제 원자재 ETF 등이 아닌 국내 ETF는 거래세 0.3%도 면제된다.

매월 10만 원씩 적립하고 ETF 매수량에 대해 매수 수수료(일반적으로 0.015%)를 투자 기간 내내 부과해도 총 2천 원 정도에 불과하다. 국내 ETF를 매도할 경우에 거래세가 면제되므로 1,600만 원 정도에 대한 증권사 매도 수수료는 2,400원 정도만 지출될 뿐이다. 이 정도면 그동안의 분배금 수입으로 충분히 충당되고도 남는다. 따라서 거래비용을 포함한 경우와 제외한 경우의 수익률 차이가 미미하므로 이하 검증에서 비용은 모두 제외했다.

전체 기간 동안 매월 10만 원씩 적립했다고 가정한 결과를 보면 실망

동일비중 포트폴리오 전략으로 가치투자하라

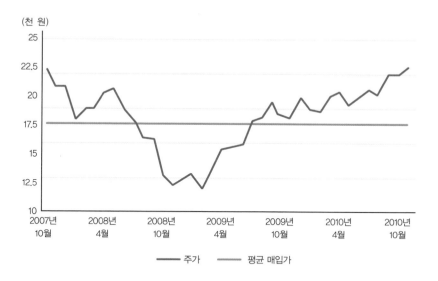

KODEX 200에 매월 10만 원씩 투자했을 경우(하락 후 상승)

(천 원)

— 주가   — 평균 매입가

스럽다. 적립식투자의 수익률은 평균 매입가와 환매 시점 현재 주가의 차이 만큼이다. 환매 시점 주가와 평균 매입가의 차이가 곧 수익률이며, 전체 기간을 두고 보면 19.1%가 나왔다. 11년이 넘는 기간의 수익률치고는 실망스럽다.

다음은 11년 동안 중간중간 나타난 주가 흐름에 따라 유형별로 나눠 살펴보자. 먼저 글로벌 금융위기로 인해 하락 후 상승한 구간이다. 약 3년간 수익률은 28%가 나왔다. 1년 4개월간 주가가 급락했다가 1년 9개월에 걸쳐 제자리로 돌아왔을 뿐인데 이 정도 수익률이 발생했다. 이처럼 주가가 하락했다가 다시 상승하는 U자 형태는 적립식투자 수익률이 높게 나오는 유형에 해당한다.

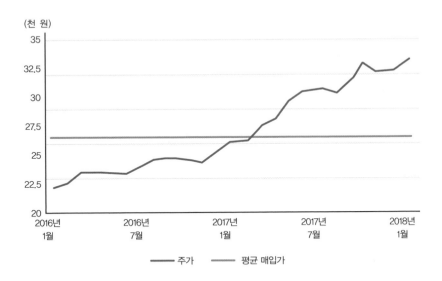

KODEX 200에 매월 10만 원씩 투자했을 경우(우상향)

당시 주가 폭락 상태에서 적립식투자를 접었다면 큰 손실을 피할 수 없었을 것이다. 펀드는 만기가 없으므로 현재 주가가 평균 매입 단가를 넘어서는 시점까지 보유하면 반드시 이익이 나는데, 2008년 글로벌 금융위기 당시 손해 시점에서 굳이 펀드를 환매한 사람들이 많았다. 필자의 지인 역시 그랬다. 1~2년만 더 들고 있었으면 이익으로 돌아섰을 텐데 아쉬운 대목이다. 자본주의 사회에서 기업의 주가는 반드시 회복한다는 굳건한 믿음만 있다면 앞으로 이런 절호의 기회를 놓치지 않을 것이다.

하락 후 상승 다음은 우상향 구간이다. 주가가 지속 상승했던 지난 2016년 1월부터 2018년 1월까지 2년간을 살펴보았다. 수익률은 24.2%

동일비중 포트폴리오 전략으로 가치투자하라

KODEX 200에 매월 10만 원씩 투자했을 경우(상승 후 하락)

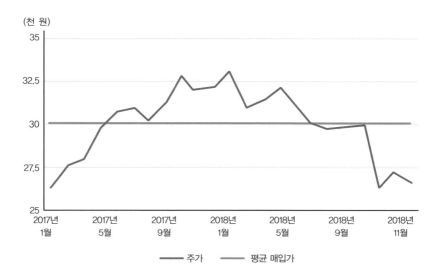

(천 원)

주가 · 평균 매입가

다. 이 기간 거치식펀드의 수익률은 49%다. 주가가 우상향하는 구간에서는 적립식펀드의 수익률이 거치식펀드 수익률의 절반 정도임을 알 수 있다.

가격이 지속적으로 우상향하는 경우에는 적립식이나 자산배분 등 어떠한 투자 전략보다 투자금 전체를 넣고 보유하는 방식이 최고의 수익을 낼 수 있다. 여기에 레버리지까지 걸면 수익금은 어마어마해질 것이다. 결과론적인 관점에서 보면 그렇지만 투자 자산의 가격이 언제까지 우상향할지는 그 누구도 장담할 수 없다.

우상향하는 자산에 바이앤홀드 전략으로 투자하겠다는 건 허무맹랑한 이야기다. 장기적으로는 우상향하는 자산이더라도 단기적으로는 상

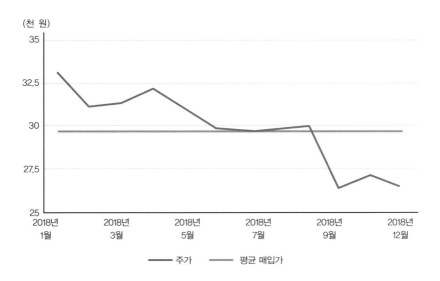

KODEX 200에 매월 10만 원씩 투자했을 경우(우하향)

(천 원)

승과 하락이 반복되기 때문이다. 이번엔 상승 후 하락으로 돌아선 적립식펀드의 투자 결과를 알아보자. 2017년 1월부터 2018년 12월까지 주가가 상승했다가 제자리로 돌아온 구간으로 테스트를 진행했다. 수익률은 -10.9%가 나왔다. 결국 적립식펀드에 투자할 때 초기 시점에 주가가 지속 상승하는 것은 위험하다는 걸 알 수 있다. 주가가 끝없이 오르기만 할 수는 없을 테니 언젠가 하락하는 구간이 반드시 도래하기 때문이다. 주가가 올라가는 구간에서 보유 수량을 늘리게 되므로 평균 매입가가 높아진다. 따라서 이런 패턴의 적립식펀드 투자 수익률은 지속 하락형 다음으로 나쁘다.

끝으로 근래의 사례인 2018년 한 해 동안 종합주가지수가 지속 하락했던 구간을 보자. 우하향 구간을 보면 주가가 계속 내려가기만 했으니 이 상태로 주식을 팔아 현금화한다면 최악의 결과를 맞게 된다. 수익률은 -10.5%다. 하락 구간이 짧아서 이 정도 손실로 그쳤지만 장기화될수록 손실의 폭이 더 커질 것이다. 거치식펀드의 수익률은 -19.5%다. 우상향이나 우하향의 경우에는 평균 매입가가 투자 구간의 중간쯤에 형성되므로 적립식펀드와 비교했을 때 거치식펀드의 손익률은 절반가량이었다.

지금까지 살펴본 바와 같이 주가가 우상향이거나 우하향인 경우에는 평균 매입가가 적립이 시작된 시점과 끝난 시점 가격대의 중간쯤이 된다. 주가가 위아래로 오르내리며 횡보한다면 주가 최고점과 최저점의 중간 정도 가격이 평균 매입가가 될 것이다. 실제 주가는 이렇게 단순한 형태로 움직이지 않고 상향, 하향, 횡보가 혼합되기 마련이다. 하지만 분명한 것은 분할 매수로는 주가의 최고점이나 최저점이 평균 매입가가 되진 않는다는 것이다.

그렇다면 적립식투자를 이익으로 끝내는 방법은 간단하다. 평균 매입가보다 높은 가격에서 펀드를 청산하기만 한다면 승률 100%다. 동일 비중 포트폴리오를 이용해 적립식투자를 해왔다면 ETF의 현재 가격과 평균 매입가를 단순 비교하면 된다. 적립식투자를 지속하는 동안 ETF 평균 매입가는 투자 계좌에서 언제나 쉽게 확인할 수 있다. 만약 ETF 평균 매입가보다 현재 가격이 더 낮다면 가격이 높아질 때까지 기다리면 된다. ETF 가격은 단기적으로는 출렁일지라도 장기적으로 우상향일 수밖에 없으니 기다리면 반드시 오르게 되어 있다. 따라서 적립식펀드에 투자할 때 가장 중요한 것은 기다릴 수 있는 시간이다.

적립식펀드 수익률이 최대로 나오는 주가 흐름은 차트의 밑단이 옆으로 긴 U자 또는 L자를 옆으로 뒤집은 것처럼 장기 횡보한 후, 끝에 가서 상승하는 경우다. 주가가 낮은 구간에 오래 머물러 있을수록 저렴한 가격으로 적립하는 주식 수량이 많아지는데, 후에 주가가 상승하면 이렇게 누적된 보유 지분이 통째로 상승의 혜택을 보기 때문이다. 따라서 적립식펀드 투자자에게는 적립을 시작한 직후부터 주가가 곧바로 상승하는 건 반갑지 않은 일이다. 상승 기간이 끝나는 시점에 맞춰 펀드를 환매하면 좋겠지만 꼭지에서 절반 이상 내려와야 그때가 정점이었다는 걸 알게 되는 경우가 대부분이다. 따라서 긴 하락 기간을 거친 후에 강하게 상승하는 경우가 최상의 결과를 낼 가능성이 높다. 기다림에 익숙한 적립식투자자에겐 장기 하락이 오히려 축복이 될 것이다.

시뮬레이션을 통해 적립식펀드의 수익률이 투자 기간과 비례하지 않는다는 것도 알았다. 환매 시점이 언제인지, 그리고 평균 매입가를 얼마나 낮췄는지에 따라 최종 수익률이 달라진다. 그래서 적립식펀드의 평균 매입가라는 것이 조금 허망한 느낌을 주기도 한다. 오랫동안 적립해오며 평균 매입가를 낮춰도 마지막 날의 주가가 그보다 못하면 긴 세월이 다 소용없어지기 때문이다. 평균 매입가를 극단적으로 비유하면 바로 어제 그 가격으로 주식을 한꺼번에 매입한 것이나 마찬가지다. 따라서 어제 매입가와 오늘의 주가가 얼마나 차이 나는지에 따라 바로 손익이 결정된다. 물론 우량주식의 주가는 10~20년 정도의 장기 구간으로 보면 우상향할 것이다. 따라서 평균 매입가보다 높은 주가가 될 때까지 기다리기만 하면 이익으로 끝낼 수 있다.

코스피200지수의 장기 흐름을 보면 알 수 있다. 코스피200지수는

동일비중 포트폴리오 전략으로 가치투자하라

코스피200지수의 장기 흐름

한국 상장 기업을 대표하는 200개 종목을 선별해 만든 것이다. 10년 이내의 구간으로 보면 중간중간 부침은 있지만 20년 이상의 긴 프레임으로 보면 우상향이 틀림없다. 즉 적립식투자는 어느 시점에서 시작했건 시간이 지나면 결국 이익으로 결말을 맞을 수 있는 구조다. 하지만 기간 대비 수익률이라는 투자 효율로 보면 그다지 매력적이지 않은 투자법이기도 하다. 그럼에도 불구하고 주식을 어려워하는 사람이 가장 쉽게 주식투자에 접근할 수 있는 유일한 방법이 적립식투자일 것이다.

적립식펀드는 매월 정해진 날에 일정 금액을 불입해서 주식을 매입하므로, 시간 분산으로 인한 위험 감소 효과와 함께 금액 분산으로 인해 평균 매입가를 낮출 수 있다고 알려져 있다. 그러나 처음 1~2년간은 그러한 효과가 있겠지만 그동안 불입한 누적금이 많아질수록 수익률 변동성이 점점 거치식펀드처럼 변해간다.

예를 들어 매월 10만 원씩 넣는 적립식펀드의 경우 2년이 지나면 원금이 240만 원이 된다. 이 시점의 평균 매입가로 계산한 계좌 평균잔고가 260만 원이라고 가정할 때, 주가가 급락하면 260만 원 전체에 대해 하락 위험을 안게 된다. 계속 매월 10만 원씩 추가된다고 해도 시간이 흘러갈수록 추가 불입금은 전체 금액 대비 미미한 금액이 되어가므로, 평균 매입가 인하 효과도 점점 약해진다. 따라서 500만 원이나 1천만 원 정도의 목표 금액이 달성될 때까지만 적립식으로 불입하다가 목표 금액에 도달하면 인출해 동일비중 포트폴리오로 운용하는 편이 낫다.

적립식펀드로 종잣돈을 만들자

그럼 적립식펀드로 동일비중 포트폴리오를 운영할 종잣돈을 만들기 위해서는 어떤 방법이 가장 좋을까? 몇 년 전만 해도 적립식펀드에 가입하려면 은행이나 증권사에서 판매 중인 펀드 상품을 골라야 했다. 하지만 지금은 주식 시장에서 주식처럼 쉽게 구매할 수 있는 ETF에 직접 적립식으로 투자하는 사람들이 늘고 있다. 시중 공모펀드는 수수료와 보수가 높고 투자금을 불입한 날 주식을 매수하지도 않는다. 펀드에 따라 환매에도 제약이 따른다. 공모펀드가 가진 이러한 단점들을 ETF로 대부분 해결할 수 있다.

최근에는 HTS에서 ETF 자동 매수 서비스를 제공하고 있다. ETF를 매월 매수하는 날과 매수하는 금액을 정해놓기만 하면 된다. 매우 간편하게 적립식투자를 시작할 수 있다. 이렇게 하면 불필요한 수수료가 들지 않고, 국내 주식형 ETF는 거래세 0.3%도 면제되므로 거래비용도 절

동일비중 포트폴리오 전략으로 가치투자하라

약할 수 있다. 매월 10만 원씩 하나의 ETF만 매수해도 좋고, 5만 원씩 2가지 종류의 ETF로 나눠 적립해도 좋다. ETF는 그 자체로 펀드이기 때문에 한 종류의 ETF만 매입한다 해도 여러 주식에 분산투자하는 효과가 있어 자산배분에 대한 걱정은 하지 않아도 된다. 그래서 적립식투자에서는 군이 일정 비율을 현금으로 들고갈 필요가 없다.

적립식으로 투자하기 좋은 ETF에는 어떤 것들이 있을까? 앞서 '궁합이 좋은 ETF와 EWP'에서 설명했듯이 추천 1순위는 단연 고배당 ETF다. 고배당 주식으로부터 매년 나오는 배당금이 원금에 계속 보태지며 복리 효과를 만들기 때문이다. 매월 10만 원씩 고배당 ETF를 매수할 경우 약 4~5년이면 EWP를 시작할 수 있는 종잣돈으로 500만 원 이상 확보할 수 있다. 적립식으로 투자한 펀드가 이익이 나려면 펀드 환매 시점만 제대로 선택하면 된다. 평균 매입가보다 펀드 기준가 또는 ETF의 가격이 높은 시점에서 매도하면 반드시 이익이 나는 게 적립식펀드의 강점이다. 따라서 적립식펀드를 시작할 때 결코 손해가 난 시점에서 환매하지 않겠다고 마음속 깊이 새겨두도록 하자.

뉴스, 공시, 차트에
휘둘리지 마라

대부분의 주식투자자들은 귀를 쫑긋 세우고 신문과 방송, 인터넷 등에서 다양한 뉴스를 찾아본다. "소문에 사서 뉴스에 팔아라."라는 격언 때문인지 한국의 증권가인 여의도에서는 소위 '찌라시'라 불리는 B급 정보지가 매일 나돈다. 누가 만드는지 모르지만 근거 없는 루머도 상당해 차라리 모르는 게 약인 경우도 다반사다. 찌라시에 따라 주식을 수시로 거래하는 것보다 그냥 사놓고 무인도에 가서 1년 있다 오는 편이 수익률 측면에서 훨씬 효율적일 것이다.

왜 개인 투자자들은 바닥에서는 주식을 사지 않다가 꼭지에 다다랐을 무렵에야 어김없이 손을 대는 걸까? 이미 모두가 아는 걸으로 드러나는 현상만으로 판단하는 것이 가장 큰 원인이다. 개인 투자자들은 언론에서 장밋빛 호재가 만발할 때가 되어서야 확신을 갖고 주식을 사들

동일비중 포트폴리오 전략으로 가치투자하라

인다. 그렇다면 개인 투자자들에게 누가 주식을 대량으로 파는 걸까? 주로 외국인 투자자나 기관 투자가다.

실제로 우리는 호재 이후에 오히려 주가가 꺾이고, 악재 이후에 반대로 주가가 반등하는 것을 수없이 겪었다. 호재는 주로 주가가 오를 만큼 오른 상태에서 많이 나오고 악재는 주가가 내릴 만큼 내린 상태에서 자주 출현하는 경향이 있다. 결국 뉴스의 이면을 들여다보면 호재가 실은 악재이고, 악재가 실은 호재인 셈이다.

노이즈에서
벗어나자

투자한 기업이 직접 발표하는 공시 역시 물론 중요하다. 뉴스 중에는 기업 가치와 전망을 좀 더 정확하게 파악하는 데 도움을 주는 것들도 있다. 그렇지만 대부분 뉴스는 투자자의 공포와 탐욕에 불을 지펴 판단을 흐리게 하는 것들이 더 많다. 『소음과 투자』를 쓴 리처드 번스타인은 "신문 헤드라인의 목적은 독자들의 시선을 사로잡기 위함이지 정확한 정보를 전달하는 것은 아니다."라고 말했다. 모든 뉴스와 공시에 일일이 반응하면 장기투자가 아닌 단타 매매로 빠져버리기 십상이다. 그래서 뉴스와 공시, 호재와 악재 대부분이 '소음'에 해당되는 경우가 많다.

『문병로 교수의 메트릭 스튜디오』에서도 장기투자 관점에서 뉴스는 노이즈로 본다. 장기적으로 주가는 제 가치를 찾아가게 되어 있는데 그 과정에서 뉴스는 주가를 상하로 진동시키는 역할만 할 따름이라고 말한다. 일시적인 매출 부진이나 예기치 못한 악재는 우량 기업이라도 단기적으로 종종 겪는 일이다. 하지만 장기적인 프레임으로 보면 우량 기업의 주가는 반드시 우상향한다. 최선의 노력을 기울여 확신을 갖고 포트폴리오에 담은 주식이라면 반쯤 귀 닫고 눈 감고 태평한 마음으로 리밸런싱만 수행하는 편이 낫다. 리밸런싱 데이 외에는 보유 주식에 무관심한 게 불필요한 노이즈에 휩쓸리지 않는 비결이다.

필자 역시 실제 투자에서 소음에 휘둘려 더 큰 이익을 놓친 경우가 있다. 2016년 6월 1일, 필자는 삼성전자를 133만 8천 원에 매수했다. 그리고 그해 10월 10일, 165만 원에 매도했다. 매도 당시의 이유는 갤럭시 노트7 배터리 발화 사고로 인해 생산 중단을 결정했다는 소식 때문이었다. 그해 삼성전자의 예상 영업이익이 감소될 것으로 전망되어 애초에 평가했던 적정주가가 틀릴 것이라 판단한 것이다.

매수 당일에 필자가 평가했던 적정주가는 168만 원이었는데, 10월 10일 다시 계산한 적정주가는 순이익 감소를 고려해도 182만 5천 원이었다. 적정주가는 아직 멀었지만 리스크를 우려해 165만 원에 결국 매도하고 말았다. 여윳돈으로 투자한 것이 아니었으므로 느긋하게 기다릴 수 없었다. 이런 이유로 주식투자는 반드시 여유금으로 해야 제대로 결실을 맺을 수 있다. 수수료와 세금을 제하고 22.9%의 수익을 내서 큰 미련은 없었지만, 한 달여 정도 지난 뒤 다시 오른 주가는 결국 12월에 적정주가를 넘어섰다. 매도 이후 약 한 달간은 당시의 매도 선택이 적절했던 것처럼 보였다. 그러나 12월부터는 본격적으로 상승해 2017년 3월에는 결국 200만 원 고지까지 넘어선다.

그럼 필자의 매도 판단은 무엇이 잘못된 걸까? 이후에 『소음과 투

동일비중 포트폴리오 전략으로 가치투자하라

자』라는 책을 통해 매도 당시의 선택을 복기하게 되었고, 그때 필자 자신이 소음에 휩쓸렸음을 깨달았다. 언론에서는 연일 삼성전자의 생산 중단 소식을 전하며 조 원 단위의 매출 감소 및 수천억 원의 영업 손실을 언급하며 투자자들을 겁박(?)했다. 갤럭시노트7 생산이 중단된다고 해서 삼성전자의 열혈 고객들이 삼성 휴대폰을 다시는 사지 않을 것인지 객관적으로 생각했어야 했다.

리처드 번스타인은 소음의 위험성과 대처법에 대해서 중요한 조언을 했다. 소음에 휩쓸리면 나쁜 기업을 좋은 기업으로 인식하거나 좋은 기업을 나쁜 기업으로 인식할 수도 있다면서, 포트폴리오를 사건이 아닌 시간에 따라 정기적으로 리밸런싱하면 소음에 휩쓸리는 일을 억제할 수 있다고 말이다. 다행히 우리는 동일비중 포트폴리오를 통해 정기적 리밸런싱을 하게 되므로 그의 권고대로 시행하는 것이다.

포트폴리오에 넣을 종목을 고르고, 매수할 시점을 선택하고, 보유 종목을 교체할 때마다 우리는 선택의 기로에 선다. '과연 지금의 선택이 옳은 걸까?', '혹시나 내가 놓치고 있는 무엇이 있는 건 아닐까?' 하며 약간의 불안한 마음이 고개를 들 수 있다. 하지만 과정이 올바른 투자라면 스스로의 판단을 믿고 소처럼 우직하게 밀고가면 된다. 은행 예금의 정해진 이자처럼 100% 확실한 것이 존재하지 않는 곳이 바로 투자의 세계다. 모든 게 드러나서 불확실성이 제거된 시점이라면 이미 투자의 적기는 한참 지나버린 것이다. 세계 최대 전자상거래 기업 아마존의 CEO 제프 베조스Jeffrey Bezos의 말로 용기를 얻자. "대부분의 의사 결정은 원하는 정보의 70% 정도로 이뤄진다. 90%가 되도록 기다리면 늦어질 것이다."

차트에만
의존하지 말자

"돌이 뜨고 나뭇잎이 가라앉는다." 주식 시장의 오래된 격언이다. 가치 없는 잡주가 펄펄 뛰어오르고 내실 있는 우량주가 하염없이 하락할 때 하는 말이다. 매매를 주로 했던 시절에는 잡주든 우량주든 잘 오르는 종목만을 쫓아다녔기 때문에 돌이 뜨든지 잎이 가라앉든지 신경 쓰지 않았다. 그런데 가치투자자로 전향하고 나서는 이런 상황을 겪으면 적정주가고 뭐고 다 팽개치고 차트 예쁜 종목을 찾자는 생각이 불쑥불쑥 솟아난다. 매매자는 차트 패턴이 애매한 종목은 아예 거들떠보지 않지만 가치투자자는 내재가치를 중시해 차트 모양에 연연하지 않는다. 그런데 매수한 당일부터 주가가 크게 빠지기 시작하면 가치투자 자체에 회의를 느끼게 된다. '현재 주가가 적정주가고 차트에 모든 정보가 녹아 있다.'라는 트레이딩의 기본 전제가 옳다는 생각까지 들게 된다.

밸류에이션이 좋고 기업의 미래도 밝아 보이는데 주가가 맥을 못 추는 종목이 있고, 밸류에이션이 그저 그렇고 기업 전망도 불투명한데 주가가 펄펄 나는 종목도 있다. 재무제표, 사업보고서와 같은 텍스트 자료들만 보면 뜨는 돌 같은 종목을 발굴하기 어렵다. 차트와 같은 시각적 지표를 무시할 수 없는 이유다. 아무리 내재가치와 기업 전망이 뛰어나도 차트상 하락기에 접어든 종목은 앞으로 상당 기간 침체기를 피할 수 없다. 즉 우량 기업의 주식이라도 외국인 투자자나 기관 투자가들이 사지 않으면 오르지 않는다. 그래서 주가는 '수급'에 의해서 움직인다고들 말한다.

동일비중 포트폴리오 전략으로 가치투자하라

주식을 매수할 수요와 매도할 공급, 줄여서 수급이라 부르는 것을 파악하는 데 차트만 한 것이 없다. 하지만 수급이 왜 일어나는 것인지 생각해보자. 차트 패턴을 좌지우지할 수 있는 거액은 기업의 실적을 예상해 움직이는 것이다. 이러한 움직임이 뒤늦게 수급으로 나타나 우리에게 보여질 따름이다. 거래 단위가 크면 단기적으로는 어느 한쪽 방향으로의 관성이 생길 수는 있다. 하지만 차트로 중장기적인 미래의 주가를 예측한다는 건 점성술로 점을 치는 것과 같다. 주가 흐름이 단기적으로는 투자자의 심리에 따른 수급에 따라 움직이는 것처럼 보일 수 있지만, 긴 흐름으로 본다면 기업의 실적을 따라 움직이는 것이 자명하기 때문이다.

외국인 투자자와 기관 투자가는 거액의 투자금을 주식 시장에 넣고 뺀다. 그래서 개인 투자자들처럼 사고 싶을 때 금방 다 사들이고, 팔고 싶을 때 한 번에 털어내지 못한다. 독자가 국민연금의 투자금을 운용하는 펀드매니저라고 가정해보자. 삼성전자 주식을 100억 원어치 사들이려고 한다면 호가창에 떠 있는 그대로 다 사들이겠는가? 그런 식으로 주문한다면 삼성전자 주가가 하루아침에 상한가로 떠올라 값이 대폭 올라버릴 것이다. 더 이상 추가 매수하기 부담스러워진다. 그래서 적정한 매수 가격대를 정해둔 다음에 여러 날에 걸쳐 거래하는 것이다.

차트의 모양새를 과연 누가 만드는 것인지 곧바로 감이 올 것이다. 그럼에도 아직도 수많은 개미 투자자들은 남이 만드는 차트를 읽어낼 수 있다고 착각한다. 운전대는 큰손들이 쥐고 있는데 그들이 언제 어느 방향으로 핸들을 돌릴지 어찌 예측하겠는가? 그럼에도 매매자들은 차트로 미래의 주가를 알아낼 수 있다고 믿는다. 필자 역시 오랜 기간 이러한 그릇된 믿음에서 빠져나오지 못했었다.

추세라는 것이 있기 때문에 주가가 지나온 궤적을 보면 미래의 향방을 알 수도 있을 것 같았다. 지나간 차트로 보면 추세라는 것이 분명히 존재한다. 이미 다 그려진 주가의 궤적에 추세선을 긋기만 하면 되기 때문이다. 하지만 현재 진행 중인 주가는 어디로 튈지 아무도 알 수 없다. 추세선, 이동평균선 등 그 어떠한 보조지표를 사용해 분석해도 추세가 일시적으로 뭉개지는 지점은 반드시 발생한다. 저항선을 돌파하며 상승하나 싶어 얼른 매수하면 약 올리듯 저항선 밑으로 복귀해버리거나, 지지선이 붕괴되나 싶어 보유 종목을 즉시 팔아버렸더니 다시 올라가기도 한다.

차트나 보조지표를 배우는 것은 어렵지 않으나 실전에서 사용할 때는 각자의 주관이 개입되어 복불복이 되어버리기 일쑤다. 그래서 매매는 갈수록 어렵고 가치투자는 갈수록 쉬워진다. 책도 내고 강의도 하는 '차트도사'와 '차트박사'들이 많지만 쉽게 생각해보자. 당신이 차트에 해박해 매매 타이밍을 기가 막히게 맞히는 재주가 있다면 그 비법을 책에 싣고 강의로 모두 공개하겠는가? 아니면 비법을 극비로 숨기고 주식시장의 돈을 조용히 혼자 다 긁어모으겠는가? 답은 분명하다. 차트 해석에 도가 터도 계속 강의를 하고 책을 낸다는 건 자신이 직접 투자해서 얻는 수입보다 부수입이 더 많다는 뜻이다.

차트 전문가들의 해석이 수학 공식처럼 딱딱 들어맞는다면 주식 시장은 더 이상 존재하지 않을 것이다. 물론 공식이 아니라 확률이라고는 하지만 차트 이론은 확률적으로 미미한 우위에 있을 뿐이다. 가끔 제대로 들어맞아 두둑한 수익을 올릴 때도 있지만 영원히 통하지는 않는다는 게 차트 매매의 한계다. 차트는 주가의 지나간 궤적일 뿐 미래의 주가를 점치는 도구가 아니다. 투자 결정을 차트에만 의존한다면, 차트가 바로 가장 큰 노이즈가 될 것이다.

차트는 반드시
로그스케일로 보라

투자 결정을 차트에 의존하면 안 된다고 해서 차트를 완전히 외면하라는 뜻은 아니다. 로그차트를 활용하면 보다 효율적으로 가치투자를 할 수 있다. 주식 차트에서 세로축의 눈금 간격은 일반적으로 가격을 같은 간격으로 매긴 것이고, 로그차트는 등락률을 같은 간격으로 매긴 것이다. 예를 들어 일반 차트에서의 눈금이 10, 20, 30, 40, 50처럼 일정한 숫자 간격이라면, 로그차트에서의 눈금은 10, 20, 40, 80, 160처럼 일정한 비율 간격이다.

왜 로그스케일log scale로 차트를 보면 좋을까? 단타 매매 구간에서는 주가가 크게 변하지 않기 때문에 로그스케일 적용을 하든, 하지 않든 그리 큰 차이가 나지 않는다. 하지만 장기투자에서는 주가가 큰 폭으로 변하는 구간이 반드시 끼어 있기 때문에 이로 인해 그래프의 왜곡이 일어나 착시를 일으킨다. 착시는 곧 오판을 유도하게 되고 잘못된 매매를 촉발한다.

투자는 자산을 얼마에 매수해서 얼마의 이익을 냈는가를 중시한다. 따라서 가격 자체가 얼마로 올랐는지는 별 의미가 없다. 매수 시점부터

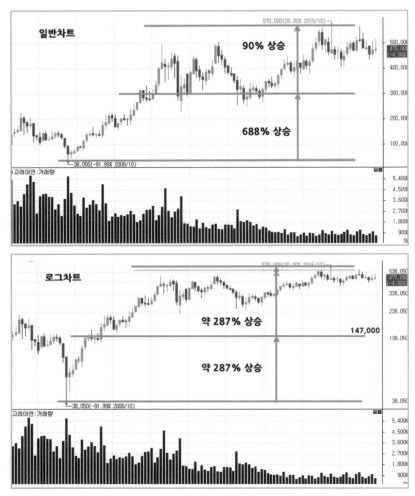

고려아연의 일반 차트(위)와 로그차트(아래)

몇 % 올랐는가를 알아야 투자 수익률을 알 수 있다. 로그차트는 등락
비율을 기준으로 눈금 구간을 그리기 때문에 주가 등락의 정도를 쉽게
파악할 수 있다.

동일비중 포트폴리오 전략으로 가치투자하라

고려아연의 10년간 월봉 차트를 기준으로 일반 차트와 로그차트를 비교한 것을 보자. 일반 차트에서는 동일한 상승폭처럼 보여도 실제로는 688%와 90%로 현격히 차이가 난다. 이는 세로 눈금을 표시할 때 가격을 10만 원 단위로 동일하게 나눠서 벌어진 착시다. 이 그림에서 보면 10만 원에서 30만 원 오른 것과 30만 원에서 50만 원으로 오른 것이 똑같은 수익률을 낸 것처럼 보일 것이다. 하지만 10만 원에서 30만 원으로 주가가 올랐다면 200% 오른 것이고, 30만 원에서 50만 원으로 오른 것은 겨우 67% 정도밖에 오르지 않은 것이다.

로그차트에서는 세로 눈금의 간격을 동일한 수익률 구간으로 눈금을 매겨서 이러한 수익률 착시가 생기지 않는다. 따라서 로그차트에서는 세로의 폭이 같다면 수익률도 똑같은 것이다. 고려아연의 경우 로그차트에서 14만 7천 원 정도를 기점으로 위와 아래의 수익률이 동일하게 약 287%로 나온다.

각 증권사 HTS마다 화면은 조금씩 다르겠지만 차트 환경설정 메뉴를 찾는 것은 그리 어렵지 않다. 대부분 차트 안에서 마우스 우클릭으로 환경설정 메뉴에 들어갈 수 있다. 거기에서 '로그차트', 'LOG차트' 'LOG' 등을 선택하면 된다.

주가는
내려가야 오른다

정석대로 잘 골랐다고 생각했던 종목의 주가가 뜻하지 않게 급락하는 경우가 있다. 공시나 뉴스를 찾아봐도 특별한 이슈가 없는 상황이라면 어떻게 대처해야 할까? 매매자라면 주가가 급락하는 당일에 신속히 처분하겠지만 가치투자자는 대응법이 완전히 다르다. 앞으로 몇 년씩 들고 있을 주식인데 몇 주나 몇 달 동안 흔들렸다고 해서 마음 졸일 필요가 없다.

동일비중 포트폴리오의 장점을 상기해보자. 오르는 종목이 있으면 내리는 종목도 있어야 한다. 그래야 서로의 가격갭을 이용해 오른 종목의 일부는 차익 실현하고, 내린 종목의 지분을 추가 매수할 수 있다. 이것이 반복되어 시간이 흐를수록 이익이 누적되는 투자 전략이 동일비중 포트폴리오다.

밸류갭이 분명히 있고 해당 회사에 특별한 하자가 없는 이상 '믿는 구석'이 있으니 조금도 마음 쓸 필요가 없다. '더 큰 이익을 내주기 위해 꽈배기처럼 주가가 얽히고 있구나.'라고 생각하고 넘기면 된다. 밤이 깊을수록 새벽은 가깝고, 골짜기가 깊으면 산이 높다고 했다. IMF 외환 위기 이후에도 그랬고, 글로벌 금융위기 이후에도 어김없이 그랬다. 미국이 9·11 테러 직후 무너진 빌딩을 다시 재건했듯이 정상적인 기업의 주가는 다시 회복되는 게 자본주의의 생리다.

가치투자자에게는 위기가 곧 기회다

위기는 기회라는 말을 모르는 사람은 없을 것이다. 하지만 주식 시장에서 위기를 기회로 맞이하는 사람은 극소수에 불과하다. 개인 투자자 대부분이 단타 매매를 하기 때문에 그들에게 위기는 정말 위기일 뿐이다. 매수 이후 급락을 맞으면 그들의 교과서엔 손실액을 불문하고 신속히 손절매하라고 쓰여 있다.

반면 가치투자자에게는 위기가 곧 기회다. 시장 분위기에 휩쓸려 일시적으로 대부분의 주가가 하락한다면 저렴한 가격으로 지분을 더 늘릴 수 있기 때문이다. 그러니 기업 가치에 문제가 없다면 주가가 급락하더라도 초연해지자. 시간이 좀 더 흐르면 자신이 가진 주식이 분명 본래의 자리를 찾아 돌아올 것이다. 아니 그 이상으로 상승할 것이다.

급하게 오른 주식은 결국 급락을 맞이하게 된다. 며칠 만에 몇 배씩 솟아오른다면 급히 먹은 밥에 체하듯이 갑작스런 급락으로 도루묵이 되어버리기 십상이다. 작전주나 테마주를 생각해보면 된다. 건전한 종목의 주가 흐름은 한동안 오르다 쉬고, 또 한 단계 오르고 쉬기를 반복하며 오랜 기간에 걸쳐 점진적으로 상승해간다. 어느 정도 주가가 오르면 단기 이익을 챙기려는 사람들이 꼭 있게 마련이므로 중간중간 단기 하락이 불가피하다. 동일비중 포트폴리오를 운영하는 투자자는 이런 단기 하락을 오히려 즐겨야 한다. 왜냐하면 하락 구간이 곧 이익의 원천이기 때문이다. 그러니 포트폴리오에 좋은 종목을 골라 담았다면 몇 주, 심지어 몇 달간의 주가 하락에 마음 졸이지 말자. 주가는 내려가야 오를 수 있는 것임을 한시도 잊지 말자.

대박 신화에
현혹되지 말자

주식 매매 관련 서적이나 인터넷 검색을 해보면 온갖 매매 비법들이 차고 넘친다. 상한가 따라잡기, 연속 하한가 공략하기, 재료 매매, 호가창 분석 등 참으로 다양하다. 여기에 여러 차트도사들의 차트 강의들도 수없이 많다. 하지만 이러한 차트 강의에는 일종의 속임수가 있다. 심리학 용어로 사후확증편향이라는 것인데, 차트도사들은 보통 수많은 차트 중 자신의 의도와 맞는 차트만 사후에 추려서 보여준다. 이미 거래가 다 끝난 과거의 차트 중에서 골라내는 것이니 얼마든지 입맛에 맞는 차트를 찾아낼 수 있다.

동일비중 포트폴리오 전략으로 가치투자하라

그뿐만 아니라 지나간 차트에 추세선이나 지지선, 저항선을 죽죽 그 어대면 어디에서 매수하고 어디에서 팔았어야 했는지 바둑의 묘수풀이 처럼 기가 막히게 딱딱 들어맞는다. 정답을 보고 시험을 치는 것과 같 으니 어찌 틀릴 수 있겠는가?『주식시장의 불편한 진실』에 이에 관련된 이야기가 나온다. "차트 전문가들이 이처럼 과거의 차트에 선을 그어놓 고 '주가가 추세선을 살짝 이탈한 후 재진입했다.'고 설명하지만 그 당시 시점에서는 살짝 이탈한 것인지 본격 이탈을 시작하는 것인지는 누구 도 알 수 없는 일이다."라고 말이다.

필자도 한때 차트에 심취했었지만 정말 차트 분석대로 미래의 주가 가 움직였다면 차트박사들은 모두 억만장자가 되어 있을 것이다. 그러 니 차트박사는 비법을 가진 사람이라기보다 축구나 야구 해설자처럼 지나간 차트를 맛깔나게 해설해주는 해석 전문가라고 보는 편이 정확 할 것이다.

오프라인 주식 강의에 관한 신문 광고도 자주 눈에 띈다. 자칭 주식 도사들이 무료로 강의한다는 건데 필자도 과거에 시험 삼아 딱 두 차 례 경험해봤다. 예상대로 비법을 알려주지는 않고 비싼 유료회원 모집 을 위한 미끼였음을 알았다. 심지어 공짜로 강의를 들으러 왔는데 박수 가 시원찮다고 일부러 면박을 주면서 회원가입을 유도하는 강사도 있었 다. 잠시만 생각해보자. 그들이 과연 세상의 돈을 갈퀴로 긁어모을 만 한 주식 거래 비법을 가지고 있을까? 정말 그런 능력이 있다면 떠돌이 장사꾼처럼 전국을 누비며 푼돈을 긁어모으러 다닐 리가 없다. 그럴 시 간에 그들만의 비책으로 주식 시장의 돈을 소리 없이 야금야금 모으는 게 훨씬 큰 이익이지 않겠는가? 그럼에도 불구하고 그런 자리에 꼬박꼬박 참석하러 다니는 분들을 보면 참으로 안타깝다.

가끔 신문이나 방송에 주식투자로 단기간에 거부가 되었다는 사람들의 이야기도 나온다. 주식투자로 큰돈을 벌었으니 이제는 개미 투자자들을 돕기로 마음먹었다든지, 장학기금을 설립해서 매년 꾸준히 기부를 하고 있다는 소식 등이 들리기도 한다. 그런 기사를 읽다 보면 연수익률 20%를 목표로 하고, 또 대부분 그 이상을 달성한 필자의 투자 수익률이 하찮게 느껴지기도 한다. 그 사람들은 몇 년도 안 되는 단기간에 필자보다 몇 배, 몇십 배의 수익을 올려 감히 넘볼 수 없는 신의 경지에 있는 것처럼 보이기도 한다. 그래서 과연 그 사람들이 어떤 방법을 썼기에 그토록 짧은 기간에 일반 투자자는 꿈도 꿀 수 없는 부를 거머쥘 수 있었는지 몹시 궁금했다.

그러나 언론의 인터뷰 기사를 읽어보면 고수들은 하나같이 두루뭉술한 노하우만을 흘릴 뿐이다. 주식투자를 어느 정도 해본 사람이라면 금세 무슨 말인지 알 만한 내용인데, 정말 그런 방법으로 지속적인 고수익이 가능한지 의구심이 든다. 분명히 무언가 다른 방법을 사용한 것 같기는 한데 공개하지 않는 느낌이다. 그러나 입장을 바꿔보면 그럴 수밖에 없다는 생각이 든다. 운과 때가 시기적절하게 잘 맞아 단타 매매로 고수익이 가능했다면 사실대로 말하기가 어렵고, 무언가 진짜 비법이 있다면 자신의 미래 수익을 포기하면서까지 공짜로 만천하에 공개할 생각은 없을 것이다.

그들이 어떤 방법으로 부자가 되었든지 간에 분명히 짚고 넘어가야 할 게 있다. 그들이 정말로 그러한 초능력적인 수익을 지금까지 계속 올려왔다면 전 세계 500대 갑부 순위 정도에는 이름을 올렸어야 한다. 하

동일비중 포트폴리오 전략으로 가치투자하라

지만 그렇지 못한 것을 보면 오랫동안 지속 가능한 투자법은 아니란 걸 알 수 있다. 워런 버핏이나 조지 소로스는 언론에 나온 절정 고수들처럼 단기간에 일확천금을 만들어 부자가 된 게 아니다. 수십 년에 걸쳐 매년 평균 20~30% 정도의 꾸준한 수익을 쌓아가며 수익금을 원금에 합해 재투자함으로써 복리 효과로 거부가 된 것이다.

수년 전 한국에도 몇몇 물고기 이름으로 불리는 초절정 고수들이 있었다. 그런 쪽에 관심을 갖지 않아서 그들의 이후 소식은 잘 모른다. 최근에는 주식투자 수익금으로 장학기금을 만들어 형편이 어려운 학생들에게 장학금을 전달하는 고수에 관한 기사를 보았다. 그의 선행이 알려져 청년 버핏으로도 불린다며, TV 프로그램에 나와 강연하는 모습까지 보았다. 하지만 결국 그는 알려진 것처럼 주식투자로 400억 원을 번 것이 아니라 사실은 14억 원을 벌었다고 고백한다.

순수한 마음에서 행하는 그의 기부 선행을 의심한 적은 없지만, 1천만~2천만 원으로 400억 원을 만들었다는 기사를 처음 봤을 때는 무언가 이상하다는 의심부터 들었다. 이런 기사들을 접하면 거북이처럼 느려도 꾸준히 나아가고 있는 일반 투자자들은 자신이 뭔가 잘못하고 있는 것 같은 착각이 들어 맥이 빠질 수 있다. 하지만 이렇게 뒤늦게라도 진실이 밝혀지면 허황된 대박 신화에 현혹되지 않아도 되니 가치투자자들에게 참 다행스런 일이라고 할 수 있다. 공연히 일확천금의 꿈에 현혹되면 장기간 잘 해오고 있는 투자 전략의 기반을 스스로 송두리째 흔들어 무너뜨릴 수도 있다. 적당히 귀를 막고 우직하게 자신의 길을 걸으며 사는 것도 현명한 투자자의 지혜가 아닐까?

장기투자자를 위한 제언

이번에는 변동성이 클수록 리스크가 커진다는 이야기에 대해 알아보겠다. 변동성은 가격 변동의 폭을 의미한다. 예를 들어 1만 원짜리 주식이 위아래로 1천 원씩 움직이는 것보다 5천 원씩 오르내린다면 변동성이 더 큰 것이다. 1만 원짜리 주식이 10% 하락해서 9천 원이 되었다면 본전 가격으로 되돌아갈 때도 거의 10%만 상승하면 된다. 하지만 1만 원이던 주가가 5천 원으로 하락해 절반이 하락하게 되면 본전 가격으로 되돌아가기 위해서는 가격이 2배, 즉 100% 상승해야 한다.

변동성이 극에 달해서 1만 원에 매수한 주식이 90%나 폭락해 1천 원이 되었다고 하자. 매수가인 1만 원으로 회복되려면 10배나 폭등해야 한다. 그래서 "변동성이 크면 클수록 손실의 폭이 급격히 커질 수 있다."라고 경고하는 것이다. 이번에는 변동성에 따른 동일비중 포트폴리오 수익률 변화를 구체적으로 분석해보겠다.

　가격 변동의 방향성이 정해지지 않은 대상에 투자할 때는 변동성의 크기와 위험의 크기는 비례한다. 외환, 원자재, 암호화폐처럼 장기적 프레임으로 보아도 방향성이 없는 자산에 투자할 때는 변동성이 높으면 높을수록 수익률도 크게 하락할 위험이 있다. 주식도 단기적으로 보면 방향성이 없는 가격 흐름을 보이게 되므로 변동성이 크면 클수록 원금 손실의 위험도 커진다. 하지만 우량한 기업의 주식은 장기적 관점에서 보면 시간이 흐를수록 주가가 올라가는 우상향 가격 패턴이 된다. 이런 경우에는 변동성과 위험도가 반드시 비례하지는 않는다.

변동성이 클수록
더 위험할까?

하나의 종목에만 집중 투자하는 것이 아니라 다수의 종목으로 포트폴리오를 구성해 장기 보유한다면 개별 종목의 변동성이 포트폴리오 전체 수익률에 별다른 영향을 미치지 않는다. 더 나아가 업종이 다른 다수의 우량 종목으로 동일비중 포트폴리오를 구성해 장기 운용한다면 변동성이 도움이 될 수 있다. 오히려 변동성이 크면 클수록 포트폴리오 수익률이 더 높아지는 신기한 마법을 보여준다.

　주식과 현금을 각각 1천만 원씩 동일비중 포트폴리오로 5년간 매월 리밸런싱한 시뮬레이션 자료를 보자. 참고로 이 실험을 위한 가상의 주가 데이터는 우리가 중학교 때 배운 직선의 기울기를 구하는 1차 방정

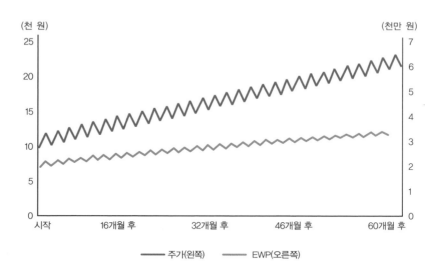

우상향 주식(저 변동성)과 EWP 수익률 시뮬레이션

(천 원)   (천만 원)

주가(왼쪽) ——— EWP(오른쪽)

항목	주식	현금	EWP
시작	1만 원	1원	2천만 원
60개월 후	2만 2천 원	1원	3,345만 9,533원
손익금액	1만 2천 원	–	1,345만 9,533원
손익 비율	120.0%	0.0%	67.3%
최대 하락	1만 원	1원	2천만 원
최대 손실	0.0%	0.0%	0.0%

식 'y=ax+b'을 이용했음을 밝힌다.

첫 번째는 저 변동성인 우상향 주식을 동일비중 포트폴리오로 운영했을 때의 수익률 변화다. 5년 뒤의 주가는 2배가 넘게 올랐지만 동일비중 포트폴리오의 수익률은 70%에도 미치지 못했다. 이는 두 종목 중

동일비중 포트폴리오 전략으로 가치투자하라

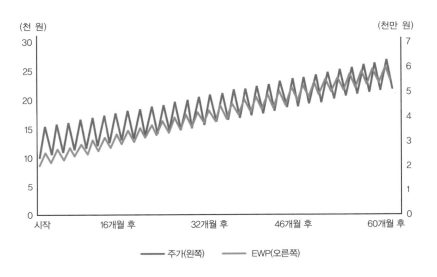

우상향 주식(고 변동성)과 EWP 수익률 시뮬레이션

항목	주식	현금	EWP
시작	1만 원	1원	2천만 원
60개월 후	2만 2천 원	1원	5,521만 3,904원
손익금액	1만 2천 원	–	3,521만 3,904원
손익 비율	120.0%	0.0%	176.1%
최대 하락	1만 원	1원	2천만 원
최대 손실	0.0%	0.0%	0.0%

하나가 현금이었기 때문이다.

　두 번째는 고 변동성인 우상향 주식을 동일비중 포트폴리오로 운영
했을 때의 수익률 변화다. 주가 변동의 폭이 훨씬 커진 경우다. 5년 후
주가는 앞의 경우와 동일하지만 동일비중 포트폴리오의 수익률은 압도

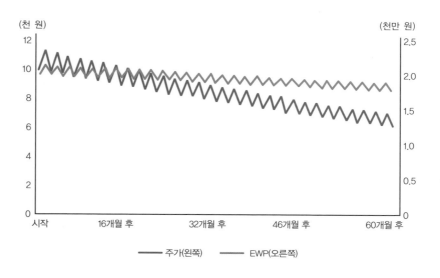

표준편차(12.8%)만큼 진동 시 EWP 수익률 시뮬레이션

항목	주식	현금	EWP
시작	1만 원	1원	2천만 원
60개월 후	6,090원	1원	1,767만 1,534원
손익금액	3,910원	–	-232만 8,466원
손익 비율	-39.1%	0.0%	-11.6%
최대 하락	6,090원	1원	1,767만 1,534원
최대 손실	-39.1%	0.0%	0.0%

적으로 높다. 현금 대신 주식으로만 EWP를 운용했다면 수익률은 분명 기대 이상이었을 것이다.

만약 우상향 주식이 아니라 단지 표준편차만큼 주가가 상하로 출렁이기만 한다면 포트폴리오 수익률은 어떻게 될까? 그래서 앞서 예시로

동일비중 포트폴리오 전략으로 가치투자하라

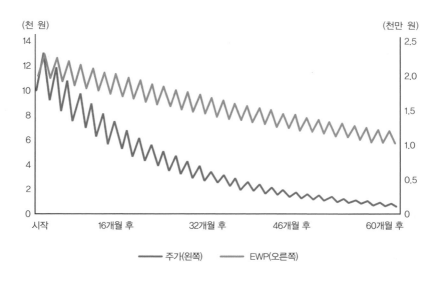

표준편차(29.8%)만큼 진동 시 EWP 수익률 시뮬레이션

항목	주식	현금	EWP
시작	1만 원	1원	2천만 원
60개월 후	610원	1원	1,016만 9,411원
손익금액	9,390원	–	-983만 589원
손익 비율	-93.9%	0.0%	-49.2%
최대 하락	610원	1원	1,016만 9,411원
최대 손실	-93.9%	0.0%	0.0%

든 주가 변동 데이터로 변동성 수치인 표준편차를 구해 실험해보았다.
저변동성의 표준편차는 12.8%, 고변동성의 표준편차는 29.8%로 산출
되었다. 표준편차 12.8%만큼 상하로 진동하는 주식을 동일비중 포트폴
리오로 운영했을 때의 수익률 변화를 보자. 주가가 표준편차만큼 매일

진동한다면 시간이 갈수록 하락해 결국 0으로 수렴하게 된다. 여기서 변동성 지표인 표준편차의 값이 크면 클수록 하락폭도 급격히 커진다.

시뮬레이션을 통해 얻은 결론은 다음과 같다. 우량주식의 장기적 가격 흐름은 분명히 우상향이다. 자본주의 사회에서 우량 기업은 시간이 갈수록 기업의 자산가치가 증가하므로 이에 맞춰 주가도 함께 상승하게 된다. 기업의 실적이 정체되어 여러 해 동안 주가가 횡보하기도 하지만, 이때도 변동성이 클수록 동일비중 포트폴리오의 수익률은 오히려 높아질 수 있다. 따라서 주가가 장기적으로 우상향하는 우량주식의 경우에는 변동성과 위험은 비례하지 않는다.

우량주식으로만 동일비중 포트폴리오를 구성해 장기운용할 경우 변동성이 클수록 포트폴리오 수익률이 오히려 더 높아진다. 이유는 2가지다. 첫째, 정기적 리밸런싱으로 인한 차익이 누적될 때는 변동성이 클수록 조절 매매량이 많아지므로 더 큰 차익을 만들어낸다. 둘째, 주가가 우상향한다는 것은 주가 하락률보다 상승률이 조금씩 더 높다는 뜻이다. 그러면 처음보다 나중 주가가 더 높으니 당연히 시세차익이 생기게 되고, 포트폴리오 전체 수익률은 올라갈 수밖에 없다. 그래서 가치투자, 장기투자, 분산투자가 결합하면 시장에 휘둘리지 않는 최강의 주식투자 전략이 되는 것이다.

하지만 아무리 우량주식이라도 단기적 주가 흐름은 무작위적이고 방향성이 없어 보인다. 투자 대상이 무엇이든 단기로 투자할 경우에는 가격 흐름이 어느 방향으로 튈지 알 수 없다. 이런 경우에는 변동성의 크기가 곧 위험의 크기가 된다. 또한 1개 종목에 집중 투자할 때도 변동성이 위험으로 다가올 수 있다. 단기투자와 집중 투자가 그래서 위험한

동일비중 포트폴리오 전략으로 가치투자하라

것이다. 업종별로 나눠 투자하지 않아도 마찬가지다. 업종별로 잘 분산 투자했음에도 불구하고 시장 전체가 내려앉는 상황도 만나게 된다. 이 때는 어쩔 수 없이 변동성으로 인한 포트폴리오 가치 하락을 감수할 수밖에 없다. 그래도 지난 주식 시장의 역사가 말해주듯 시장은 반드시 초과 회복될 것이다.

동일비중 포트폴리오는 장기적으로 가격이 우상향하는 우량주식에만 분산투자하므로 변동성에 대해 크게 염려할 필요가 없다. 변동성에 신경 쓰느니 차라리 그 시간에 자신이 투자한 종목의 사업보고서나 증권사 리포트를 한 번 더 살펴보는 편이 낫다.

10억 원까지만
투자하라

최초에 동일비중 포트폴리오를 운영할 때 1천만 원을 넘지 않게 시작했다. 그런데 20~30년의 세월이 흘러 10억 원에 육박하게 되었다면 동일비중 포트폴리오 운용을 이대로 지속해야 할지, 조정해야 할지 즐거운 고민을 하게 된다.

2가지 이유 때문이다. 첫째는 세금 때문이고, 둘째는 '카르페디엠carpe diem'이다. 먼저 세금 문제부터 살펴보자. 현행 금융소득 종합과세 제도에서는 금융소득이 연간 2천만 원을 넘으면 초과분에 대해 근로소득, 사업소득, 임대소득 등 다른 소득과 합산되어 누진세(6~42%) 적용을 받게 된다. 즉 연간 2천만 원 초과분부터는 세금이 급증하기 시작한다.

금융소득이라 함은 이자 소득과 배당 소득이 있다. 다행히 국내에서는 아직까지 주식 시세차익에 대해서는 별도의 세금이 없다. 물론 주식을 매도할 때 거래세 0.3%가 붙기는 하지만 양도소득세에 비해 미미하다.

최근에는 파생 상품에 양도소득세가 붙기 시작했다. 어쩌면 언젠가는 우리나라도 주식투자 시세차익에 대해 양도소득세나 자본이득세가 붙는 날이 올지 모른다. 그렇게 되면 더 이상 주식투자가 매력적이지 않을 수도 있는데, 그때는 어쩔 수 없이 기대수익률을 더 낮추거나 부동산 경매, 토지투자로 옮겨가야 할지 모른다. 아무튼 그건 추후의 일이니 가급적 빨리 동일비중 포트폴리오를 시작하는 게 좋다.

10억 원을 모두 주식으로 보유하고 있다고 가정했을 때 현재 국내 상장사들의 평균 배당수익률은 많아야 2% 정도에 불과하다. 10억 원의 2%인 2천만 원 정도가 배당소득이 되므로, 금융소득 종합과세의 경계에 서게 된다. 여기에 만약 예금이 1억 원 정도 있고 이자율이 2%라고 가정하면 이자도 2천만 원 정도가 나온다. 그러면 금융소득 종합과세의 경계선을 훌쩍 넘어버린다. 따라서 만약 예금도 상당액이 있다면 주식투자는 5억 원 정도가 한계일지도 모른다. 누진세 적용을 받는다 해도 2천만 원의 경계선을 넘은 직후에는 크게 문제되지 않을 것이다. 그렇더라도 주식의 가격은 어느 순간 급등할지 알 수 없는 일이니 투자금액이 늘면 이에 대한 대비도 필요하다.

그래도 절세할 수 있는 방법은 있다. 금융소득 종합과세는 개인별 과세 제도이기 때문에 포트폴리오를 5억 원씩 나눠서 부부가 각자의 명의로 운용하면 문제될 게 없다. 미혼이라면 운용 중에 결혼을 할 수도 있다. 어느 날 갑자기 세법 변경으로 인해 부부 간 증여세 문제가 발생

동일비중 포트폴리오 전략으로 가치투자하라

할 수도 있으므로 꾸준히 절세 상한액을 체크해두는 게 안전하다. 현행 법상 부부 간 증여는 10년 단위로 6억 원까지 증여세가 발생하지 않는 다. 사소한 요령 하나를 덧붙이자면 포트폴리오 전체 금액이 내려간 시 점에서 둘로 나누는 것이 좋다. 6억 원을 넘지 않으면 어차피 증여세는 없지만 안전한 증여를 위해서는 평가액이 낮을 때가 좋다. 재벌가에서 자손들에게 주식을 증여할 때도 절세를 위해 이 방법을 흔히 이용한다. 주가가 많이 하락한 지점에서 재벌들의 증여가 급증하는 이유도 바로 이 때문이다.

그리고 양도소득세라는 세금 문제가 하나 더 있다. 국내 주식에 대한 세법상의 대주주 판단 기준금액은 점점 하향 추세다. 대주주에 해당하면 시세차익에 대해서도 양도소득세를 납부해야 한다. 2018년 4월 이후에는 15억 원, 2020년 4월 이후에는 10억 원, 2021년 4월 이후부터는 3억 원 이상의 주식을 연말까지 보유하고 있으면 대주주 요건에 해당된다. 이듬해 양도차익에 대한 세금을 자진 납부해야 한다. 지분율 기준으로는 코스피 주식은 1%, 코스닥 주식은 2%를 넘으면 대주주에 해당된다. 따라서 투자금액이 커질수록 시가총액이 너무 작은 종목은 피하는 것이 좋다.

물론 1천만 원으로 시작하는 투자라서 1억 원으로 불리기까지 10년 이상 걸릴 테지만, 투자 전략은 큰 그림부터 미리 그려놓는 게 좋다. 그래야 중간에 부는 바람에도 흔들리지 않고 묵묵히 나아갈 수 있다. 그리고 세금과 세율은 해마다 조금씩 변경되는 부분이 있으므로 포트폴리오가 커질수록 이러한 부분에도 관심을 가져야 한다.

두 번째 이유인 카르페디엠의 뜻은 이미 잘 알 것이다. 영화 〈죽은 시인의 사회〉에서 키팅 선생이 제자들에게 했던 말인데 "현재를 즐겨라."라는 뜻의 라틴어다. 금융자산이 10억 원이면 황금알을 계속 낳을 수 있는 황금거위가 완성된 것이다. 그러니 더 이상 욕심을 내기보다는 달리는 속도를 줄이고 인생의 여유를 만끽해도 좋다.

20년 이상 장기투자하면
겪을 수 있는 위기들

장기투자를 해나가다 보면 예상하지 못한 외생 변수로 20~30%씩 수익률이 곤두박질치는 해도 있을 것이다. 하지만 너무 걱정하지 않아도 된다. 지난 IMF 외환위기와 글로벌 금융위기 때의 종합주가지수 차트를 되돌아보자. 깊은 골짜기를 지난 후에는 어김없이 주가가 치솟았다. 이번에는 두 대표 기업의 위기 당시와 이후의 주가를 살펴보자. 농심, LG생활건강은 모두 우리나라 대표 우량주들이다. 이들 모두 위기 이후에 주가가 워낙 많이 올라서 IMF 외환위기와 글로벌 금융위기 때 크게 하락하지 않은 것처럼 보이지만 그렇지 않다. 농심은 4만 3천 원대에서 2만 6천 원대로 40%나 하락했고, LG생활건강은 23만 원을 넘던 주가가 13만 원대까지 역시 40% 가까이 추락했다.

하지만 위기를 견뎌낸 이후 이들 기업의 주가를 보라. 굳이 계산해보지 않더라도 길지 않은 기간에 모두 극복했을 뿐만 아니라 이후에는 날개를 단 것처럼 솟구쳤다. 그 당시 겁에 질려 보유 종목을 모두 팔아버리거나 꾸준히 불입하던 적립식펀드까지 해지했던 사람들은 이후 치솟

동일비중 포트폴리오 전략으로 가치투자하라

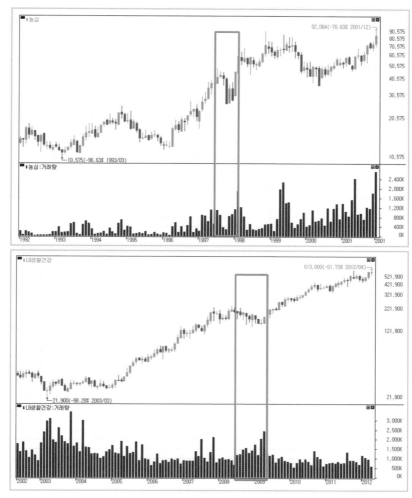

농심							92,064(-70.63% 2001/12)

농심:거래량

LG생활건강							613,000(-51.73% 2012/04)

LG생활건강:거래량

IMF 외환위기 당시의 농심 주가 차트(위)와 글로벌 금융위기 당시 LG생활건강 주가 차트(아래)

는 주가를 보며 쓰린 가슴을 달래야 했을 것이다. 수십 년간 장기투자

하면 이런 일이 몇 번은 있을 것이니 지금부터 미리 마음을 다잡아놓

자. 패닉 장세가 펼쳐지면 함께 던지지 말고 반대로 여유자금을 더 투

입하겠다는 생각을 가져야 한다.

차분히 생각해보자. 농심, LG생활건강, 삼성전자 등 초우량 기업에 투자해놓았는데, 기업 자체에는 문제가 없지만 외국에서 날아든 갑작스런 시장 충격으로 주가가 급락했다면 어떻게 해야 할까? 이 회사들의 영업이 당장 중단되는 것이 아닌 이상 시장이 어느 정도 회복되면 주가는 고무줄처럼 다시 튕겨 올라갈 것이다. 자본주의 사회에서 주가가 기업 가치를 쫓아간다는 건 영구불변의 진리다. 그렇다면 우량 기업의 주가는 원래의 가치를 따라 다시 올라가는 게 너무도 당연하다. 이 사실 하나만 확실히 인식해둔다면 어떤 상황이 닥치더라도 일시적인 군중 심리에 휩쓸려 잘못된 판단을 하지 않게 된다.

아마도 20년 이상 투자하면 그 사이에 제2의 글로벌 금융위기가 올 수도 있고, 예상하지 못한 블랙스완급 외생 변수를 겪을 수도 있다. 그 과정에서 주식 시장은 큰 충격을 받게 될 것이다. 그때마다 오히려 주식 지분을 늘리는 기회로 삼아야 한다. 여차하면 빠졌다가 괜찮아 보이면 다시 들어오겠다는 매매식 투자를 일삼다간 주가가 급등하는 중요한 순간에 시장 밖에서 구경만 하고 있게 될 가능성이 높다. 만약 통일이 된다면 단기간에는 시장이 흔들리겠지만 건설, 음·식료, 통신, 금융 등 전 영역에서 기업의 매출이 폭증하게 될 것이다. 급증한 매출만큼 영업이익과 당기순이익이 커지며 주가도 급상승하게 될 것은 뻔하다. 이런 기회를 놓치지 않으려면 동일비중 포트폴리오로 항상 주식 시장에 발을 담그고 있어야 한다.

워런 버핏, 조지 소로스와 함께 세계 3대 투자의 대가로 손꼽힌다는 짐 로저스Jim Rogers는 북한에 베팅했다. 그는 북한이 개방될 경우 한반

동일비중 포트폴리오 전략으로 가치투자하라

도가 최소 20여 년 동안 전 세계에서 가장 역동적인 곳이 될 것이라고 전망했다. 돈 많은 자산가들 중에는 통일에 대비해 휴전선 근처의 땅을 사두는 이들도 있다고 들었다. 그럴 능력이 되지 않는 사람들이 통일을 대박의 기회로 삼을 수 있는 가장 쉽고 유일한 투자 수단은 주식이다.

주식투자자의 보너스, 배당금

소득공제와 세액공제를 받기 위해 평소 자질구레한 것들을 꼼꼼히 챙기는 직장인들은 매년 연말정산이 끝나면 '13월의 월급'이라 부르는 연말정산 차액을 환급받는다. 급여에서 원천징수된 세금 중 더 낸 금액을 되돌려받는 셈이지만 왠지 공돈이 생긴 기분이 든다. 주식투자자도 매년 받는 보너스가 있다. 상장 기업들이 해마다 주주들에게 지급하는 배당금이다. 이건 연말정산처럼 미리 냈던 돈을 되돌려받는 게 아니라 온전한 추가 수입이다. 그래서 배당은 주식투자의 꽃이라고 할 수 있다.

세계 최초의 주식회사는 1,600년대 설립된 네덜란드의 동인도 회사라는 무역회사다. 당시 무역선의 항로는 남아프리카 최남단을 돌아 대서양과 인도양을 오가는 멀고 험한 바닷길이었다. 동남아시아에서 커피, 후추, 면직물 등을 가득 싣고 돌아와 유럽 지역에 팔면 큰 수익을 올릴 수 있었지만, 배가 풍파에 침몰하면 인명과 화물을 모두 잃어 큰 손실이 불가피했다. 그래서 손실은 자기가 투자한 한도만큼 부담하고 수익은 자신의 주식 지분만큼 나눠받는 구조를 갖게 되었는데, 이러한 배경으로 인해 주식회사의 개념이 도입되었다.

이처럼 주식회사의 본래 목적은 투자금에 대한 이익 배당이었다. 인터넷과 컴퓨터를 물과 공기처럼 사용하는 시대가 되면서 주식을 쉽게 거래할 수 있는 금융 시스템과 여러 거래툴이 발전함에 따라, 이제는 배당보다는 시세차익을 얻는 게 주된 이유가 되었다. 그렇더라도 배당을 먼저 염두에 두고 시작하는 투자는 단지 시세차익만을 기대하는 것보다는 좀 더 든든한 면이 있다. 주가가 하락하더라도 배당이라는 최소한의 안전판이 있기 때문이다.

따라서 고배당 주식일수록 주가 하락에 의한 손실을 줄여주는 효과가 더 크다. 대체로 고배당 기업들은 재무구조가 양호한 편이라 외국인 투자자와 기관 투자가가 선호한다. 주가가 하락할수록 배당수익률이 높아지므로 주가가 일정 수준 이하로 떨어지면 외국인과 기관이 적극 매입에 나서는 경향이 있다. 그래서 배당 우량주식이 특별한 사유 없이 한없이 하락하는 경우는 드물다.

기업이 주주들에게 배당금을 지급한다는 건 영업을 통해 실제로 이익을 내고 있다는 증거다. 현금이 외부로 유출되는 배당은 회계 조작으로 쉽게 만들기 어렵다. 그동안 쌓아온 유보금으로 잠시 배당을 충당할 수는 있지만 이러면 장부에 바로 표가 나고 만다. 『절대로! 배당은 거짓말하지 않는다』라는 책까지 나와 있을 정도다. 배당에 대해 관심을 갖게 되면 배당성향과 배당수익률이란 용어를 반드시 만난다. 배당성향이란 기업이 1년간 벌어들인 순이익에서 주주에게 배당금으로 지급하는 비율을 말한다. 순이익 1천억 원 중에서 주주들에게 400억 원을 배당금으로 나눠준다면 배당성향이 40%가 된다. 시가배당률이 1%도 채 안

동일비중 포트폴리오 전략으로 가치투자하라

되는 쥐꼬리 배당을 주는 기업이라면 배당성향 역시 10%도 안 되는 편이다.

무조건 배당성향이 높은 게 바람직한 것은 아니다. 기업은 주주들에게 적정한 배당금을 지급하고 남은 자금은 회사의 성장을 위해 써야 한다. 미래의 이익을 증가시키기 위한 노력도 병행해야 하기 때문이다. 그래서 한 가지 팁을 주자면 배당성향과 배당수익률을 함께 보는 것이 좋다. 배당성향이 해마다 들쭉날쭉한 것보다는 일정한 수준을 유지하며 고배당을 주는 회사가 영업이 안정적이고 우량한 기업일 가능성이 높다.

시가배당률과 배당률, 배당수익률을 혼동하기도 하니 이것도 정확히 알고 넘어가자. 시가배당률은 배당 기준일 종가로 주식을 보유하고 있을 경우의 배당수익률이다. 다음과 같이 계산된다.

시가배당률=(주당 배당금/배당 기준일 종가)×100

배당 기준일은 12월 결산법인의 경우 매년 마지막 거래일을 말한다. 12월 31일은 주식 시장 폐장일이라서 12월 30일이 마지막 거래일이다. 따라서 12월 30일이 배당 기준일이 되므로 이날 장 마감 때까지 주식을 보유한 사람에게만 배당금이 지급된다. 주의할 점은 우리나라 주식 시장이 3일 결제 제도로 운영된다는 것이다. 주식을 매수했다면 거래가 체결된 날을 포함해 3일째 되는 날 주식을 매도한 상대방으로부터 주식을 넘겨받는다는 뜻이다. 이렇게 12월 30일에 대금 결제가 완료되면서 계좌에 주식이 입고되어야 배당 대상이 될 수 있다. 주식 매수 체결이 영업일 기준으로 그보다 2일 앞인 12월 28일 이전에 이뤄져야 한다는 뜻이다.

배당률은 주식의 액면가 대비 배당금의 비율이다. 그래서 액면 배당률이라고도 한다. '(주당 배당금/액면가)×100'으로 계산할 수 있다. 삼성전자는 2018년 5월에 50:1 액면 분할을 실시해 액면가가 5천 원에서 100원이 되었다. 액면 분할 전인 2017년 결산 배당금은 4만 2,500원이었다. 이를 당시 액면가인 5천 원으로 나누면 850%나 된다. 에프앤가이드에 2018년 결산 예상 배당금이 1,400원 정도로 나오는데, 지금은 액면가 100원이니까 액면가 배당률을 계산해보면 무려 1,400%나 된다.

액면 배당률은 주식회사를 설립할 당시의 창업 주주들에게만 의미가 있다. 자본금을 납입하고 액면가대로 주식을 배분받았을 테니, 배당을 받으면 액면가 대비 수익률을 거두는 것이다. 하지만 일반 개인 투자자들은 주식 시장에서 액면가와 상관없는 가격으로 주식을 매수할 것이므로 액면 배당률은 사실상 의미가 없다. 개별 투자자의 입장에서는 자신이 주식을 매수한 가격을 기준으로 산출하는 배당수익률이 배당투자로 거두는 실제 수익률이 된다.

배당수익률=(주당 배당금/매입 주가)×100

예를 들어 주당 배당금이 200원이고 매입 주가가 1만 원이라면 배당수익률은 2%가 된다. 만약 주가가 지금보다 하락해서 8천 원이 되었다면 배당수익률은 2.5%로 높아진다. 따라서 주가가 낮아질수록 배당수익률은 높아진다.

동일비중 포트폴리오 전략으로 가치투자하라

배당금으로 똑같이 주당 4천 원을 지급한 A, B 두 기업이 있다고 하자. A기업의 주가는 100만 원, B기업 주가는 10만 원일 경우 배당수익률은 각각 0.4%, 4%다. A기업의 주식은 주당 1백만 원이 넘어 황제주라고 불리지만 주주들에게 '쥐꼬리 배당'을 준 것이고, B기업은 주주 환원에 적극적이라고 볼 수 있다. 대체로 배당수익률이 3%를 넘으면 고배당주로 보지만 투자자의 입장에서 진정한 고배당주는 배당금을 많이 주는 주식을 말하는 게 아니라 배당수익률이 높은 주식을 뜻한다. 배당수익률이 높아지려면 배당금이 많거나 주식 매입금액이 낮아야 한다.

배당은 중간배당과 기말배당이 있다. 대부분의 기업들은 1년에 한 번인 기말배당만 실시하지만 일부 기업들은 중간배당도 실시한다. 중간배당까지 하는 기업은 대체로 고배당 기업들인 S-Oil, SK텔레콤, KCC, 포스코, 삼성전자 등이다. 최근에는 SK이노베이션 등 정유 회사들도 동참했다. 그동안 국내 기업들은 대체로 짠물 배당을 실시해왔지만 최근 들어 외국인 투자자들과 정부의 배당 증가 압력이 높아져서인지 점차 늘려가는 추세다.

배당금 입금 날짜와 금액 등에 관한 자세한 내용은 각 증권사 HTS에서 조회해볼 수 있고, 한국예탁결제원에서 운영하는 세이브로 홈페이지www.seibro.or.kr에서도 확인할 수 있다. 12월 결산법인은 대체로 매년 3월 주주총회를 개최하는데, 주주총회일로부터 1개월 안에 배당금을 지급하도록 상법에 규정되어 있어 4월 중에 배당금을 받을 수 있다. 배당금은 세금(소득세 14%, 주민세 1.4%)을 원천징수한 후 투자 계좌로 자동 입금된다.

직장인들은 보너스를 받으면 외식을 하거나 여행을 떠나기도 한다.

일반적인 주식투자에서도 1년에 한 번 들어오는 배당금으로 잠시 기분을 낼 수는 있지만, 동일비중 포트폴리오로 자산을 운영하는 투자자는 배당금을 인출해선 안 된다. 동일비중 포트폴리오는 일반 주식투자의 개념이 아니라 노후 연금을 만들어가는 개념이기 때문이다. 따라서 포트폴리오에 최대한의 복리 효과를 보태줘야 하므로, 배당금이 기존 투자금에 자동으로 합해지도록 그대로 놔둬야 한다. 그러나 배당금을 받은 내용은 별도로 기록해두는 게 좋다. 포트폴리오에 넣기 위해 배당과 배당주에 대해 깊이 있게 공부하고 싶다면『절대로! 배당은 거짓말하지 않는다』(켈리 라이트 저, 리딩리더, 2013),『똑똑한 배당주 투자』(피트 황 저, 스마트북스, 2016)를 읽어보기 바란다.

가치투자자가
바라본 암호화폐

2017년 말부터 2018년 초에 걸쳐 가상화폐, 즉 암호화폐의 거품이 극에 달하기 시작했다. 암호화폐 이슈가 커지면서 온 나라가 들썩였다. 단하루도 언론에 암호화폐, 블록체인 등에 관한 기사가 나오지 않는 날이 없었다. 정부가 암호화폐 거래를 강력 규제하고, 거래소 폐쇄를 언급하자 청와대 국민청원 게시판에는 청년 세대와 기성 세대 간의 갈등 양상까지 보였다. 도대체 암호화폐가 무엇이길래 그토록 투기 광풍이 불었던 걸까?

연일 오르는 비트코인 가격을 보며 암호화폐가 계층 이동의 사다리가 될 수 있다고 여긴 사람들이 많았다. 그렇다면 암호화폐가 과연 투자 가치가 있는 건지, 동일비중 포트폴리오로 운용이 가능한 장기 우상향 자산인지 무척 궁금했다. 투기 광풍이 한창인 2017년 12월 초부터 집중적으로 조사에 들어갔다. 그로부터 1년이 지난 지금은 암호화폐 거품이 거의 다 걷힌 것으로 보인다. 신규 매수자가 들어오지 않는 다면 앞으로도 더 하락하겠지만 이미 90% 넘게 폭락한 상태라 더 이상 내려갈 곳도 없는 상황이다.

많은 사람들이 가상화폐라고 부르는 비트코인, 이더리움 등의 정식 명칭은 암호화폐cryptocurrency다. 암호화폐는 지폐나 동전과 같은 실물 없이 컴퓨터 네트워크상에서 전자적으로만 존재하는 디지털 화폐를 칭한다. 과거 싸이월드의 도토리, 항공사 마일리지, 카드사 포인트, 네이버페이 등이 여기에 해당한다. 암호화폐는 블록체인이라는 신기술을 기반으로 암호학을 이용해 만든 가상화폐의 한 형태다. 우리는 투자 목적으로 암호화폐에 대해서 알아보는 것이지 블록체인과 암호화폐의 기술적 구조를 파헤치려는 것이 아니다. 그래서 노드, 마이닝(채굴), 작업 증명, 하드포크, 스마트 컨트랙트와 같은 일련의 블록체인 전문용어에 대한 해설은 하지 않겠다.

사실 필자도 이 분야 전문가는 아니다. 게다가 투자 가치가 없다면 더 이상 파고 들고 싶지도 않다. 거래 기록을 블록체인망에 참여한 모든 사람이 보유해서 위조나 해킹이 불가능하다는 블록체인의 기본 개념 정도는 누구나 알고 있을 것이다. 하지만 작년 초 TV에서 암호화폐에 관한 긴급 토론이 있을 때만 해도 퍼블릭 블록체인public blockchain과 프라이빗 블록체인private blockchain을 구분하지 못하는 분위기였다. 블록체인은 적극 육성하되 암호화폐 거래소는 폐쇄해야 한다는 정부 당국자들의 발언이 있었을 정도니까 말이다.

동일비중 포트폴리오 전략으로 가치투자하라

퍼블릭 블록체인과
프라이빗 블록체인

비트코인으로 대변되는 암호화폐와 획기적인 신기술로 조명되는 블록체인은 서로 무슨 관계가 있는 걸까? 블록체인은 살리고 암호화폐는 죽이는 게 가능할까? 암호화폐 거래를 반대하는 사람들도 블록체인은 인류의 미래를 바꿀 신기술로 인정한다. 하지만 정부는 암호화폐 거래가 사회에 아무런 생산적 유익이 없는 투기적 도박에 불과하므로 당연히 막아야 한다고 주장한다. 그런데 이들이 간과하고 있는 기술적인 핵심 내용이 있다. 블록체인은 퍼블릭 블록체인과 프라이빗 블록체인이라는 2가지 형태가 있는데, 이 둘을 한 가지로 혼동하고 있다는 것이다. 프라이빗 블록체인과 퍼블릭 블록체인을 구분해서 이해해야만 블록체인과 암호화폐와의 관계를 명확히 알 수 있다.

프라이빗 블록체인은 이해 관계자들끼리만 공유하는 폐쇄된 네트워크다. 예를 들어 다국적 기업들이 서로의 정보 소통과 물류 관리를 위해 구축한 블록체인이나, 세계적인 해운회사 머스크와 IBM이 함께 만드는 컨테이너 화물 추적을 위한 블록체인 시스템 등은 자사의 업무 효율성을 높이기 위해 구축한 것이다. 참여자들(자사 직원들)에게 별도의 인센티브를 제공할 필요가 없다. 하지만 공개 네트워크인 퍼블릭 블록체인 참여자에게는 반드시 보상이 필요하다.

〈매일경제〉에 따르면 이미 퍼블릭 블록체인의 상용화를 시도하고 있는 기업들이 있다. 예를 들어 아날로그 카메라 필름 시장을 주름잡았던 코닥이 '코닥코인'이라는 프로젝트로 부활을 노리고 있다. 전 세계

불특정 다수의 사진작가들이 올린 사진을 누군가 다운로드하면 그 즉시 코닥코인으로 결제가 이뤄지고, 사진작가는 코닥코인으로 보상을 받는 플랫폼이다. 하지만 코닥코인이 거래소에서 거래되지 못한다면 사진작가들이 상업적인 목적의 사진을 계속 업로드할 유인이 없어진다. 코닥코인이 암호화폐 거래소에서 거래가 되어야만 사진작가들이 실제 돈으로 바꿀 수 있기 때문이다.

블록체인 SNS라 불리는 '스팀잇'이란 사이트도 있다. 여기에 글을 쓰거나 다른 이의 글에 댓글을 달면 '스팀'이라는 가상화폐를 받는다. 스팀은 현재 암호화폐 거래소에서 거래가 되고 있기 때문에 즉시 금전적인 이득을 취할 수 있다. 또한 영국의 상원의원 중 한 사람과 에너지회사 CEO가 힘을 모아 암호화폐를 이용한 에너지 절약 프로젝트를 추진 중이라 한다. 자가용 대신 대중교통을 이용하거나, 가정의 전기 사용량을 줄이거나, 태양열 발전으로 전력을 생산해내거나, 친환경 가전제품을 구매하면 그에 대한 보상으로 'ETK'라는 코인을 준다는 것이다. 이 코인을 받은 사람은 그것으로 전기차 충전이나 전기요금 결제, 심지어 현금 인출까지 가능하다.

이처럼 퍼블릭 블록체인은 사람들로 하여금 생산적인 행동을 취하게끔 만드는 인센티브 시스템인 것이다. 따라서 퍼블릭 블록체인을 구축하려면 암호화폐가 함께 구축되어야 한다. 그럼에도 블록체인의 정체를 명확히 알지 못하는 관련 당국에서는 암호화폐 거래소 폐지 검토를 비롯해 계좌실명제, 입출금 상한제, 세금 징수 방안 등 각종 규제책을 초고속으로 입안하고 실행했다. 암호화폐 거래 자체를 막으려고 한 것이다. 이는 퍼블릭 블록체인이 아예 싹을 틔우지 못하게 하는 정책이다.

동일비중 포트폴리오 전략으로 가치투자하라

우리나라뿐만 아니라 중국, 인도, 러시아 등 여러 나라들도 암호화폐에 대해 우호적이지 않다.

그렇다면 왜 세계 각국 정부에서는 암호화폐를 이토록 경계하는 걸까? 투자자 보호를 위한다는 것은 겉으로 보이는 명분이고 내막은 법정화폐에 대한 도전으로 보기 때문이 아닐까? 화폐는 곧 권력이다. 그런데 감히 암호화폐가 법정화폐를 넘본다면 그대로 놔둘 리 없다. 그러나 비트코인이 법정화폐를 대신할까 봐 걱정할 필요는 없어 보인다. 언젠가 날뛰는 가격이 안정을 찾는다 해도 필자는 비트코인이 기존의 화폐를 대체할 수 있다고 보지 않는다. 각국 정부가 그렇게 되도록 절대 용인하지 않을 것이므로 모든 나라의 법정화폐는 앞으로도 공고히 자신의 지위를 누리게 될 것이다.

다만 전 세계 시민들로부터 간택받은 몇몇 암호화폐는 해외 송금과 직구, 여행 시 현지 결제 등 제한된 용도로 사용될 것이다. 오히려 세계의 기축통화인 달러가 암호화폐 선두주자와 경쟁하게 될 가능성이 있다. 하지만 이마저도 미국이 달러 역할을 보조할 암호화폐를 스스로 발행해 통제함으로써 대항마를 찍어 누를 것이라는 게 필자의 예측이다. 달러를 잔뜩 보유한 세계 각국도 암호화폐를 억누르기 위해 적극적으로 지원사격에 나설 것이다. 실물 세계의 기축통화인 달러가 무너지면 달러 보유고가 높을수록 그 나라의 경제 또한 큰 타격을 입게 될 것이기 때문이다.

적어도 필자의 세대에서는 달러를 비롯한 법정화폐와 몇 종류의 암호화폐가 각자의 영역을 가지고 공존하게 될 것으로 예상한다. 앞으로도 한동안 여러 나라에서 암호화폐 죽이기를 시도하겠지만 블록체인

기술까지 없애버리지 않는 이상 결국엔 암호화폐를 적절히 길들이며 제도권 안으로 수용할 수밖에 없다. 블록체인 기술을 기반으로 한 코인 경제coin economy는 이제 거스를 수 없는 세계적 흐름인 것이다.

암호화폐 투자와 블록체인 기술은 다르다

암호화폐 투자와 블록체인 기술은 분리해서 생각해야 한다. 블록체인은 앞으로도 분명히 살아남을 것이다. 인터넷이나 자율주행차가 개발된 것과 같은 혁신적인 신기술이므로 세계 각국에서 공공과 민간을 막론하고 다양한 분야로 빠르게 확산 적용되며 성장해갈 것이다. 우리나라를 포함해 암호화폐를 규제하는 나라조차도 블록체인만큼은 육성하려 하고 있다. 그렇다고 이에 맞춰 각종 코인들의 가격이 우상향으로 계속 올라가느냐 마느냐는 별개의 문제다. 암호화폐는 단지 어떠한 목적의 블록체인이 작동되기 위한 매개체로서의 역할만 가졌을 뿐이다. 암호화폐의 가격을 올리고 내리는 것은 오로지 투자자들 간의 수급이 결정할 따름이다.

블록체인을 이용해 특정 코인을 만들었다고 해서 그 코인이 곧 개발사의 주식 지분인 것은 아니다. 그래서 코인 자체적으로는 아무런 가치를 갖지 못한다. 다만 미국에서는 가상화폐 ICO(사업자가 블록체인 기반의 암호화폐를 발행하고 이를 투자자들에게 판매해 자금을 확보하는 방식) 때 지분형과 비지분형으로 나눈다고 한다. 지분형 암호화폐는 주식 지분처럼 암호화폐 보유 수량만큼 해당 프로젝트가 창출한 이윤을 분배받는 형태다. 하지만 이 방식도 아직은 갈 길이 멀어 보인다.

주식 시장은 정부의 철저한 감독 아래 있지만 암호화폐는 투자자 보호를 위한 안전망이 많이 허술하다. 주식 시장의 상장기업처럼 암호화폐를 발행한 기업의 재무구조와 사업 성과를 속속들이 알기 매우 어려울 것이고, 주식 배당금처럼 프로젝트의 이익을 투명하게 분배해줄 것인가도 불분명하다. 따라서 암호화폐를 주식처럼 가치투자하는 것은 아직은 위험하고 현실성이 없다. 암호화폐로 확실히 돈 버는 사람은 개발자와 거래소뿐이다. 현재까지 개발된 암호화폐 종류가 2018년 12월 기준으로 약 2천 종이 넘고, 전 세계 암호화폐 거래소는 1만 6천 곳이나 된다. 대부분의 경우 개발자가 암호화폐를 창시한 후에 상당량의 코인을 직접 채굴해 보유한 상태에서 시장에 내놓는다. '고래'라고 불리는 이들이 언제든 대량으로 차익 매물을 쏟아내면 일반 투자자인 '새우'는 꼼짝없이 폭락을 맞을 가능성이 농후한 절대 불리한 게임이다.

실제로 라이트코인 창시자가 9,300% 오른 지분 전량을 매도했다는 소식이 퍼지자 이튿날 거의 모든 암호화폐가 하루만에 30~40%나 폭락했다. 지금은 정부의 규제로 사업 운영에 어려움을 토로하고 있지만 암호화폐 거래소도 거품이 극에 달할 무렵에는 엄청난 돈을 벌었을 것이다. 또한 블록체인은 절대 안전하지만 암호화폐는 결코 안전하지 않은 점도 문제다. 블록체인은 중앙 서버가 없이 거래 참여자 모두의 컴퓨터에 기록을 분산 저장하므로 해커가 공격 대상을 정할 수 없다. 따라서 블록체인에 새겨진 기록들은 이론적으로는 완벽한 보안 능력을 갖는다. 미래에 양자컴퓨터가 나오면 블록체인 보안도 뚫릴 수 있다고는 하지만 그 시점이면 블록체인의 보안도 더욱 진화하게 될 것이다.

여기서 착각하면 안 되는 대목이 있다. 암호화폐 거래소에서 사놓은 코인이 무조건 안전한 것은 아니다. 2017년 12월, 가상화폐 거래소 중 하나인 유빗이 해킹을 당해 파산 신청까지 하고 말았다. 그 이전에도 빗썸, 코인원 등 국내 유명 거래소들이 줄줄이 해킹을 당해왔고 피해는 고스란히 투자자들에게 전가되었다. 예를 들어 어느 거래소의 특정 코인 30%가 해커에게 탈취되면 거래소가 보상해주지 않는 한 그 코인을 보유한 이용자들이 공동으로 자신의 보유 코인에서 30%씩 날아가는 것이다. 재량껏 30%를 벌어놨어도 하루아침에 고스란히 도둑맞을 수 있는 구조이니 얼마나 허술한 자산인가.

게다가 암호화폐는 내재가치가 전혀 없거나 가치 측정이 불가능한 대상이다. 비트코인은 각국의 법정화폐의 구속에서 탈피하기 위해 생겨나 세계 곳곳에서 송금과 결제에 이용되고 있고, 이더리움은 집안의 전기 콘센트처럼 블록체인 플랫폼과 쉽게 연결해 또 다른 코인을 만들 수 있게 해주는 기능을 가진 특별한 암호화폐다. 하지만 비트코인과 이더리움이 아무리 존재 가치가 뛰어나더라도 그것을 개발한 회사의 지분이 아니라는 것이 결정적인 문제다. 대부분의 코인들은 과거 버스를 탈 때 내던 토큰처럼 버스 회사와 승객의 거래를 돕는 매개체에 불과할 뿐이고, 암호화폐 투자자들은 이 토큰을 서로 거래하며 노름을 벌이고 있는 셈이다. 코인은 결코 버스 회사의 주식 지분이 아니다.

주식이나 원자재, 외환 등과 같은 전통적인 자산군에 대한 투자에서는 국내외 대형 기관이 시장 흐름을 주도하고, 개인 투자자들이 뒤따라다니는 게 일반적이다. 하지만 암호화폐 시장에서는 정반대 현상이 벌

동일비중 포트폴리오 전략으로 가치투자하라

어지고 있다. 지금까지도 암호화폐는 대부분 개인들끼리 거래하고 있다. 『화폐전쟁』의 저자 쑹훙빙Song Hong Bing은 암호화폐 시장이 제도권으로 편입되면 지금의 개인 투자자 중심에서 기관 투자가 쪽으로 무게중심이 이동할 것이라고 전망했다. 또한 주식, 선물, 원자재 시장에 이어 암호화폐 시장이 제4의 금융투자 시장을 형성할 것으로 내다봤다.

한계가 분명한
암호화폐의 미래

암호화폐가 제도권으로 들어오면 대형 기관들의 시장 참여로 인한 수요 증가로 비트코인 시가총액이 지금보다 10배가량 늘어날 수 있다는 전망도 있다. 즉 비트코인 가격이 지금보다 10배는 상승할 수 있다는 말이다. 하지만 내재가치 없이 오로지 수요로만 떠받치는 가격은 수요가 사라지는 즉시 붕괴를 시작한다. 블록체인 기술의 확산과 진화, 미국의 대형 투자은행과 헤지펀드들의 거래 참여 가능성 등 여러 가지 정황으로 볼 때 쑹훙빙의 예언처럼 암호화폐 가격이 다시 한 번 솟구쳐 오르는 때가 최소한 한 번은 올 것이라고 예상한다.

대형 기관들이 거래소로 들어오면 거래할 코인을 확보하기 위해 대량의 매수 거래가 이어질 것이기 때문이다. 기관 투자가들이 어느 정도 암호화폐 물량을 확보한 이후부터는 암호화폐 선물과 옵션을 조합해 주식 시장에서처럼 상승과 하락 양방향 베팅을 해나갈 것이 분명하다. 이로 인해 가격의 변동 진폭이 점차 축소되어 궁극적으로는 원자재나 외환 거래 수준으로 점점 줄어들 것이다. 주식은 제품이나 서비스를 팔아 이익을 내는 기업의 지분이다. 땅은 농사를 짓거나 건물을 지어 수익을 낼 수 있는 기반이다. 돌이나 자갈도 공사장으로 실려 가면 건물의 일부로 변신해 자기 값어치를 한다. 그런데 거품이 한참 꼈을 때부터 거의 꺼져가는 지금까지의 상황을 지켜보니 암호화폐는 숫자에 불과한 허상임을 알게 되었다.

한때 금덩어리라도 되는 것인 양 서로 사고팔기를 반복하며 가격을 끌어 올렸지만, '수요자'가 입장하지 못하도록 차단되니 드디어 정체를 드러낸 것이다. 그동안 투전판에서 정신없이 사고팔기를 반복하던 사람들도 이제 이성을 되찾고 하나둘씩 빠져나가고 있다. 나중에 정부가 암호화폐 거래소에 신규회원들의 진입을 허용하고, 미국 증권거래위원회 SEC가 주식 시장에 비트코인 ETF 상장을 승인해준다고 하더라도 암호화폐 거래가 결국 폭탄 돌리기에 불과하다는 걸 알게 된 사람들은 다시 들어가지 않을 것이다.

어쨌건 블록체인 기술이 유용하다는 것은 입증되었으므로 암호화폐가 찌그러졌다고 블록체인이 사라지지는 않을 것이다. 다만 암호화폐 없이 운영되는 프라이빗 블록체인은 계속 발전되어 나가겠지만, 암호화폐 없이는 운영할 수 없는 퍼블릭 블록체인은 앞으로도 계속 존재할 수 있을지 의심스럽다. 암호화폐 보상이 사람들을 끌어들일 매력이 없기 때문이다. 스팀잇에 글을 써서 스팀코인을 받거나, 직접 찍은 사진을 올려 코닥코인을 받더라도 이걸 언제든 내다 팔아서 현금화할 수 있어야만 값어치가 있다. 그런데 더 이상 살 사람이 없다면 그러한 코인들이 무슨 의미가 있겠는가?

결국 블록체인 참여자에 대한 보상 메커니즘의 암호화폐는 앞으로 사라질 가능성이 있고, 화폐 성격이어야만 생존이 가능하겠다는 나름의 결론을 얻었다. 현재 암호화폐 거래소의 모든 코인과 토큰들은 0원에 도달할 때까지 내려갈 기세다. 정상적인 기업의 주식이 이 정도 폭락했다면 마구 쓸어 담기 위해 사람들이 몰려들겠지만 암호화폐는 아니다. 그냥 숫자 덩어리에 불과함을 깨달았기 때문에 팔려는 사람만 있고 사고자 하는 이가 없는 것이다. 아이러니하게도 비트코인이 살아남으려면 어떻게든 화폐로 인정받는 것 외에 다른 길이 없어 보인다.

카카오 카풀 서비스의 출범을 막기 위해 택시업계는 결사항전을 벌였다. 비트코인이 정식 화폐로 인정받으려고 시도하면 이와 마찬가지로 각국의 법정통화가 철통 방어에 나서려고 할 것이다. 각국의 권력자들이 아예 화폐 등극의 시도조차 못하게 싹을 잘라버릴지도 모른다. 카풀 서비스가 안착한 몇몇 해외 사례를 TV 뉴스에서 보았다. 그 나라도 택시업계의 반발로 곤욕을 치렀지만 택시가 커버하지 못하는 영역에만 카풀을 한정적으로 서비스하는 것으로 문제를 풀었다고 한다. 비트코인도 마찬가지일 것 같다.

법정화폐의 기득권에 정면 도전하면 살아남기 힘들겠지만 정식 화폐가 담당하지 못하는 영역에만 제한적으로 쓰인다면 비트코인과 법정화폐 서로 보완하며 양립할 수 있을지도 모른다. 그렇다면 앞으로 화폐로 인정받을 가능성이 높은 암호화폐는 무엇일까? 현재 시점에서는 비트코인과 리플XRP만이 눈에 들어온다. 리플은 전 세계 은행 간 송금을 목적으로 탄생한 코인이다. 현재 세계 유수의 대형은행들이 느리고 비용이 많이 드는 스위프트SWIFT를 대신해 리플로 해외 송금에 나서고

암호화폐가 과연 투자 가치가 있는 건지, 동일비중 포트폴리오로 운용이 가능한 장기 우상향 자산인지 고민해 봐야 한다.

있다고 한다. 여러 단계의 중개은행을 거쳐야 하는 스위프트에 비해 리플로 훨씬 저렴하게 빠른 시간 내에 국제 송금을 할 수 있기 때문이다. 기존의 스위프트로는 해외 송금에 2~3일이 걸리지만 리플을 이용하면 3~4초면 끝난다고 하니 은행들이 마다할 이유가 없다. 이때 해외 송금 수수료를 리플이란 암호화폐로 지불하는 것이다.

이렇게 리플과 비트코인의 실생활 활용 가능성은 분명 크지만 기능이 제대로 작동하려면 반드시 해결해야 할 과제가 있다. 최소한 달러나 유로화 같은 정도의 변동성 안으로 들어와야 한다는 것이다. 고객이 비트코인으로 결제한 시점의 비트코인 가격과 결제한 상점이 받은 비트코인을 현금화하는 시점의 가격이 크게 달라서는 안 된다. 시간에 따라 가격 차가 크다면 화폐의 기능을 하기 어렵기 때문이다. 각국의 법정통

동일비중 포트폴리오 전략으로 가치투자하라

화 수준으로 변동성이 줄어든다는 건 역으로 생각해보면 지난 2018년 초와 같은 암호화폐의 대형 거품은 더 이상 있을 수 없다는 말이기도 하다.

리플이나 비트코인처럼 나름의 효용이 있다면 그 효용도 가치로 볼 수는 있다. 예를 들어 리플을 필요로 하는 금융기관이 많아질수록 리플의 가치는 증가할 것이다. 하지만 주식의 내재가치는 대략 측정 가능하지만 코인의 효용 가치는 측정이 난해하다. 주식의 내재가치는 시간이 갈수록 증가하지만 코인의 가치는 수급에 따라 오르내릴 뿐이다. 리플의 경우 총 발행량이 1천억 개다. 해외 송금이 많은 시즌에는 수요 증가로 가격이 오르겠지만 해외 송금이 적어지면 가격은 하락할 것이다. 한편 거래소에 상장된 리플은 금융기관이 가져다 쓰는 수요 외에도 전 세계 투자자들의 매매 수요라는 또 다른 변수가 있다.

게다가 암호화폐에는 주식과는 확연히 다른 특성도 있다. 주식 시장에는 2천여 개의 개별 종목들이 상장되어 있지만 그 종목들의 가격 흐름은 제각각이다. 외생 변수로 시장 전체가 폭락하는 경우를 제외하고는 오르는 종목과 내리는 종목이 늘 혼재되어 있다. 하지만 암호화폐 시장은 다르다. 대표 암호화폐인 비트코인의 움직임에 나머지 알트코인(비트코인을 제외한 모든 암호화폐를 일컫는 용어)들이 일사분란하게 행보를 같이 한다. 비트코인이 오르면 함께 오르고 급락하면 함께 추락하는 동조화 현상이 극심하다. 암호화폐의 종류가 아무리 많아도 암호화폐 전체가 마치 하나인 것처럼 움직인다. 따라서 암호화폐는 분산투자라는 게 사실상 불가능하기에 주식보다 더 위험하다.

동일비중 포트폴리오는 가격이 장기적으로 우상향하는 자산에만 투자하는 것을 원칙으로 한다. 암호화폐는 내재가치가 없거나 측정이 불가능하므로 우상향 자산으로 볼 수 없다. 다만 비트코인이나 리플과 같은 극히 일부의 암호화폐만이 그나마 효용 가치라도 있다. 하지만 수급의 영향을 받는 효용 가치는 장기 우상향 자산의 요건을 충족했다고 보기 어렵다. 우상향 자산이라는 보장 없이는 동일비중 포트폴리오로 수익 창출을 장담할 수 없다. 굳이 동일비중 포트폴리오 전략이 아니더라도 우상향이 아닌데 변동성만 큰 대상에 투자하는 것은 위험이 크다. 따라서 암호화폐는 장기투자에 적합하지 않다는 게 지난 1년간 지켜본 결론이다.

그리고 암호화폐 거래를 하지 말아야 할 결정적 이유는 따로 있다. 2018년 6월, 국내 최대 암호화폐 거래소인 빗썸이 해킹을 당했다. 해킹이 불가능한 블록체인의 특성을 그대로 활용하려면 거래를 중계하는 기관 자체가 없어야 한다. 해커가 거래소 자체를 타깃으로 한다면 암호화폐를 탈취하는 것은 불가능한 일이 아니다. 거래소 내부 직원의 PC만 원격 조종할 수 있다면 암호화폐를 빼내가는 것은 식은 죽 먹기가 될 것이다. 일단 거래소가 해킹을 당하면 이용고객은 이중의 손해를 입게 된다.

탈취된 암호화폐 중에 자신이 보유하고 있는 것이 있다면 보유 지분이 대폭 깎여 1차 피해를 입게 될 것이다. 이후 해커가 탈취한 암호화폐가 무더기로 시장에 나와서 가격이 폭락하게 되면 2차 피해를 입게 된다. 설사 탈취된 암호화폐가 시장에 풀리지 않더라도 어느 거래소가 해킹을 당했다는 뉴스만으로도 대부분의 암호화폐 가격은 내려앉고 만다. 해킹을 당한 거래소가 고객들에게 최대한 신속하게 100% 보상을

동일비중 포트폴리오 전략으로 가치투자하라

취약한 거래소 보안 문제가 암호화폐 거래를 하지 말아야 할 결정적인 이유가 되고 있다.

해준다면 그나마 다행이겠지만 현실은 그렇지 못하다.

2016년 12월, 해킹을 당한 암호화폐 거래소 유빗의 고객들은 2017년 3월에서야 70% 정도를 보상받았다고 한다. 문제는 해킹을 당한 시점의 암호화폐 가격에 비해 보상받은 시점의 암호화폐 가격이 턱없이 낮다는 점이다. 이런 문제가 생기지 않으려면 암호화폐 거래소가 손해보험에 가입해 피해 사실을 확인하는 즉시 고객에게 전액 보상해주는 방법밖에 없다. 하지만 손해보험사 입장에서는 거액의 보험금을 내줘야 할 가능성이 높은 암호화폐 거래소의 가입을 꺼리는 입장이다. 그래도 규모가 큰 일부 거래소는 사이버 배상보험에 가입한 곳도 있다고 한다. 하지만 손해배상 범위가 30억~50억 원 정도로 제한되어 있어서 고객이 입은 손해를 모두 보상받기는 어려운 구조다. 암호화폐 가격이 더 급락하기 전에 신속히 보상받기도 어렵다. 여기에 해킹으로 인한 개인정보 유출이나 암호화폐 거래소 내부자의 횡령, 사기 등의 부정도 또 다른 위험 요인이다.

2018년 12월 25일자 신문에 암호화폐 투자자들에게 반갑지 않은 소식이 추가되었다. 암호화폐 거래소 해킹으로 인한 피해자가 거래소를 상대로 손해배상소송을 제기했지만 결국 폐소했다는 소식이다. 법원은 암호화폐를 돈으로 볼 수 없기 때문에 암호화폐 거래소에 대해 은행과 같은 높은 보안 수준을 강제할 수 없다고 판시했다. 암호화폐 가격이 파도처럼 요동치는 시기가 앞으로 최소한 한 번은 더 오겠지만, 취약한 거래소 보안 문제가 암호화폐 거래를 하지 말아야 할 결정적인 이유가 되고 있다.

동일비중 포트폴리오에 대한
궁금증을 풀어줄 Q&A

Q 최초 투자금의 규모는 꼭 1천만 원이어야 하나요?

A 그보다 적은 금액으로 시작해도 되고, 0원으로 딱 떨어지는 금액이 아니어도 상관없습니다. 장기투자를 하면 복리 효과로 투자금이 크게 불어나게 되므로, 얼마로 시작하는가보다 얼마나 빨리 시작하는가가 더 중요합니다. 매년 15%의 수익률을 올린다면 5년 후 500만 원이 1천만 원이 됩니다. 5년 늦게 1천만 원으로 시작하는 것보다 500만 원으로 5년 일찍 동일비중 포트폴리오 운영을 시작하는 편이 낫습니다. 5년 동안 배우는 게 훨씬 많을 테니까요.

Q 리밸런싱을 꼭 정기적으로 해야 하나요?

A 반드시 그래야만 하는 것은 아닙니다. 리밸런싱을 하는 이유는 포

동일비중 포트폴리오 전략으로 가치투자하라

트폴리오 구성 종목 간의 가격 차이를 이용해 부분적 차익 실현과 지분 확대를 꾀하고자 함입니다. 따라서 종목 간 가격 격차가 일정 비율 이상 벌어진 날만 골라서 부정기적으로 정률 리밸런싱을 하는 것도 좋습니다. 하지만 이론적으로는 주가 격차가 크게 벌어진 날에만 리밸런싱을 하는 게 수익률이 더 높을 것 같지만, 막상 시뮬레이션을 해보니 정기적 리밸런싱을 한 경우와 수익률 격차가 미미한 편이었습니다. 정률 리밸런싱은 수시로 시세 확인을 해야 하므로 자칫 본업에 방해가 될 수 있습니다. 독자의 판단과 선호에 따르면 되겠습니다.

Q 해마다 연평균 목표 수익률 정도의 수익률을 달성할 수 있나요?

A 그렇지는 않습니다. 장기간 누적 수익률의 기하평균을 구해봤을 때 연평균 수익률이 그렇게 나올 수 있다는 의미입니다. 동일비중 포트폴리오뿐만 아니라 거의 모든 펀드들 역시 손실이 나는 해가 있습니다. 그럼에도 불구하고 이듬해에 다시 큰 수익을 올려서 만회해내곤 하지요. '오마하의 현인'이라 불리는 워런 버핏의 버크셔해서웨이 주가도 크게 하락한 적이 있습니다. 결국 주가는 장기적으로 가치를 따라갑니다. 어떠한 이슈에 의해 과도하게 급락한 주가는 이를 알아본 매수자들에 의해 반드시 제자리를 찾아간다는 건 분명한 사실입니다.

Q 연평균 18% 수익을 얻을 수 있다면 대출을 받아서라도 시작하는 게 유리한 것 아닌가요?

A 운이 아주 좋다면 그런 방법도 좋겠지요. 그런데 주식 시장은 참 신기한 곳입니다. 자신의 여윳돈으로 투자하면 수익을 내어주고, 빌려

온 돈으로 투자하면 이자도 충당 못하게 심술을 부리곤 합니다. 조금만 생각해보면 왜 이런 현상이 벌어지는지 이해가 됩니다. 남의 돈으로 투자하면 이자 부담 때문에 투자자의 마음이 조급해집니다. 그러면 자신도 모르게 매매 주기가 빨라지고 종목 교체가 잦아집니다. 느긋하게 기다릴 시간 여유가 없기 때문입니다. 따라서 돈을 빌려서 주식투자하는 것은 절대 삼가하는 게 좋습니다.

🅀 직접 30년간 운용해보지 않은 동일비중 포트폴리오의 효력을 어떻게 자신하나요?

🅰 알을 직접 낳아보지 않아도 싱싱한지 아닌지 판별해낼 수 있는 것처럼 투자 결과도 마찬가지입니다. 투자 철학과 그에 따른 가정만 옳다면 과거 데이터를 이용한 시뮬레이션을 통해 실제 상황에 그대로 적용할 수 있는지 여부를 알아낼 수 있습니다. 또한 실제 투자와 달리 시뮬레이션에서는 발생 가능성이 희박한 극단적인 상황까지 가정해서 시험해볼 수 있다는 장점도 있습니다. '이대로 따라 하면 정말 성공할 수 있을까?' 하는 의구심이 들 수 있지만 필자를 믿기보다 아인슈타인도 감탄했다는 장기 복리의 위력을 믿으시기 바랍니다. 시뮬레이션에서 나타나듯이 동일비중 포트폴리오는 20년 이상 운용하면 수익률이 폭발적으로 증가하는 모습을 볼 수 있습니다. 또한 책 내용의 주된 부분은 이미 검증이 끝난 세계적인 대가들과 선배들의 이론에 기반한 것입니다.

🅀 이렇게 좋은 투자 전략으로 운용하는 펀드가 왜 눈에 잘 띄지 않는 거죠?

🅰 시중에서 판매되고 있는 공모펀드는 고수익보다는 안정적 운용에

동일비중 포트폴리오 전략으로 가치투자하라

초점을 맞추는 것 같습니다. 그래서인지 국내 주식과 채권, 해외 주식 등에 골고루 투자하는 펀드는 많이 보이지만, 국내 주식에만 자산배분하는 펀드는 찾아보기 어렵습니다. 하지만 주식 시장에 상장되어 있는 펀드인 ETF 중에 동일비중 포트폴리오로 운용하는 것이 몇 종류 있습니다. 이들의 그래프가 우상향이라는 것은 장기적 관점에서 분명히 수익이 나고 있다는 뜻입니다.

Q 블랙스완이 닥치면 동일비중 포트폴리오는 어떻게 되나요?

A 동일비중 포트폴리오를 장기 운영하면 늘 주식 시장에 투자금이 투입되어 있는 상태이니 갑작스레 닥치는 시장 전체의 충격은 피할 수 없습니다. 천하의 워런 버핏도 2008년 글로벌 금융위기 때는 큰 손실을 피하지 못했습니다. 그런 시기에는 당분간 계좌 수익률 급락이 불가피하다는 사실을 미리 명심하고 있어야 합니다. 그때 대중과 함께 패닉에 빠져 모든 주식을 매도해버리는 것은 정말 어리석은 짓입니다. 설사 전쟁이 난다고 해도 주식을 매도하는 대신 여유금으로 더 사들여야 합니다. 전쟁이 나면 주식 시장은 당분간 폐쇄되겠지만 주식 거래내역은 다중 백업되어 분산 보관될 것이므로, 자신의 투자금을 일거에 날리는 일은 없을 것입니다. 실제로 6·25 전쟁이 채 끝나기도 전인 1953년 7월에 정전협정만 맺어진 상태에서도 증권사들이 증권 시장 개설 작업을 서둘렀다고 합니다.

Q 30년이나 투자하라면서 시뮬레이션에서의 투자 기간은 왜 그보다 짧은가요?

A 시뮬레이션은 극단적인 상황을 가정해서 그에 따른 결과를 알아

의 안정성보다는 수익성에 초점을 맞추는 게 낫다는 생각입니다. 최초 투자금이 5~10배로 불어난 시점부터 수익률 목표를 조금 낮추고 분산 투자와 헤지를 고려해도 늦지 않을 것입니다. 대신 국내 주식이라도 철저히 업종별 또는 트렌드별로 분산하고 저평가 우량주만 담는 것이 철칙입니다.

Q 투자에 대한 영감과 혜안을 얻을 수 있는 책을 추천해주세요.

A 『파리에서 도시락을 파는 여자』라는 책에 "100권의 책을 읽으면 그 분야 학위를 딴 것과 같다."는 내용이 있는데 세월이 흐르고 보니 공감이 가는 말입니다. 필자가 그동안 100권이 넘는 주식 분야의 책을 읽으며 각각 10년 이상의 공력을 쏟아보니 맞는 말인 것 같습니다. 지금 소개하려는 책들은 동일비중 포트폴리오 시스템의 뼈대를 이룰 수 있게 도와준 5권입니다. 여러분도 꼭 읽어보고 동일비중 포트폴리오 운영에 대한 확신을 얻기 바랍니다. 『머니 사이언스』(윌리엄 파운드스톤 저, 동녘사이언스, 2006), 『문병로 교수의 메트릭 스튜디오』(문병로 저, 김영사, 2014), 『ValueTimer의 전략적 가치투자』(신진오 저, 이콘, 2009), 『40년 웃게 만들 쥬라기의 종목발굴법』(쥬라기 저, 팍스넷, 2008), 『펀드매니저 투자의 비밀』(이중희 저, 지식공감, 2014)입니다.

동일비중 포트폴리오 전략으로 가치투자하라

참고문헌

- 『Value Timer의 전략적 가치투자』(신진오 저, 이콘, 2009년)
- 『머니 사이언스』(윌리엄 파운드스톤 저, 동녘사이언스, 2006년)
- 『40년 웃게 만들 쥬라기의 종목발굴법』(쥬라기 저, 팍스넷, 2008년)
- 『문병로 교수의 메트릭 스튜디오』(문병로 저, 김영사, 2014년)
- 『내일은 주식왕 오늘은 투자공식 끝장내기』(정호성·임동민 저, 부크홀릭, 2011년)
- 『추세추종전략』(마이클 코벨 저, 더난출판사, 2005년)
- 『펀드매니저 투자의 비밀』(이중희 저, 지식공감, 2014년)
- 『재무제표 모르면 주식투자 절대로 하지마라』(사경인 저, 베가북스, 2016년)
- 『소음과 투자』(리차드 번스타인 저, 북돋움, 2016년)
- 『인플레이션』(우르반 바허·마르코 헤르만·하노 벡 저, 다산북스, 2017년)
- 『그랜빌의 최후의 예언』(조셉 E. 그랜빌 저, 국일증권경제연구소, 2000년)
- 『벤저민 그레이엄의 현명한 투자자』(스티그 브라더슨·프레스턴 피시 저, 북돋움, 2015년)
- 『2018 한국을 바꾸는 10가지 ICT 트렌드』(KT경제경영연구소 저, 한스미디어, 2017년)
- 『주식시장의 불편한 진실』(홍기환 저, 필맥, 2011년)
- 『주식시장을 이기는 작은 책』(조엘 그린블라트 저, 알키, 2011년)
- 『거래량으로 투자하라』(버프 도르마이어 저, 이레미디어, 2018년)
- 『절대로! 배당은 거짓말하지 않는다』(켈리 라이트 저, 리딩리더, 2013년)
- 『강방천과 함께 하는 가치투자』(강방천 저, 휴먼앤북스, 2006년)
- 『BLACK EDGE 블랙 에지』(실라 코하카 저, 서울파이낸스앤로그룹, 2018년)
- 『인공지능 투자가 퀀트』(권용진 저, 카멜북스, 2017년)

이 책이 경제적 자유의
첫걸음이 되기를

투자의 세계에서는 많은 사람들이 몰려가는 길을 따라가면 안 된다. 다수의 선택에 휩쓸려 간 곳에선 '보물'을 만날 수 없기 때문이다. 눈에 잘 띄지 않는 작은 오솔길로 들어가야 남들은 모르는 보물을 손에 넣을 수 있다. 필자 역시 수많은 사람들이 줄지어 가고 있는 큰길을 따라간 것이 중대한 패착이었다.

투자가 아닌 매매의 길로 들어선 게 필자 인생의 가장 큰 실수였던 것이다. 열심히 달려가는 것보다 '올바른 방향'으로 가는 게 몇백 배 더 중요하다는 것을 너무 많은 대가를 치르고 난 뒤에야 체득했다. 주식 매매로는 평생 지속적인 수익을 낼 수 없고, 실제적인 부도 손에 쥘 수 없다. 그래서 인생 2막을 위해 지난 15년간 몰입했던 매매를 끝내고 2015년부터 가치투자자로 본격 전향했다. 지나온 길을 되돌아보며, 시간이 걸리더라도 반드시 경제적 자유를 얻을 수 있는 영구불변의 진리를 찾아내고자 노력해서 얻은 해답이 3V를 활용한 동일비중 포트폴리오 전략이다.

부자아빠를 두지 못한 필자의 자식들은 모든 걸 스스로 일궈야 하는 운명이다. 그래서 유산을 남기는 심정으로 올바른 주식투자 방법만이라도 전해주고자 이 책을 쓰게 되었다. 대대손손 물려줄 유산이라 혹여 잘못된 부분이 있을까 수많은 시뮬레이션으로 검증하며 확인했다. 이 책이 주식 매매비법을 담은 내용이라면 애초에 세상 밖으로 나오지 못했을 것이다. 꽁꽁 숨겨야만 필자와 자손들이 계속 이익을 낼 수 있으니까 말이다. 하지만 가치투자는 다르다. 함께 가는 이가 있어도 필자의 수익에 아무런 영향이 없다.

언젠가부터 헬조선, 흙수저와 같은 자조적이고 비관적인 말들이 사방에서 들려오기 시작했다. 그런 말들을 들으니 필자의 자식뿐만 아니라 이 땅의 모든 청년 세대에게 희망을 주고 싶은 마음이 들었다. 그래서 부끄러운 기록을 들춰가며 책으로 엮기를 결심했다. 이 책이 가장 많은 시간 자원을 가진 그들로 하여금 여유 있는 노후를 즐길 수 있게 하는 발판이 되리라 믿는다.

주식투자는 꼭 해야 하지만 겨울에 난롯불 쬐듯 하는 게 가장 좋다. 난로에 너무 다가가면 타 죽고, 너무 멀어지면 얼어 죽는 것처럼 매매 자체에만 몰입하면 인생이 망가질 수 있다. 반대로 주식투자에 무관심해도 노후가 힘들어진다. 본업이라는 바퀴와 투자라는 다른 쪽 바퀴가 함께 쌍을 이루며 돌아가는 게 가장 이상적이고 안정적이다. 주식과는 적당한 거리를 유지하면서 동시에 자신의 업에 충실하게 살아가면 세월이 흐를수록 알차고 풍요로운 열매를 맺게 될 것이다.

오랜 시간 원고를 마무리해가면서 느낀다. 아직도 부족한 게 많고 보면 볼수록 고치고 보탤 곳이 많아 완전히 만족할 수는 없음을. 그래도 수년간 정성들여 다듬고 매만진 글을 이제야 세상에 내보내면서, 미력하지만 필자의 책이 우리나라 청년들에게 조금이라도 희망과 용기를 줄 수 있으면 한다.

끝으로 기나긴 세월 남편을 믿고 마음고생하며 기다려준 아내와 무엇 하나 물려줄 것 없는 아빠를 조금도 원망하지 않고 바르게 커준 아이들에게 미안하고 고맙고 사랑한다는 말을 전하고 싶다.

이완규

30년 후 은퇴한 당신에게 계좌 속 주식이 이렇게 말할 것이다.
"주인님, 이걸로 편안한 여생을 보내시죠."
주식에 투자하는 이유는 딱 하나 '노후 준비'를 위한 것이다.

-존 리 John Lee

동일비중 포트폴리오 전략으로
가치투자하라

초판 1쇄 발행 2019년 6월 12일

지은이 이완규
펴낸곳 원앤원북스
펴낸이 오운영
경영총괄 박종명
편집 이광민 · 최윤정 · 김효주 · 채지혜
마케팅 안대현
등록번호 제2018-000058호(2018년 1월 23일)
주소 04091 서울시 마포구 토정로 222 한국출판콘텐츠센터 306호 (신수동)
전화 (02)719-7735 | **팩스** (02)719-7736
이메일 onobooks2018@naver.com | **블로그** blog.naver.com/onobooks2018
값 18,000원
ISBN 979-11-89344-89-4 03320

이 도서의 국립중앙도서관 출판예정도서목록(CIP)은 서지정보유통지원시스템 홈페이지(http://seoji.nl.go.kr)와
국가자료종합목록시스템(http://www.nl.go.kr/kolisnet)에서 이용하실 수 있습니다. (CIP제어번호 : CIP2019020262)